U0506857

◎ 申大魁／著

教师教材理解论

JIAOSHI JIAOCAI LIJIELUN

中国财经出版传媒集团

经济科学出版社
Economic Science Press

图书在版编目（CIP）数据

教师教材理解论/申大魁著．—北京：经济科学出版社，
2017.11

ISBN 978 - 7 - 5141 - 8738 - 0

Ⅰ.①教…　Ⅱ.①申…　Ⅲ.①教材 - 教学研究 - 中学

Ⅳ.①G632.3

中国版本图书馆 CIP 数据核字（2017）第 292726 号

责任编辑：庞丽佳　赵泽蓬
责任校对：王苗苗
责任印制：邱　天

教师教材理解论
申大魁　著
经济科学出版社出版、发行　新华书店经销
社址：北京市海淀区阜成路甲 28 号　邮编：100142
总编部电话：010 - 88191217　发行部电话：010 - 88191522
网址：www. esp. com. cn
电子邮件：esp@ esp. com. cn
天猫网店：经济科学出版社旗舰店
网址：http：//jjkxcbs. tmall. com
北京财经印刷厂印装
710×1000　16 开　13.5 印张　260000 字
2017 年 11 月第 1 版　2017 年 11 月第 1 次印刷
ISBN 978 - 7 - 5141 - 8738 - 0　定价：42.00 元
（图书出现印装问题，本社负责调换。电话：010 - 88191510）
（版权所有　侵权必究　举报电话：010 - 88191586
电子邮箱：dbts@esp. com. cn）

前言

　　海德格尔曾经说过，不是我们要去思，不是从我们出发去思，而是被思的拉我们去思，是它在召唤我们。在长期的教育实践过程中，笔者养成了思考的习惯。但是，在遇到触动笔者心灵的教育问题时，笔者仍然梦想智慧女神密涅瓦的鹰能够在黄昏时分飞临。因为笔者虽然敬慕智慧的哲人，但笔者自知自己是一个无知之人，甚至还够不上"爱智慧"，至多算得上是一个爱"爱智慧"的人。

　　教师教材理解不仅是教师课程理解重要的组成部分，是教师课程行为中更为显性化的行为，而且也是教师进行有效课堂教学的基本前提。然而，教师教材理解这一重要活动至今没有成为我国教育理论研究的热点，对"教师使用教材"这一行为称谓的混乱是重要原因之一。本书对教师教材理解进行了系统的研究，并尝试从教师教材理解的概念、教师教材理解的类型、教师教材理解的条件、教师教材理解的过程、教师教材理解的标准等方面出发，构建了教师教材理解理论体系。研究结果虽然较为粗浅，但是对于教育研究者和广大中学教师仍然具有一定的借鉴价值。相信本书对增强教师教材理解的意识，提升教师教材理解的能力，提高教学质量和课程实施质量，完善教师教材理解的理论体系，提升教师的生存质量具有重要意义。

　　书中，笔者首次提出"教师教材理解"这一概念，并建议用"教师教材理解"这一称谓统一并取代"教材加工"、"教材'二次开发'"等概念。课堂观察也发现当前我国教师教材理解存在意义复原式，教师教材理解依然较为普遍地缺少对教材情感态度和价值观层面的挖掘与分析、忽视课程本身的系统性、层次性，只对教材进行孤立地理解、随意增减教学内容、任意拔高教学要求等诸多问题。教师教材理解的意识不强、应试教育和功利主义思想的影响、教师教材理解的能力不足、教师教材理解缺乏相关理论的指导、课程标准自身的缺陷和不足是出现问题的几个主要原因。

　　学界对教师教材理解尚未进行深入的研究，迄今为止，还没有人给教师教材理解下过定义。笔者认为，教师教材理解是指教师基于自身的专业知识、专业素养以及教材观，对教材意义的解读过程。其着眼点不在于教材编写的具体程序，而在于对教材的历史、现在和未来之意义的理解。教师教材理解是教师的个人性理解，教师教材理解具有情境性，教师教材理解的目的是获得教材的意义，教师教材理解是一种创造性理解。

分别以传统解释学和哲学解释学为理论基础，从意义创生的角度，笔者将教师教材理解分为意义复原式教师教材理解和意义创生式教师教材理解。意义复原式教师教材理解是一种以追求教材的客观意义为旨趣的教材理解，意义创生式教材理解是一种教师基于自身的偏见对教材进行意义创生的教材理解。意义复原式教师教材理解具有禁锢了教师的创造性和想象力、忽视了教材意义的生成性等天然局限性，从意义复原式转向意义创生式是教师教材理解的应然取向。

作为人类重要理解活动之一的教师教材理解，对其发生条件的探究，是教师教材理解活动的关键。借鉴伽达默尔关于理解何以可能问题的研究，认为教师教材理解活动需要具备教师前见、完满性先把握和时间距离、语言、教师视域及解释学循环几个条件才能发生，并最终得以完成。教师应主动建立并丰富自身前见，借助共同语言与教材展开平等对话与交流，实现教师视域和教材视域的视域融合，这种视域融合的内在机制就是循环；教师教材理解的过程是一个循环往复的过程，教师对教材的循环理解，首先应从教材与教材之间的循环开始，然后在作为历史的此在的教师与作为历史的教材文本之间进行，最后还应在教师与教材编写者之间循环。

站在更高的层次发现教材的来龙去脉，揭示教师教材理解的过程，了解教师教材理解过程中文本转换的路径，对教师教材理解活动及其广大教育工作者，尤其是提高教师教材理解的水平具有十分重要的意义。将文本概念与符号互动理论及古德莱德的课程层次理论相结合，笔者认为教师教材理解的过程可以概括为教师与课程标准的互动、教师与教材的互动、教师与学生的互动三个主要环节。在这一过程中，教师将社会层次的课程转换为领悟层次的课程，将领悟的课程转换为教学层次的课程，又将教学层次的课程转换为体验层次的课程，课程标准文本被转换为教材文本，教材文本被转换为教案文本，教案文本又被转换为课堂文本。教师教材理解的过程实际上就是文本转换的过程。

教师教材理解标准体系的构建，对于解决教师教材理解中出现的问题，提高教师教材理解以及教育教学效果具有重要意义。以理解理论和"泰勒原理"为理论基础，考虑学科性质和教师教材理解活动的性质，笔者提出了"教师教材理解适切性"这一概念，并结合专家访谈和问卷调查尝试从学科课程标准和学生的需要两个方面确立了教师教材理解标准体系。该体系涵盖教师教材理解与课程标准的适切性、教师教材理解与学生需要的适切性两个领域和教师教材理解与学科课程改革基本理念的适切性、教师教材理解与学科课程目标的适切性、教师教材理解与学科内容要求的适切性、教师教材理解与学生认知能力的适切性、教师教材理解与学生生活经验的适切性、教师教材理解与学生已有知识水平的适切性六个维度，共22项指标。

教师教材理解能力不足是教师教材理解出现问题的重要原因之一，解决教师教材理解中出现的问题，应以提高教师教材理解的能力作为突破口。教师教材理解能力的提升，应从提升教师的自我意识、丰富教师的专业知识、培养教师的反思能力以及掌握教材加工的基本策略几方面入手。

目　录

第一章

导　　论

第一节　研究缘起

在 20 多年的教学生涯中，我几乎每天都在和教材打交道，可以说教材已经成为我完整生活中不可或缺的一部分，对教材的理解甚至已经成为我的生存方式之一。然而，20 多年来，我亲身经历、亲眼目睹的教材理解过程中存在的各种各样的问题，使我对教材特别是教师使用教材产生了更多的想法和疑惑。在一次偶然的机会，我有幸看到了刊登在《北京师范大学学报》（社会科学版）2012 年第 1 期的《论教师的教材加工能力》一文，我一口气读完了整篇文章，作者的很多观点与我不谋而合。但是，读完整篇文章，我感觉意犹未尽，毕竟只是一篇文章，论述不可能很深入，萦绕在我心头多年关于教师使用教材方面的很多疑惑依然没有答案。于是，我马上通过中国知网等渠道进行查阅，希望能够找到更多与"教师使用教材"有关的文献。

随着文献查阅工作的不断深入，新的疑惑也不断形成，例如，关于"教师使用教材"，目前学者们没有统一的称谓，使用较多的称谓主要有"教材加工"、"教材二次开发"等。其实在我看来，教师对教材的理解是一种理性活动，而且是一种理论理性和实践理性相统一的活动。理论理性以回答"教师教材理解是什么"、还原教师教材理解的"本来面目"为目的；实践理性则以回答"教师教材理解应该是什么"、"教师教材理解何以如此"和"教师应该怎样理解教材"为目的。理论理性追求"实然的结果"，实践理性则追求"应然的结果"。理论理性与实践理性具有区别又有联系。"理论理性是从实践中来的认识（内化），实践理性是要回到实践中去的认识（外化）"①，实践理性是一种包含理论理性在内的更高级的理性。实践理性的本质是"实际地处理人和世界的关系"，但是，

---

① 王炳书．实践理性辨析［J］．武汉大学学报（人文科学版），2001（3）：273．

"我们在实际地处理自身与世界的关系之前，必须观念地处理自身与世界的关系。换言之，为了通过实践在对象上实际地实现外部对象的尺度和主体内在的尺度的统一，首先必须在头脑中观念地实现这种统一，亦即人在通过自己的活动去把事物改造成适合自身的需要的客体之前，必须事先解决什么样的东西才适合人的需要以及怎样才能把现成事物改造成适合人的需要等问题，观念地预演这一活动过程。例如，要建一幢房子，必须先设计好待建房子的图纸（实践目标）和编排好施工的方法、方案和步骤（实践过程）。这种'设计'和'编排'过程，就是对建房这一实践活动的观念预演"。① 教材加工作为教师的一种实践活动，必须建立在教材理解的基础上，否则如果仅停留在"教材加工"、"教材二次开发"层面，而不进行教材加工背后理论的研究，教师的教材加工便是盲目、低效的，教师教材加工的水平也不会得到很大提高。教材的理解必须指向教材加工，教材理解只有赋予教材加工以新的意义，教材理解才能具有自己的意义，所以，教材理解不是文字游戏，而是指向教材加工过程的一种根本转变。因此笔者认为，应当变单一对"教材理解"或"教材加工"的研究为"教材理解"与"教材加工"整合的研究。然而，当前我国教育研究领域还没有人对教师教材理解进行过系统的研究，这也使我产生了对"教师教材理解"进行系统研究的冲动。

之所以对"教师教材理解"进行研究，主要是基于五方面的原因。

一、教材研究是教学研究的核心内容

自 1658 年捷克教育家夸美纽斯（J. A. Comenius）编写了世界上第一本课本《世界图解》始，教材已经走过了几个世纪的发展历程。教材自出现以来，便在社会、教学等方面发挥了重要作用。

钟启泉在其《现代课程论》一书中，在讨论法国学校课程的实施及其特点时，曾谈到教材对社会的重要性："教科书不仅对于每一个就学者产生影响，而且在作用于广大民众这一点上，使用什么样的教科书，就意味着实施什么样的教育。一国的教科书审定，往往会酿成重大的国际问题。在 1983 年春使用的日本高中教科书的审定中，把日军对中国的侵略写成'进入'，把朝鲜的独立运动（1919 年）写成'暴动'。这种违背历史真实的审定，理所当然地受到了包括中国、朝鲜、东南亚在内的各国严正的国际批判。这是日本国内一小撮右翼分子妄图复活军国主义的一个表演。日本政府在国际、国内舆论的压力下，发表'政府见解'，说明这是'政府的责任，要改正（教科书的表述）'。同年 11 月，对审

---

① 王炳书. 实践理性辨析 [J]. 武汉大学学报（人文科学版），2001 (3)：272.

定基准作了某些修正"①。从教材的编订引起的国际纠纷，足见教材对社会的重要性。

对于教育教学活动的要素划分，学术界一直存有争议，观点五花八门，归纳起来，有"三要素说"（即教师、学生、教材）、"四要素说"（即教师、学生、教学内容、教学手段）、"五要素说"（教师、学生、教材、工具、方法）、"六要素说"（即教师、学生、教学内容、教学工具、时间和空间）、"七要素说"（即教学目的、学生、教学内容、教学方法、教学环境、教学反馈和教师）及近年来出现的"要素系统说"等。综合来看，无论哪种观点，教材都是十分重要的一维。可见，教材在教育教学活动中也发挥着十分重要的作用。

无论人们对教材地位和功能的认识发生怎样的变化，教材始终是课程内容的重要组成部分，是教师开展教学活动的重要依据，也是学生进行学习活动最重要的参考资料。教材的质量和使用效率会直接影响课程实施和教学的质量，最终影响整个教育的质量。"教学是教育改革和发展的终极关怀"，"以教学研究为核心是近现代世界教育研究的主要特征"，"回归教学是当代中国教育研究的使命"②。由此推理，教材研究应是教学研究的核心内容。

二、教材理解顺应了课程理论价值取向的转变

在20世纪70年代以前，课程领域一直把拉尔夫·泰勒于1949年出版的《课程与教学的基本原理》一书当作"圣经"，把"泰勒原理"（Tyler Rationale）当作课程领域的主导范式。这种研究取向把课程看作"学校材料"（school materials），把"怎样科学有效地开发课程"作为探究的主要问题。美国课程理论专家派纳（W. Pinar）把这种课程研究取向称为"课程开发范式"（the paradigm of curriculum development）。这种范式在西方盛行了近30年。

自20世纪80年代以来，西方课程领域特别是美国课程领域发生了重要的"范式转换"（paradigm shifting），即从研究"怎样科学有效地开发课程"转向研究"如何理解课程"，派纳把这种课程研究取向称为"课程理解范式"（the paradigm of understanding curriculum）。这种研究取向奉派纳的《课程理解》一书为"圣经"，把课程看作"符号表征"（symbolic representation）。

在课程理论从"课程开发范式"转向"课程理解范式"的大背景下，"课程对于教师而言，不是给定的、一成不变的教育要素，而是可以变更的教育要素，是与教师的人生阅历、教师的独特教育理念、师生所处的独特的社会环境、教育

① 钟启泉. 现代课程论 [M]. 上海：上海教育出版社，1989：758－759.
② 郝文武，郭祥超. 回归教学：当代中国教育研究的使命 [J]. 教育理论与实践，2013（13）：53.

情景直接关联的教育要素"①。作为课程的一部分，教材不再被视为"学校材料"，而是一种"符号表征"，教材研究的目的是"理解"教材这种"符号"所负载的意义和价值观。

有很多学者对教师课程理解的结构进行了研究，并有学者认为②，教师课程理解的结构应依课程要素的划分而定，如果课程要素分为课程目标、课程内容、课程评价与课程实施，教师的课程理解结构便可分为教师对课程目标、课程内容、课程评价与课程实施的理解四个方面。同样，如果将课程要素划分为学生、教师、教材与环境，则教师课程理解的结构分为教师对学生、教材与环境的理解及自我理解四个方面。总之，教师课程理解的结构应根据不同课程要素的划分而有所不同。笔者较为认同将教师课程理解分为教师对学生的理解、对文本的理解、对环境的理解及教师对自身的理解即自我理解四个方面的观点（见图1-1）。

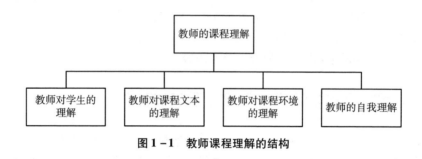

图1-1 教师课程理解的结构

教师对课程文本的理解是教师的课程行为中更为显性化的行为，是教师的课程实践中重要的现实行为，没有对课程文本的理解，课程实践便是一件让人难以理喻的事情。教师对课程文本的理解又包括对课程计划、课程标准、教材等课程文本的理解（见图1-2）。

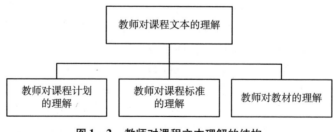

图1-2 教师对课程文本理解的结构

---

① 张廷凯. 课程决策与教师专业能力发展 [J]. 课程·教材·教法, 2009 (2): 23.
② 陈丽华. 教师课程理解：意蕴与转向 [J]. 全球教育展望, 2012 (3).

在教师对课程文本的理解中，教师对教材的理解又是课程理解活动最重要的部分，是教师进行有效课堂教学的基本前提，对教师教材理解的研究应成为课程理解研究领域的重点之一。

三、教材理解是教师的一种生存方式

笛卡尔的"我思故我在"中的"我""本质上就在于它只是一个在思想的东西，只是一个心灵，一个理智或一个理性。所以这个'我'并非指身心结合具有形体的'我'，而是指离开形体独立存在的精神实体。纵然身体并不存在，心灵也仍然不失其为心灵。'我'的根本属性就是思想，即怀疑、感觉、想象、理解等，'我'是与思想共存的，有我存在就有思想，有思想就有我存在"①。这就是说，理解是人的本质特征。

在伽达默尔那里，"理解不属于主体的行为方式，而是此在本身的存在方式"②。伽达默尔认为，理解现象涉及人和世界的一切关系，理解的过程发生在人类生活的所有方面，理解与人不可分离，它是形成人关于自身的知识和生活的智慧的基础，也是人进行社会性交往的基础，同时是每个人精神的活动与过程。可以说，人的生活就是理解的生活，理解对于人的生活是本质的。理解也是联系人与世界的桥梁，正是理解建构了人与世界的意义关系，没有理解，世界对人而言便没有任何意义。理解不仅建构着生活的意义，而且通过意义的生成也不断展现和扩展着人的精神。"理解总是理解者从自身出发与对象世界所建构的整体的意义关系，使理解者自身的视野与理解对象的视野的融合，每个人必定在理解的同时进行自我的理解"③。所以，理解不仅是朝向人的外部世界的一种活动，同时也是朝向人的自身的一种活动。对于生活中的人而言，归根结底，与其说理解是人与"他者"的关系，不如说是理解与自我理解的关系，理解的目的并不仅在于意义的生成，更在于精神自我的成长，在理解中，"自我的构成和意义的构成是同时的。"④从这个意义上讲，人的生活就是一个历程，人就是为了将来的存在，为了"将在"和"能在"。

"在我看来，全部教育的关键在于选择完美的教育内容和尽可能使学生之'思'不误入歧途，而是导向事物的本源"⑤。教材是教育内容主要的载体，是构成教师完整生活的重要组成部分，相对于教材而言，教师从来都不是旁观者，而

①　冯契主编．哲学大辞典［M］．上海：上海辞书出版社，2001：1548.
②　伽达默尔著．洪汉鼎译．真理与方法［M］．上海：上海译文出版社，1999：6.
③　金生鈜．理解与教育［M］．北京：教育科学出版社，1997：46.
④　P·利科著．陶远华译．解释学与人文科学［M］．石家庄：河北人民出版社，1987：163.
⑤　雅斯贝尔斯著．邹进译．什么是教育［M］．北京：生活·读书·新知三联书店，1991：4.

必须是、也必然是介入者。尤其自印刷术和造纸术的出现，教育内容的载体逐渐由人向物转变，使教师与教育内容的载体相分离，由于教育内容与教师不是同一主体，教师与教材的相遇更成为教师完整生活中必不可少、司空见惯的事件。

当教师与教材相遇时，教师应将其对教材的理解作为自己的生存方式看待，即当与教材相遇时，教师要消除教师与教材之间的相互对立和主客体关系的彼此隔离，根据个人的知识经验与教材展开积极的对话与交流，通过对教材的个性化理解，赋予其意义。在此过程中，教师不仅通过对教材的理解建构了教材的意义，而且通过教材意义的生成展现和扩展了教师自己的精神。所以，教师对教材的理解与其自身的精神建构并不是两个过程，而是同一个过程。在教师的教材理解活动中，教师与教材交互作用，共同形成一个整体。假如教师不能真正理解教材，教材对教师也就没有任何意义。对教师个体而言，理解教材的目的不仅是为了获得教材的意义，更是为了教师精神自我的成长。由此可见，教师的教材理解不仅是课程改革的外在需要，更是教师建构自身的生活意义和精神自我的需要。在某种意义上，教师对教材的理解过程，是一种教师自我理解的过程，也是教师自身的精神生命不断丰富和发展的过程，与其说教师是在理解教材，不如说是在发展自己，发展的不是外在的名利，而是自身的精神和心灵。教师的自我理解又是教师教材理解的前提。因为，教师是教材理解活动中的主体，教师对教材的理解是一种个性化理解，那种强制教师对教材进行一致性理解的做法，只会使教师教材理解走上歧途。"当强权加入意义生成的过程和达成共识的过程时，一致性解释也可能是虚假的。"① 教师对教材的理解必须与教师自我建立起实质性的联系。

四、教材的本质要求教师对教材进行理解

本质，是指事物的根本属性，它决定着事物的性质、整体面貌和事物发展的方向。教材的本质作为教材这样一种特殊文本所具有的根本属性，同样也决定了教材的性质、面貌和发展的方向。而且，因教材是教学系统的基本要素之一，对其本质的认识直接影响教师教学方式和学生学习方式的转变以及教学质量的高低。

遗憾的是，迄今为止，对教材的本质仍然众说纷纭，没有统一的认识。有学者从活动和交往的视角，认为"教科书（即本研究中的教材）的本质是教学活动文本。它内在地包含三层具有逻辑递进关系的含义：教科书的本质是教学性；教科书的本质是教学活动体系；教科书的本质是教学活动文本。其根本含义在于

---

① Grundy S. Curriculum：Product of Praxis? The Falamer Press，1987：17.

教科书是为促进学生主动性、自主性、创造性和社会性等主体性特质发展而服务的工具"①。我们认为，对教材本质的这种认识，是众多教材本质观中能够较为全面、客观地反映教材本质的一种认识，有利于促进学生主体性的发展。当然，此处的"教学活动文本"是在哲学解释学的视域中使用的。

何谓文本？"文本这一概念，既指称写作的特定条目，更宽泛地，也指社会现实自身。例如，一位学者指出，'现在，对文本这一概念……的理解是非常宽泛的：社会实践和制度，文化产品，甚至是人类行为和反应所创造的任何结果（McEwan，1992，p.64）'。作为从后结构主义那里借来的一个词汇，特别是从德里达（Jacques Derrida）的作品中借来的一个词汇，文本是指所有的实在都是人类的实在，并且作为人类的实在，基本的推论是它是语言的一种素材②"。

教材的本质是"教学活动文本"，教材作为一种"教学活动文本"，其意义不是自明的，是需要"理解"的，教材的意义也正是在被理解的过程中得到彰显的。

五、教师教材理解是教材建设多样化和教材自身缺陷的客观要求

自中华人民共和国成立以后，我国一直实行的是"一纲一本"的教材管理制度。自20世纪80年代以来，我国各地开始教材建设多样化探索。例如，自1992年开始，我国九年义务教育阶段的教科书开始实行"一纲一本"和"多纲多本"的教材编写制度，从而改变了几十年来一套教材"一统天下"的局面。

然而，教材建设的多样化又对教师的教材理解提出了更高的要求。因教材编写者个人的成长经历、学术立场、学术水平等的差异，不同版本的教材都有各自的特色和优势，使得不同版本的教材所针对的地区、学校和学生不同，教师在使用教材的过程中，只有对不同版本的教材进行理解，才能对教材产生较为客观、准确的认识，整合各版本教材的优势资源，更好地服务于教学。

新课标教材③在编写理念、编写思路、整体框架等方面均发生了巨大变化，教材的建设取得了一定显著成绩，主要表现在新课标教材更加重视思想文化的建设、教材内容和结构的设计体现了教材的时代性、基础性、选择性的统一、教材的物理特征得到重视等。然而，新课标教材在实际使用的过程中也发现了不少问题，这些问题在一定程度上限制了教材功能的发挥。

---

① 孙智昌. 教科书的本质：教学活动文本［J］. 课程·教材·教法，2013（10）：17.

② 【美】威廉·F. 派纳，威廉·M. 雷诺兹，帕特里克·斯莱特里，彼得·M. 陶伯曼著，张华等译. 理解课程［M］. 北京：教育科学出版社，2003：48.

③ 指依据本次基础教育课程改革以后所颁布的各科课程标准所编写的教材。

（一）在重视教材基础性的同时没有把握好"度"

新课程改革明确提出"改变课程内容繁、难、偏、旧和偏重书本知识的现状，加强课程内容与学生生活以及现代社会科技发展的联系，关注学生的学习兴趣和经验，精选终身学习必备的基础知识和技能"①，按照新课程改革的要求，在新课标教材编写时，删除了繁、难、偏、旧，脱离学生的经验和实际生活的内容，重视对学生终身发展有用的基本知识、基本技能，增加了富有现代气息的即时信息，这些做法无疑是正确的。但是，与此同时，因没有把握好"度"，又出现了某些该删除的知识依然没有删除，而部分对后续知识的学习必不可少的知识却被"误删"的情况，学生因缺乏必要的知识基础出现了学习困难。有些有经验的老师意识到了这一点，凭借自己教授过多个版本传统教材的经验及时做了补充，而对于刚刚走上教师岗位不久的年轻老师来说，则面临很大的困难和挑战。例如，湘教版新课标高中地理教材必修——第一章第三节在大气的垂直分层部分，删除了各层气温随高度变化的原因；第四节水循环部分删除了水循环的分类、洋流部分删除了洋流的分类及洋流对地理环境的影响；第三章第三节删除了非地带性，取而代之的是地方性分异规律……，这些被删除的内容实际上都是学习后面的内容不可或缺的知识，如果学生没有掌握，势必影响后面的学习，因此，只能根据教师个人的经验、能力甚至看法加以补充。翻开任何一个版本的新课标教材，这样的例子不胜枚举，这就要求教师在教学过程中认真"理解教材"，恢复"误删"的内容。

（二）不同学段教材的编写跨度过大，缺乏必要的梯度和衔接

如何保持不同学段教材的延续性和有序衔接，是教材编写时常常面临的一个主要问题，也是教材编写者必须考虑的方面。长期以来，我国虽然依据学生身心发展的规律和学科内在的逻辑体系，实行九年一贯制的课程设置政策，但不同学段教材的衔接和延续依然存在很多问题。

有研究者对各学科六、七年级的教材进行了研究，认为"目前中小学衔接阶段教材的编写跨度过大，缺乏必要的梯度。小学阶段的教材组织与表达多为直观、感性的知识。中学教材注重完整的、系统的知识体系，教材内容的组织表达与广度、深度都与小学教材有较大的差异。如语文、数学、英语等学科在小学教材的学习中大多有形象化的支持，进入中学后则更加突出知识的严密性和学生思

---

① 教育部基础教育司，地理课程标准研制组. 全日制义务教育地理课程标准（实验稿）解读［M］. 武汉：湖北教育出版社，2002：2.

维方法的培养"①。

初、高中教材同样存在衔接不好的问题。只是初、高中教材衔接的主要不是教材组织和表达方面的问题，而是教材内容方面的衔接。有些内容高中教材编写者"以为"初中教材已经或应该有所涉及，所以高中教材中就没有考虑这部分内容，可实际上初中教材中也根本没有介绍这部分内容。

（三）素材选择不当

教材中素材的选择对学生的学习过程和学习效果有很大影响，合适的素材能够帮助学生顺利建构知识，而如果素材选择不当，则不利于学生知识的建构。纵观新课标教材，都不同程度存在素材选择不当的情况。主要体现在有些素材与内容主题无太大关系或所选素材不够典型；选择的素材只照顾到某些学生群体的利益，而忽视了另外一些学生群体的诉求，不利于推进教育公平；有些素材创设的情境不够真实等。

实际上，教材中素材的选择不仅要与所学习的内容主题相符，所选素材还应较为典型，同时还应考虑到城乡之间、不同地区之间的差异。当然，即使教材编写者考虑到这些方面，但由于我国地域面积辽阔，地域差异大，再好的教材也很难照顾到所有地区、所有类型学校的实际情况。这种状况更加要求教师结合本地区、本校的实际情况对教材进行"理解"。

（四）教材中插图的选择和使用存在的一些问题

插图作为一种与文字并列的视觉符号表征系统，也是教材重要的组成部分。对于中小学生而言，插图是他们理解教材内容的重要工具。插图既能帮助学生获取抽象信息的具体形象认知，又能激发学生自学教材的积极性。尤其对于以形象思维为主的低年级学生而言，插图具有更重要的意义。但是，美国著名教育家梅耶（Mayer）研究发现，教材中的大部分插图没有很好地为教学目标服务，甚至有些教材中大部分的插图与课文主题无关，教材插图的功能没有得到充分发挥②。我国新课标教材的编写虽然对图像系统给予了极大的关注，"现行人教版小学语文教科书共有课文 358 篇，配置插图 324 幅，绝大多数课文都配置了插图，低年级教科书插图配置率几乎达到100%"③。但因受技术水平、图像设计、编写理念等因素的影响，新课标教材中的插图依然存在这样那样的问题。

有学者对中国和日本两国的新版初中物理教材中的插图做了比较研究，结果

---

① 李俏，张华. 中小学教材修订中的若干思考［J］. 课程·教材·教法，2012（8）：49.
② 梅耶著，牛勇等译. 多媒体学习［M］. 北京：商务印书馆，2006：99.
③ 刘冬岩，薛日英. 小学语文教科书插图的问题及对策［J］. 教育科学研究，2013（3）：65.

发现"日本教材插图的密度远高于中国教材；中国教材中表征型插图和组织型插图比例相对较高，解释型插图①比例较低，致使中国教材在促进学生程序性知识及元认知知识的学习方面存在不足"②。笔者对新课标高中地理教材中的插图进行了研究，发现教材中的图像系统主要存在以下一些问题：有些插图不能准确表达课本内容；课本中某些重要的、本可以用插图来表现的内容没有配置插图；插图的配置有些随意，不太重要的内容配置了插图，而某些经典的重要内容却没有配置插图；为了插图而插图，有些插图甚至与课本内容没有多大关系，只是为了装饰而配置插图；插图不符合教材内容；插图内容不符合实际；插图位置不当，存在所要表现的内容在这一页，而插图却在下一页的情况；有些插图的制作不够精细，过于粗糙等。所以，教师在理解教材时，要高度重视插图的替换、调整，努力改进、弥补和完善教材中插图存在的问题，做到图文并茂，相得益彰，尽可能发挥出插图应有的功能。

（五）教材多样化不能满足我国教育实际的需要

本次新课程改革倡导教材的多样化，这里所谓的多样化，其含义是："在国家统一要求的前提下，其一，适应、满足由于经济文化发展不平衡而产生的不同教育需求；其二，开发有特色的教科书"③，而不是简单的"多本化"。但教育部"基础教育教材评价工具制定"项目组对 15 个国家级课程实验区所使用的 23 种教科书调查后发现，新课标教材与教材多样化的要求还有一定的距离，真正有特色的教材还比较少，教材的多样化流于形式，难以满足教师和学生的需要④。

要真正实现教材的多样化，不同版本的教材必须有自己的特色。而教材真正的特色应该建立在对教育教学规律的准确把握、对相关新课程理念深入细致分析研究的基础上，应该是不同版本的教材其适用对象、所选素材、整体结构设计、知识内容的选择与表达、教学活动的设计都具有自身独特的价值和功能。

总之，我国现有教材的层次化、多样化处于初级阶段，虽然已由"一纲一本"变为"一标多本"，但是，能够满足不同地区、不同学校需要的教材体系还

---

① 梅耶在《多媒体学习》一书中，依据插图的功能将插图分为装饰型插图（decorative）、表征型插图（representational）、组织型插图（organizational）、解释型插图（explanative）四种类型。装饰型插图是指用来吸引学生注意力、增加其学习兴趣但与学习内容无关的插图；表征型插图是指用来描绘教材中一个单独内容的插图；组织型插图是指用来描述、说明教材中各个成分之间关系的插图；解释型插图是用来说明某一原理的插图。

② 陈运保，曹小利，吴慧婷，郭妙花. 中日新版初中物理教材插图的比较研究［J］. 比较教育研究，2014（9）：75.

③ 钟启泉，一纲多本：教育民主的诉求——我国教科书政策述评［J］. 教育发展研究，2009（4）：1.

④ 教育部《基础教育教材评价工具制定》项目组. 新课程实验教科书的初步分析评价［J］. 全球教育展望，2002（9）：35–41.

没有形成。更何况合适是相对的，它总是相对什么人，什么地方，什么目的，根据什么标准。格兰特（Grant，N）给出的评价最合适教材的三份清单对我们有一定的启发：符合学生的需要、兴趣和能力；适合教师；必须满足官方教学大纲或考试的需要①。我国是一个人口众多、地域辽阔、地域差异极大的国家，即使所有版本的教材都有自身鲜明的特色，也不可能适合全国所有地区、所有学校使用。没有最好的教材，只有最合适的教材！

第二节　核心概念界定

一、理解

理解是人类生活中的一个重要现象，是人类日常生活中的重要组成部分，甚至可以说，理解就是人基本的生存方式或存在方式。理解主要发生在两个领域：一是人们日常的交往活动，包括政治、经济、军事、艺术、文化、宗教等活动；二是面对文本的阅读活动。

虽然理解是个普普通通、司空见惯的词语，可是，要想给"理解"下一个定义似乎不大可能，我们无意、也无法完成这样一项浩大的工程，也许我们只有在真正使用这一概念的过程中，才能体验其深刻的内涵。

由于我们习惯了分析、归纳等逻辑思维方式，所以常常把"理解"当作某种具体的认知过程来理解。例如《辞海》对"理解"的解释是："了解；领会。是通过揭露事物间的联系而认识新事物的过程。其水平随所揭露联系的性质而异；有揭露事物间外部联系的理解，如把一新事物归入某一类已知事物中；有揭露事物间内在联系的理解，如确定事物间因果关系。理解事物时须应用已有知识，或在已有知识的基础上掌握新知识。理解过程可分为直接或间接两种；直接理解是通过亲身经验实现的；间接理解须通过一系列的分析、综合过程，从最初模糊笼统、未分化的理解逐渐过渡到明确清楚、分化的理解。实践是理解的基础"。

英国朗曼集团有限公司出版的《朗曼当代英语词典》则对"理解"有不同的解释："具体包括理解的行动和判断的能力，心智能力或悟性，同情，一种私有的、非正式的一致意见"。

根据上述对"理解"的这些解释，我们可以大致归纳出"理解"的一些涵义："一是指人的理智能力和行动，相当于人的认识过程及其功能；二是指人的

---

① Grant，N. 1987. Making the Most of Your Textbook. Harlow，Essex：Longman.

一种情感能力和行为，也就是同情性或移情性地把握对象，而不仅仅是理智地直观认识或分析推理；三是指人与人之间的意见一致，尽管这种一致尚为理解者的一种私有状态的初步协调或非正式的意见一致"①。

本书所研究的主题"教师教材理解"中的"理解"，是侧重哲学领域的"理解"。"理解"是伽达默尔哲学解释学体系的核心命题，遗憾的是，即使从单一的哲学视角出发，我们也很难给出一个令人满意的"理解"的定义。不过，我们可以尝试对理解的性质做一些探讨。

（一）理解具有普遍性

理解现象发生在人类生活的方方面面，假如没有理解，人类的生活便无法想象。理解与人生的意义、人生的价值、人际交往以及教育、理性等都有着千丝万缕的联系，可以说，人的存在就是理解的存在，人的生活就是理解的生活，理解伴随着人生的每个时刻，人的生活就是不停地理解的过程，人的精神世界便在理解过程中不断展开，"离开了理解，人生顿时成为一片思想的荒原，没有任何的人生意义会在这片荒原上生长起来"②。

人生是有意义、有目的的，意义是由理解生成的，这就意味着理解与人生须臾不可分离。首先，理解是人的精神的活动和精神扩展的过程。理解说明人的精神在活动，在经历变化，在理解过程中，人的精神不断得到扩展和丰富。其次，理解是人进行社会性交往，是人进入社会生活的前提。理解是人进行社会性交往的前提，人与人之间如果不能相互理解，交往便难以持续进行。我们只有理解其他人的语言符号方式所表达的意念、意向，才能理解这些人，进而与他们交往、合作。再次，理解是形成人的自我理解和生活智慧的基础。每个人正是在生活的过程中通过理解，逐渐形成了对自我的理解，特别是通过对本民族文化的理解，产生对本民族文化的认同并内化，掌握本民族独特的生活方式。最后，每个人在生活过程中，也通过理解形成了对生活的环境、生活的目的及意义等的把握，进而形成了自己的人生哲学，即形成了自己的生活智慧。

归根结底，理解既是人在世的基本方式，是人存在的本体论条件，也是人类生活的原始特性，从这个意义上说，理解具有普遍性。

（二）理解的目的是为了自我理解

人生就是历程，是人不断超越过去和现在而趋向未来的历程，所以，人是为了将来的存在，人就是一个"能在"。人为了"能在"，在对"将在"进行理解

① 郑文先. 社会理解论 [M]. 武汉：武汉大学出版社，1998：4.
② 殷鼎. 理解的命运 [M]. 北京：生活·读书·新知三联书店，1988：239.

的同时，还必须进行自我理解。人的自我理解是通过两个方面实现的：一方面是通过对人类大我的理解而理解自我；另一方面则是通过对自身境遇的理解而理解自我。

人同自身有一种物同自身所没有的关系，那就是人能够进行自我理解，而物则不会。对于生活中的每一个人而言，与其说是在理解自身与"他者"的关系，不如说是在理解与自我理解的关系。因为理解的目的不是为了获得客观知识，而是为了获得自身存在的意义。从这个意义上来说，理解的目的就是为了自我理解。

（三）理解扩展着理解者的精神世界

由于理解所揭示的是可能性的意义，是指向将来的"能在"，所以，理解也体现了精神发展的意向性，理解与精神发展是相互沟通的，甚至可以说理解的过程与精神的建构过程就是同一个过程。

"人不只是经由生物遗传，更主要是通过历史的传承而成其为人"[①]。历史传统是人类生活经验的结晶，对历史的理解就是对人类共同性的理解，对历史的理解过程中也就是人与人类的共同精神之间展开交流的过程，这种交流，引导着精神的发展。从这个意义上说，理解就是在打开我们精神的大门，把我们投向历史与文化，投向生活，使我们的精神接受引导，进而扩展我们的精神视野。在理解中，"自我的构成和意义的构成是同时的"[②]，理解的目的不仅在于意义的生成，还在于扩展理解者的精神世界。

（四）理解是视域融合

人都具有历史性，每一个人都是降生在历史中，而且从出生到死亡都在经历历史的时间，历史作为生活的领域构成了当代，构成了人的现实世界，语言、传统、民族精神等是构成当代的要素。语言、传统等是通过一代一代人的理解而进行到"当代"的，每一个生活着的人都无法阻断与历史的联系，必须对历史进行理解，吸收人类的历史经验，建构我们的精神世界。

理解是人存在的基本方式，人人都是理解者，任何人都有历史性，有自己的经验世界和精神世界，所以无论什么人，都有自己有意向的"视域"。历史和语言对人的生活的先在规定性使人在理解的过程中形成了一种经验结构，这一经验结构就构成了理解者的视域。视域就是地平线，有了地平线，理解者便可以站在地平线上把视线投向将来。

---

① 雅斯贝尔斯著. 邹进译. 什么是教育 [M]. 北京：生活·读书·新知三联书店，1991：53.
② P·利科著. 陶远华等，译. 解释学与人文科学 [M]. 石家庄：河北人民出版社，1987：163.

历史也具有自己的地平线，理解就是理解者把自己的视域向历史的地平线开放，两个地平线相互交流、相互融合，形成新的意义，这一新的意义不仅扩大了历史的视域，也扩大了理解者的视域，带来理解者精神世界的扩展和人生经验的增长，理解者的视域在理解的过程中不断变化、扩展。理解的过程就是一种视域融合的过程。

通过以上对"理解"性质的"理解"，我们似乎对"理解"这一概念有了更进一步的了解。不过，对理解这一概念的探讨还没有结束，在本书第二章中，我们还将透过解释学的发展历史，对"理解"这一概念继续进行探讨。

二、教材

在我国，与教材意义相近的词语很多，其中最为接近的主要是"教科书"、"课本"，因意义接近，易于混淆，有必要对这几个概念进行简要辨析。

（一）教材

对教材概念的界定，真可谓众说纷纭、五花八门。既有广义的界定，也有狭义的界定，既有静态的界定，也有动态的界定。

《辞海》对教材的定义是："根据教学大纲为师生教学应用而编造的材料，主要有教科书、讲义、讲授提纲等，有时也包括供教师和学生用的教学参考书、教学辅助材料等"。

《中国大百科全书·教育卷》对"教材"做了如下解释："①根据一定学科的任务编选和组织具有一定范围和深度的知识技能体系，一般以教科书的形式来具体反映；②教师指导学生学习的一切教学材料，它包括教科书、讲义、讲授提纲、参考书刊、辅导材料以及辅助材料等，讲义和讲授提纲是教材整体中的主体部分"[1]。

《现代汉语词典》中对教材的定义是："有关讲授内容的材料，如书籍、讲义、图片、讲授提纲等"[2]。

钟启泉将教材的概念定义为："教材是教师在教授行为中所利用的一切素材和手段，它包括最标准的教科书，也包括形形色色的图书教材、视听教材、电子教材等，其中教科书是最具代表性的核心教材"[3]。

范印哲："教材是根据一定的教学任务而选择组织的具有一定深度和广度的教学体系。教材是组成教学过程的四个基本要素之一，四个基本要素是：教师、

① 中国大百科全书编辑部编. 中国大百科全书·教育卷 [M]. 北京：中国大百科全书出版社，1989：146.
② 中国社会科学院语言研究所词典编辑室编. 现代汉语词典 [M]. 北京：商务印书馆，2002：639.
③ 钟启泉. 对话与文本：教学规范的转型 [J]. 教育研究，2001（3）：36.

学生、教材和教学条件"①。

廖哲勋则认为："教材是由一定育人目标、学习内容和学习活动方式分门别类组成的可供学生阅读、视听和借以操作的材料"②。

虽然教材的定义五花八门，但是仔细研究便会发现，人们对教材概念认识的分歧主要是教材的动态界定和静态界定问题，这两种界定的代表人物分别是赫尔巴特和杜威。赫尔巴特认为教材就是静态知识的系统性组织。在《民主主义与教育》一书中，杜威提出教材是在"有目的的情境的发展过程中所观察的、回忆的、阅读的和谈论的种种事实，以及所提出的种种观念"。显然，杜威从教材功能的角度对教材做了动态性界定。杜威对教材概念的动态性界定提醒我们，对教材不应只关注静态层面，还应关注动态层面。这一概念的引进，对于开阔我们的视野、更好地进行教材理解具有十分重要的意义。

当代教学论从广义的角度对教材的概念进行了动态的界定。首先，教材即学生需要掌握的知识体系；其次，教材即知识背后的能力体系；最后，教材即能力体系背后的情感、态度和价值观。这三个方面逐渐递进、相互统一、不可分割。

(二) 教科书

首先，我们从字面上对"教科书"这一概念做一下解读。

"教"即教育、教化、教授、教学。"教"揭示了教科书的精神内涵，是教科书的第一要义。

"教"是"教育"，意味着了教科书总是以教育为目的，因而在内容选择上，教科书总会选择那些有利于学生品德养成和人格塑造的内容。

"教"是"教化"，意味着教在使用过程中，教科书往往会成为道德教化的工具。

"教"是"教授"，意味着假如将教科书的"教"视同于"授"，则教科书就有可能会演化为教师单向灌输、学生被动接受的工具。

"教"是"教学"，意味着教科书既要关注教师的"教"，更要关注学生的"学"，教科书是教学活动的重要载体。

"科"即学科、科学，揭示了教科书的内容属性。现代教科书往往以现代科学分类为基础，分科设置。比如，中小学新课标教科书包括语文、数学、英语、科学、历史（历史与社会）、地理、物理、化学、生物、艺术（音乐、美术）、体育、信息技术、书法等十几个学科。同时，教科书内容选择力求反映各门学科的当代最新科学知识。

---

① 范印哲. 教材设计导论 [M]. 北京：高等教育出版社，2003：4.
② 廖哲勋. 课程学 [M]. 武汉：华中师范大学出版社，1992：197.

"书"即书本，揭示了教科书的形式特征，即它以一种纸质形式呈现的。

通过以上分析，我们感受了"教科书"丰富的内涵。我们也可以这样认为：与"教材"、"课本"等概念相比，"教科书"这一概念能更精确、更全面地揭示教科书的本质，也更具内在的精神气质。而且，这种精神气质与现代科学精神和现代科学知识紧密相连，并随着历史的传承深入人心，以至只要提到"教科书"，人们往往会心生敬畏。

也正是因为"教科书"有着如此的内涵，所以在没有分科课程，也没有现代科学的中国古代不可能有"教科书"的概念。更不可能有现代意义上的教科书。因为，"现代意义的教科书必须满足三个条件，第一，产生了现代学制，根据学制，依学年学期而编写出版；第二，有与之配套的教授书（教授法、教学法）或教学参考书，教授书内容要包括分课教学建议，每课有教学时间建议等；第三，依据教学计划规定的学科分门别类地编写和出版。依此标准，以前不论是'三百千千'，还是'四书五经'，它们在程度上是模糊而不分级的，在分量上是主观而不分课时的，在教和学上是完全由教师随意决定的，在内容上是笼统而不分科的，因而不是现代意义的教科书"①。

但是，教科书并非无源之水、无本之木。在现代意义上的教科书没有出现之前，具备"教"之属性、统称为"教材"的学校教育文本却早已出现。为保持称"教科书"一词，在我国最先使用的一般认为是19世纪70年代末来华传教基督教士②。

《美国大百科全书》对教科书的定义是："从严格意义上讲，教科书是为了学习的目的通过编制加工并通常用简化方法介绍主要知识的书"③。

《中国大百科全书·教育卷》（1976年版）中关于教科书的定义是："根据教学大纲（或课程标准）编订的、系统地反映学科内容的教学用书"④。

《现代汉语词典》中对教科书的解释是："按照教学大纲编写的为学生上课和复习用的书"⑤。

当然，关于教科书的概念还有很多，在此无法一一列举。

（三）课本

"课本"，实际上通常被认为是对"教科书"的俗称。《现代汉语词典》中对

---

① 石鸥. 最不该忽视的研究——关于教科书研究的几点思考［J］. 湖南师范大学教育科学学报，2007（5）：5.

② 毕苑. 中国近代教科书研究［D］. 北京：北京师范大学，2004：9.

③ 转引自周士林. 世界教科书概况［J］. 教材通讯，1985（6）：12.

④ 中国大百科全书编辑部编. 中国大百科全书·教育卷［M］. 北京：中国大百科全书出版社，1976：145.

⑤ 中国社会科学院语言研究所词典编辑室编. 现代汉语词典［M］. 北京：商务印书馆，2002：639.

课本的解释是："教科书，如数学课本"①。显然，"课本"就是"教科书"，无非"课本"是对"教科书"的一种通俗称呼而已。

从对教材、教科书、课本概念的辨析，我们不难达成这样一种共识：课本是对教科书的俗称，而教科书不等于教材，二者既有区别又有联系。教科书包含在广义的教材之内，是教材的重要组成部分。

本书中所谓的教材，是指狭义的教材，亦即习惯用法中的教科书。而且我们认为，教科书是依据课程标准编写，由特定出版社出版②，经我国中小学教材审定委员会审查通过，用于中小学教学的文本式参考凭借，包括学生用书、教师用书以及与之配套的练习册、地图册等。

不少学者还对教材的功能进行了深入探讨。邵瑞珍认为："教材作为一种最普通的同时也是最重要的媒体，在传播知识方面发挥非常重要的作用。在学校教育中，教材是学生获取知识的主要来源和教师教学的主要依据"③。

钟启泉从现代教学论角度归纳了现代教材的三大功能。"第一，教材的信息源功能，也就是为儿童选择和传递有价值的真实信息和知识的功能。第二，教材的结构化功能。现代教材的信息组织不可能是'散落式'或'百科全书式'的，而是体现一定基本思路的结构化体系，以帮助儿童建构和梳理自身的知识结构体系。第三，教材的指导性功能。即教材在学习方法上的指导和引领功能"④。

在阐述以上教材基本功能的基础上，钟启泉认为教材不仅是知识的源泉，同时也是教学的手段。在使学生自己掌握知识、教会学生创造性思维的学习活动方法方面，教材起着尤为重要的作用。此外，在讨论法国学校课程的实施及其特点时，他还指出，随着教学媒体的积极推广，教材在教学中所占的比重日趋下降，教材正成为"多种教材中的一种"。在此背景下，他重新提出了教材所具备的几种作用：教材是一种资料集；在文法、数学等领域中，教材是习题全书；教材以其艺术性高的图版，促进学生兴趣的形成；教材给学生带来读书的乐趣，引导个人学习；教材填补其他教科书的空隙，有助于完善学习。从他对教材作用的描述，可以看出教材的地位已经悄然发生改变。

尽管教材的概念五花八门，对教材功能的认识不尽相同，但是，我们可以从现代教学论的角度归纳出教材的一些性质：第一，教材是师生教和学的主要依据；第二，教材是课程内容的主要载体，因此在日常生活中人们往往将教材等同于教科书；第三，教材是文本的。

① 中国社会科学院语言研究所词典编辑室编．现代汉语词典［M］．北京：商务印书馆，2002：717.
② 此处所说的"特定出版社"，是指具有一定资质，并能出版发行中小学各学科教学用书的出版社。
③ 邵瑞珍，皮连生．教育心理学［M］．台北：五南图书，1989：421.
④ 钟启泉．"优化教材"——教师专业成长的标尺［J］．上海教育科研，2008（1）：9.

三、教材理解

由于学界对教师教材理解尚未进行深入的研究，迄今为止，还没有人给教师教材理解下过定义。我们认为，教师教材理解是指教师基于自身的专业知识、专业素养以及教材观，对教材意义的解读过程。其着眼点不在于教材编写的具体程序，而在于对教材的历史、现在和未来之意义的理解。

教师教材理解具有以下几方面的内涵。

第一，教师教材理解是教师的个人理解。教材理解的主体是人，因而，教材理解是教师基于自身已有的知识与能力、情感态度与价值观、教材观、个人独特的经历与体验等对教材意义的理解。

第二，教师教材理解具有情境性。教材理解是教师在具体的情境中进行的，教师对教材的理解不能脱离具体的情境。

第三，教师教材理解的目的是获得教材的意义。无论是意义复原式教材理解还是意义创生式教材理解，最终目的都是为了获得教材的意义。因此，意义是教材理解的核心。

第四，教师教材理解是一种创造性理解。"理解不是一种单纯重构过程，而始终是一种创造过程"①。教材理解也同样是一种创造过程。无论何种版本的教材，教师都不能看作现成的、直接拿来就可用的东西，而是需要教师发挥自己的创造力，对教材进行意义解读，并创造性地应用于教学实践。显然，没有教师创造性的理解，再好的教材也很难在教学实践中发挥良好的作用。

第三节　研究的总体设计

一、研究意义

（一）增强教师教材理解的意识

众所周知，中华人民共和国成立以后，我国实行中央集权制的课程管理体制，教材也实行"一纲一本"，即国家统编制。而且为了编写出版教材，还于1950 年 12 月成立了人民教育出版社，所有教材都由该出版社编写出版。1987年，教育部颁布了《全国中小学教材审定委员会工作章程》，该章程首次提出："在统一教学基本要求的前提下，有领导、有计划地实现教材的多样化，以适应

---

① 章启群. 意义的本体论——哲学诠释学 [M]. 上海：上海译文出版社，2002：总序第 2 页.

不同地区的需要"。随后，北京、上海、浙江、广东等省市开始组织地区中小学教材的编写，在"一纲多本"的道路上迈出了可喜的一步。自 2001 年启动的从幼儿园到普通高中的我国基础教育课程改革，也倡导教材的多样化建设。但是，我国长期实行的"一纲一本"的教材政策对教师的观念所产生的影响是深远的，正如有学者所说："受传统教育方式和思想观念的影响，从家长、学生到学校的教师，相当一部分人把教材看作教师教和学生学的核心内容，是教学内容的唯一权威，把教师教教材看作理所当然、天经地义的事情。于是，'只管低头拉车，却不抬头看路'成为很多教师教学工作的基本写照"①，教师既没有理解教材的勇气和意识，也没有理解教材的能力。刘松旺老师发表在《小学教学研究》杂志 1988 年第 1 期的《不越雷池，焉能脱颖——创造性使用教材管见》一文便是这种心态的最好表达。因此，只有唤醒教师教材理解的意识，才能激发教师教材理解的行为。

（二）完善教师教材理解的理论体系

从已公开发表的文献看，我国的教育理论研究较少关注教材理解，少数研究者虽然涉及教材理解，但研究视角单一，大多是从哲学解释学的角度进行研究，研究既不深入也不系统，更没有人尝试建构教材理解的理论体系。而且，教材理解作为课程理解的一部分，虽然关于课程理解的理论可以"嫁接"、迁移到教材理解，但由于我国当前关于课程理解的研究"首先，大部分研究停留在经验描述和感性认识的层面上，科学性不高。很多一线教师关于课程理解的研究，主要基于对自身课程实践工作中的问题和感受而展开，论述基本上处于个人经验描述的水平，缺乏规范的研究方法和稳定鲜明的理论立场，这在一定程度上影响了研究的科学价值。其次，大部分研究关注了具体的实践操作性问题，但是忽视了关于教师课程理解的基础核心问题的探讨。当前的诸多研究把目光集中在具体的实践问题上，忽略了相关基础问题的研究，例如课程理解的内涵，教师理解课程的特征、动力、机制、常用策略方法以及评判标准等。"② 更使教师教材理解没有可供参考的理论依据。

教师教材理解相关理论的缺乏是导致教师教材理解出现诸多问题的重要原因，本书有利于丰富教材理解研究的视角，完善教师教材理解的理论体系，让教师的教材理解有据可依、有理可循。

教师教材理解就是教师基于自身的专业知识、专业素养以及教材观，通过与教材文本的对话与交流，形成一整套合价值、合目的、合规律的教育理念和对教材问题最基本的判断。这些判断可归纳为几下几个基本问题：第一，什么是教师

① 孙宽宁. 教师如何理解教材 [J]. 当代教育科学, 2011（7）: 18.
② 孙宽宁. 课程理解的理想与现实——一种教师自我关怀的视角 [M]. 济南: 山东人民出版社, 2010: 11.

教材理解，它具有什么样的性质？第二，教师教材理解有哪些类型？不同类型的教师教材理解需要哪些条件？第三，教师教材理解是怎样进行的？第四，教师教材理解应该坚持什么标准？教师对这四个基本问题的判断，既在一定程度上反映了教师教材理解的水平，也折射出教师的教育境界及其在课堂教学中所可能采取的教学方式。一个教师如何理解教材，决定了他如何实施教学，也直接影响着学生的思维方式。因而，教师教材理解理论体系应围绕这四个基本问题进行构建。

（三）提升教师教材理解的能力

当前，教师教材理解存在诸多问题，如果这些问题不能及时加以解决，势必影响教师的教学效果，最终关系到新课程改革的成败。新课程改革提倡教材建设的多样化，而因教材编写者个人的成长经历、学术立场、学术水平等的差异，不同版本的教材都有各自的特色和优势，使得不同版本的教材所针对的地区、学校和学生不同，教师在使用教材的过程中，只有对不同版本的教材进行理解，才能对教材产生较为客观、准确的认识，整合各版本教材的优势资源，更好地服务于教学，这就对教师的教材理解能力提出了更高的要求。

本书按照发现问题→分析原因→提出解决办法的思路，发现我国教师教材理解存在的主要问题，分析出现问题的原因，提出解决问题的策略。当前，教师教材理解存在的主要问题有教材理解不能很好体现学科课程改革的基本理念、重视从方便教师教的角度进行学科知识系统性调整，缺少对教材情感、态度和价值观层面的挖掘与分析、忽视课程本身的系统性和层次性，对教材进行孤立地理解、随意增减教学内容、任意拔高教学要求等，出现这些问题的原因有教师教材理解的意识不强、应试教育和功利主义思想的影响、教师教材理解能力的不足、教师教材理解缺乏相关理论的指导等，其中，教师教材理解能力的不足是最主要的原因。

随着教师教材理解理论体系的构建、教师教材理解能力提升策略的研究、教师教材理解意识的唤醒，相信本书能够对教师教材理解能力的提高起到极大的帮助，这是笔者多年的夙愿，也是笔者之所以进行"教材理解"研究的旨归。

（四）提高教学质量和课程实施质量

教材是各学科课程标准的内容载体，是课程内容的具体体现，是教师实施教学设计、教学活动最主要的依据，是学生学习最重要的资料，教材为学生的学习活动提供了基本线索。康伯乐斯（Cornbleth）指出："在一个四年级学生的研究，82%的学科学习活动时间，乃花在使用教材"[1]。科摩斯基（Komoski）在一个观

---

① 黄显华，霍秉坤. 寻找课程论和教科书设计的理论基础 [M]. 北京：人民教育出版社，2002：144 – 145.

察研究中，"发现 90% 的教室时间是花在教科书上。有些研究更显示 95% 的教学时间是用在教科书或教学材料上。根据这些研究结果，教科书及教学材料实为决定教育质素最重要的因素"①。

新课程改革倡导教材的多样化，但是，我国现有教材的层次化、多样化尚处于初级阶段，能够满足不同地区、不同学校需要的教材体系还没有形成。更何况合适是相对的，它总是相对什么人，什么地方，什么目的，根据什么标准。格兰特（Grant，N）给出的评价最合适教材的三份清单，对我们有一定的启发：符合学生的需要、兴趣和能力；适合教师；必须满足官方教学大纲或考试的需要②。我国是一个人口众多、地域辽阔、地域差异极大的国家，即使所有版本的教材都有自身鲜明的特色，也不可能适合全国所有地区、所有学校使用。所以，没有最好的教材，只有最合适的教材。

有学者以小学数学为例，对"教师使用教科书水平"与课堂效果之间的关系进行了实证研究，结果发现："'教科书使用水平'高的教师，学生的课堂参与度越高，且'中等水平'和'较高水平'教师的'学生课堂参与度'逐渐趋于稳定；'教科书使用水平'高的教师，学生的数学课堂情感越积极；'教科书使用水平'高的教师，学生对新知的操作性理解程度越高；对相同的教学内容来说，'教科书使用水平'高的教师，学生对新知的关系性理解程度越高"，"教师在课堂上能否创造性地使用教科书，对促进学生数学学习的操作性理解和关系性理解、提高学生数学课堂参与度、提高学生的问题解决能力，以及形成积极的数学情感和开阔的数学观有重要作用，因而，提高教师使用教科书的水平，是十分必要的"③。

教育部于 2001 年颁布的《基础教育课程改革纲要（试行）》要求教材为教师进行创造性教学留下足够的空间。但是，在新课程实施过程中，发现教师创造性使用教材的能力与教材的创造性空间大之间存在极大的矛盾，而且矛盾日益突出。真正的教育是发生在实践性的学校情境尤其是课堂中，对教师教材理解的研究，能够提高教材使用的实效，从而提高教育教学质量和课程实施质量，有利于我国基础教育课程改革的顺利进行。

（五）提升教师的生存质量

"一纲一本"教材制度下和传统解释学的视域中，教材主宰着教师的教学活

① 黄显华，霍秉坤. 寻找课程论和教科书设计的理论基础 [M]. 北京：人民教育出版社，2002：145.
② Grant, N. 1987. Making the Most of Your Textbook. Harlow, Essex：Longman.
③ 严家丽. "教师教科书使用水平"与课堂教学效果之间关系的实证研究——以小学数学为例 [D]. 东北师范大学博士学位论文，2014：i - ii.

动，教师视教材为"圣经"，教师的教材理解就是忠实于教材编写者的意图，复原教材的本意，教师的工作就是"教教材"。面对教材，教师迷失了自己，没有了个性，甚至没有了思维。

在伽达默尔那里，"理解不属于主体的行为方式，而是此在本身的存在方式"①。理解现象涉及人和世界的一切关系，理解的过程发生在人类生活的所有方面，理解与人不可分离，它是形成人关于自身的知识和生活的智慧的基础，也是人进行社会性交往的基础，同时是每个人精神的活动与过程。可以说，人的生活就是理解的生活，理解对于人的生活是本质的。理解也是联系人与世界的桥梁，正是理解建构了人与世界的意义关系，没有理解，世界对人而言便没有任何意义。理解不仅建构着生活的意义，而且通过意义的生成也不断展现和扩展着人的精神。"理解总是理解者从自身出发与对象世界所建构的整体的意义关系，使理解者自身的视野与理解对象的视野的融合，每个人必定在理解的同时进行自我的理解"②。所以，理解不仅是朝向人的外部世界的一种活动，同时也是朝向人的自身的一种活动。对于生活中的人而言，归根结底，与其说理解是人与"他者"的关系，不如说是理解与自我理解的关系，理解的目的并不仅在于意义的生成，更在于精神自我的成长，在理解中，"自我的构成和意义的构成是同时的。"③ 从这个意义上讲，人的生活就是一个历程，人就是为了将来的存在，为了"将在"和"能在"。

"在我看来，全部教育的关键在于选择完美的教育内容和尽可能使学生之'思'不误入歧途，而是导向事物的本源"④。教材是教育内容主要的载体，是构成教师完整生活的重要组成部分，相对于教材而言，教师从来都不是旁观者，而必须是、也必然是介入者。尤其自印刷术和造纸术的出现，教育内容的载体逐渐由人向物转变，使教师与教育内容的载体相分离，由于教育内容与教师不是同一主体，教师与教材的相遇更成为教师完整生活中必不可少、司空见惯的事件。

当教师与教材相遇时，教师应将其对教材的理解作为自己的生存方式看待，即当与教材相遇时，教师要消除教师与教材之间的相互对立和主客体关系的彼此隔离，根据个人的知识经验与教材展开积极的对话与交流，通过对教材的个性化理解，赋予其意义。在此过程中，教师不仅通过对教材的理解建构了教材的意义，而且通过教材意义的生成展现和扩展了教师自己的精神。所以，教师对教材的理解与其自身的精神建构并不是两个过程，而是同一个过程。在教师的教材理解活动中，

① 伽达默尔. 真理与方法［M］. 洪汉鼎译. 上海：上海译文出版社，1999：6.
② 金生鈜. 理解与教育［M］. 北京：教育科学出版社，1997：46.
③ P·利科著. 陶远华译. 解释学与人文科学［M］. 石家庄：河北人民出版社，1987：163.
④ 雅斯贝尔斯著. 邹进译. 什么是教育［M］. 北京：生活·读书·新知三联书店，1991：4.

教师与教材交互作用，共同形成一个整体。假如教师不能真正理解教材，教材对教师也就没有任何意义。对教师个体而言，理解教材的目的不仅是为了获得教材的意义，更是为了教师精神自我的成长。由此可见，教师的教材理解不仅是课程改革的外在需要，更是教师建构自身的生活意义和精神自我的需要。在某种意义上，教师对教材的理解过程，是一种教师自我理解的过程，也是教师自身的精神生命不断丰富和发展的过程，与其说教师是在理解教材，不如说是在发展自己，发展的不是外在的名利，而是自身的精神和心灵。教师的自我理解又是教师教材理解的前提。因为，教师是教材理解活动中的主体，教师对教材的理解是一种个性化理解，那种强制教师对教材进行一致性理解的做法，只会使教师教材理解走上歧途。"当强权加入意义生成的过程和达成共识的过程时，一致性解释也可能是虚假的。"[1] 教师对教材的理解必须与教师自我建立起实质性的联系。

教材是构成教师完整生活的重要组成部分，教师的生活与教材紧密相连，教师对教材的个性化理解既赋予教材以意义，也建构了教师自身生存的意义。海德格尔和伽达默尔的哲学解释学以及我国"一标多本"的教科书制度，提倡教师对教材进行理解，也正是有了教师对教材的理解，才使教师从旁观者变为介入者，才让教师显示了自己的存在。对教师教材理解的研究，可以唤醒教师教材理解的意识，提高教材理解的能力，使教师感觉自己的存在，发挥自己的主体性，从而提高自身的生存质量。"人啊，认识你自己"是每一个人的使命，更是教师的使命！

二、研究思路与研究方法

（一）研究思路

我国基础教育课程改革倡导教材的多样化，实行"一标多本"的教材管理制度，并强调教材的编写要为教师创造性教学留下充足的空间。可是，在新课程实施过程中，教材的创造性空间大与教师创造性使用教材能力不足之间的矛盾日益突出。不少教师不知道教材作为一种文本，一种"符号表征"需要理解，更不知道应该如何理解教材。原因是多方面的，其中一个不容忽视的原因就是教师教材理解相关理论素养的欠缺。当然，教师教材理解理论素养的欠缺又和我国当前对教材理解相关理论研究的迟滞和碎片化有关。所以，在说明选题缘由、界定核心概念、阐述研究意义、确定论文框架和研究方法之后，计划开展文献综述工作，在文献综述的基础上，计划重点从教师教材理解的概念及内涵、教师教材理解的类型、教师教材理解的条件、教师教材理解的过程、教师教材理解的标准等几个

---

[1] Grundy S. Curriculum：Product of Praxis? The Falamer Press，1987：17.

方面对教师教材理解的相关理论进行研究，争取在教师教材理解的理论研究方面有所突破，并尽可能初步形成教师教材理解的理论体系。笔者深知，这项任务十分艰巨，完全凭借我个人的能力原创几乎无法完成。值得庆幸的是，伽达默尔的哲学解释学和符号互动理论为我的研究提供了强大的理论支撑，提供了极佳的研究视角。

"在人类历史发展过程中，对事物的研究逐渐形成了两种路径。在古希腊时期人们注重超越世俗事物本身之上而对其沉思，并建立抽象的形式进行缜密的逻辑思考。在近代西方科学开展以后，人们开始强调自身理性及当下现实生活改善的重要性，主张研究必须导向实践。这种研究的结果成为一种经由人的理性作用而对事物或现象进行预测和控制的原理、规则，成为实践的指导手册。前一种研究是一种超越实践的研究，而后一种研究则是与实践紧密联系的研究"①。

本书也基本遵从这两种路径。所以，在对教师教材理解的相关理论进行研究之后，计划进行"与实践紧密联系"的研究，即对当前教师教材理解存在的问题以及如何提高教师教材理解能力进行研究，期冀能够对教师教材理解的实践起到很好的指导作用。

在上述研究思路的基础上，确定了本书的技术路线（见图1-3）。

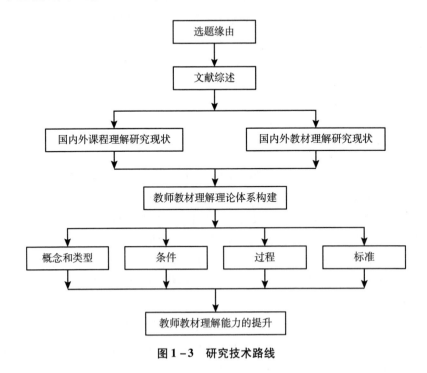

图 1-3　研究技术路线

---

① 孙宽宁. 课程理解的理想与现实——一种教师自我关怀的视角 [M]. 济南：山东人民出版社，2010：6.

（二）研究方法

要保证研究结论的科学性，必须有科学的研究方法做支撑。采用何种研究方法，应该取决于研究对象的性质和特点。本书的对象是教师的教材理解，研究对象的复杂性以及各种研究方法的互补性决定了本书必须采用多元化的研究方法，这也符合国际教育研究的趋势。

1. 本书所采用的教育研究分类方法

提到教育研究方法，首先必须对教育研究方法理论体系有较为清晰的认识。因为正是对这个问题认识的模糊，造成了人们对教育研究方法认识的混乱，常常将不同层次的教育研究方法混为一谈。

从系统论角度来看，教育研究方法论是一个由三种不同层次的方法组成的理论体系。

第一层次是哲学方法论。马克思主义哲学就是属于这一层次，而且唯一科学的方法论。教育哲学作为马克思主义哲学的应用哲学，在教育领域具有方法论性质，是教育研究方法论的最高层次。教育哲学是指导教育研究的理论基础，对教育研究起基本定向作用。

第二层次是教育研究的特有方法。这一层次的方法论既是第一层次即教育哲学的具体运用，又是第三层次即各种具体教育研究方式、方法、手段的概括，既受教育哲学的指导，又制约具体的教育研究方式、方法、手段。

当前，我国对这一层次教育研究方法论的研究还不够深入，虽然相关的文献颇多，但不同学者的分类标准及界定不同，研究方法分类方法繁杂，至今还没有一个清晰、公认的教育研究方法分类体系，导致在面对研究方法的具体选择时无所适从。北京师范大学姚计海副教授将这一层次的教育研究方法概括为思辨研究、量化研究、质性研究和混合研究四类[①]（见表 1 – 1）。本书所采用的就是这种分类方法。

表 1 – 1　　　　　　　　　教育研究方法内涵或特征

研究方法	主要内涵或特征
思辨研究	研究者主要运用辩证法等哲学方法，通过对事物或现象进行逻辑分析，阐述自己的思想或理论，包括理论思辨、历史研究、经验总结等具体方法
量化研究	研究者依靠对事物可以量化的部分及其相互关系进行测量、计算和分析，以达到对事物本质的把握，包括统计调查、实验法（含准实验）、二次分析、内容分析等具体方法

① 姚计海，王喜雪. 近十年来我国教育研究方法的分析与反思 [J]. 教育研究，2013 (3)：21.

续表

研究方法	主要内涵或特征
质性研究	研究者通过和被研究者之间的互动对事物进行深入、细致、长期的体验，然后对事物的质得到一个比较全面的解释性理解，包括叙事研究、案例研究、田野调查等方法
混合研究	研究者基于实用主义的主张，在研究过程中同时选择量化和质性两种方法

第三层次就是教育研究中所使用的各种具体研究方式、方法和手段的总称。这一层次的教育研究方法有着丰富的内容，例如，姚计海认为思辨研究包括理论思辨、历史研究、经验总结等具体方法，量化研究包括统计调查、实验法（含准实验）、二次分析、内容分析等具体方法，质性研究包括叙事研究、案例研究、田野调查等方法。而且采用不同的研究方法，便可达到不同的研究目的。

2. 以理论研究为主，观察法、访谈法等方法为辅的多元化研究方法体系

在教育研究领域，长期以来质的研究与量化研究相互竞争、互不想让，大有"老死不相往来"之势，而且质的研究曾一度受到研究者们的青睐，成为占据主导地位的方法论。派纳（William F. Pinar）甚至断言，在美国关于研究方法论之认识论基础的论争早在 20 年以前就已结束，占据当前课程研究领域的主导方法论是质的研究。事实上，不论质的研究还是量化研究，各自都存在不足。因此，越来越多的学者认识到混合使用多种研究方法的必要性，并逐渐开始在实际研究中采用多种研究方法。多种研究方法的混合使用，在美国甚至催生出了一种与质的研究和量化研究比肩的方法——混合法。而且"混合法近年来在美国教育研究中日益受到关注和青睐，与质化研究和量化研究比肩成为第三种研究范式"[①]。"当前美国教育研究处在三种方法论并存的阶段，每种研究范式都有自己的优势和不足，都有适合应用的研究问题"[②]。有学者对我国 20 所师范大学教育学院教师在教育可以中通常采用的方法进行了调查研究，结果发现，"选择量化研究、质化研究的教师各有 57 人，分别占总人数的 23.1%；选择混合研究方法的教师有 133 人，占总人数的 53.8%"[③]。说明混合研究法已经成为我国师范大学教育学院教师教育科研所采用的最主要方法，而师范大学教育学院教师又是我国教育科学研究的主体，因此，也可以说混合研究法已经成为我国教育科研所采用的最主要方法。考虑到当前世界及我国教育研究方法论的最新进展，以及研究对象的

---

① 张东辉. 美国教育研究方法论的最新进展：混合法研究的兴起与应用 [J]. 教育研究与实验，2013（4）：7.

② 张东辉. 美国教育研究方法论的最新进展：混合法研究的兴起与应用 [J]. 教育研究与实验，2013（4）：10.

③ 闫建璋. 我国师范大学教育学院教师科研现状调查研究——基于 20 所师范大学教育学院调查数据的思考 [J]. 教育研究，2014（7）：112.

性质和特点，本书计划以理论研究为主，并与观察法、访谈法相结合，多种研究方法综合运用，形成本书的方法论体系。

理论研究是"在已有的客观现实材料及思想理论材料基础上，运用各种逻辑的和非逻辑方式进行加工整理，以理论思维水平的知识形式反映教育的客观规律"①。因理论研究具有很强的思辨性色彩，所以有学者将其看作思辨研究的方法之一。由于本书的目的之一是构建教师教材理解的理论体系，而要达到这个目的，必须借助理论研究法。构建教师教材理解理论体系的想法看起来似乎有些好高骛远、自不量力，好在多样性和不确定性恰恰也是理论研究的特点之一，使我有勇气和信心进行我的研究，并形成关于教师教材理解不同的观点和理论，况且这种探索至少有助于教师教材理解理论体系的发展和完善。

近年来，随着"质的研究"的兴起，"行动研究"、"叙事研究"、"案例研究"、"田野研究"等原本陌生的术语逐渐被人们所熟知。至于什么是"质的研究"，学者们一直以来众说纷纭，莫衷一是。陈向明认为质的研究"是以研究者本人作为研究工具，在自然情境下采用多种方法收集资料，对社会现象进行整体性探究，使用归纳法分析资料和形成理论，通过与研究对象互动对其行为和意义建构获得解释性理解的一种活动"②。这是目前国内比较认可的一种定义。行动研究是质的研究运用的一种表现形式。

教育研究，特别是传统的教育研究，长期以来似乎是大学、研究机构等社群的"专利"，他们的研究目的大多是建立普遍的原理和原则，然而，这种取向使教育研究以一种体制化的方式与教育实践相分离，研究成果往往面临无法直接应用于实践的尴尬处境。行动研究正是解决这一问题的最佳方法。对于什么是行动研究，学者们众说纷纭。《国际教育百科全书》中将行动研究定义为："由社会环境（包括教育环境）的参与者为提高对自己所从事的社会或教育实践的理性认识、为加深实践活动及其依赖的背景的理解，所进行的反思研究"③。美国学者麦克纳（Mckenna）认为："行动研究是一种运用科学方法解决课程问题的系统的自我反思探究，参与者是这种批判性反思探究过程和反思探究结果的主人"④。英国学者、行动研究的积极推广者约翰·埃利奥特（John Elliot）则认为："行动研究是对社会情境的研究，是以改善社会情境中行动质量的角度来进行的一种研究取向"⑤，在众多关于行动研究的定义中，这是较为简单明了的一

① 裴娣娜. 教育研究方法导论 [M]. 合肥：安徽教育出版社，2000：313.
② 陈向明. 质的研究方法与社会科学研究 [M]. 北京：教育科学出版社，2000：13.
③ Husen. T. The international encyclopedia of education，1985（1）：35.
④ 高文主编. 现代教学的模式化研究 [M]. 济南：山东教育出版社，2000：25.
⑤ Elliot J. Action research for education Chang. Milton Keynes & Philadelphia：Open University Press，1991：69.

个定义。无论哪个定义，都强调"行动"与"研究"的结合。在行动研究中，教师不再是研究的客体或对象，而是研究的主体。教师应采取质疑、批判、探究的态度，在实践过程中反思自己的实际工作，不断改进实践。

作为一名课程教学论专业的教师，理应既是研究者，又是实践者，也完全有条件如陈桂生先生所倡导的那样，"到中小学去研究教育"，"从活生生的实践中汲取教育智慧"，这样，既能将本研究所构建的教师教材理解的理论通过行动研究应用于实践，解决理论与实践相分离的问题，又能通过自己的实际行动推动行动研究在教育研究中的应用。相信行动研究将成为笔者的一种生活方式。

有人说，观察是最好的研究方法。虽然这种说法有些偏颇，但可以肯定的是，人类对研究对象的认识，大多正是通过观察完成的。国内外著名教育家的经验也表明，观察是教育研究的一种最基本的方法。观察法就是通过直接与研究对象的接触获取对象资料的方法。教育观察法"是指教育研究者根据一定的观察目的，制订相应的研究计划，通过感觉器官和辅助设备，对处在自然状态下的教育现象进行系统考察，从而获得经验事实的一种研究方法"①。因其在教育研究中具有重大意义，自 20 世纪以来，观察法得到教育研究者们的高度重视。在构建教师教材理解理论体系之后，本书计划深入中学课堂，通过课堂观察发现中学教师在教材理解中存在的问题。鉴于观察法同时具有所观察的资料琐碎不易系统化、研究对象多且分散等局限性，为了弥补这些缺陷，拟将观察法与其他研究方法，特别是访谈法结合起来使用。

"访谈，就是研究性交谈，是以口头形式，根据被询问者的答复搜集客观的、不带偏见的事实材料，以准确地说明样本所要代表的总体的一种方式"②。访谈法具有很好的灵活性和适应性。本书计划采用个别访谈与团体访谈相结合的方法，了解中学教师教材理解的现状，尤其是教材理解中存在的问题。

（三）本书的创新之处

本书的创新之处主要有两个方面。

一是在理论方面。针对当前我国教师教材理解研究视角单一，教材理解研究缺乏完整、系统的教材理解理论指导的现状，本书拟从哲学解释学和符号互动理论的视角，构建完整、系统的教材理解理论体系。这些理论包括教师教材理解的概念与内涵、教师教材理解的类型、教师教材理解的条件、教师教材理解的过程、教师教材理解的标准等。笔者深知，教师教材理解理论体系的构建绝非易事，自己面对的将是一场极大的挑战。

---

① 侯怀银. 教育研究方法 [M]. 北京：高等教育出版社，2009：115.

② 裴娣娜. 教育研究方法导论 [M]. 合肥：安徽教育出版社，2000：180.

二是在实践方面。理解教材的最终目的是为了更好地发挥教材的功能，提高教育教学的质量。因此，本书的前半部分主要是构建教师教材理解的理论体系，而后半部分则转向对当前教师教材理解存在的问题及如何提高教师教材理解能力的研究，努力为教师的教材理解提供"指导手册"，真正发挥理论对实践的指导作用。

（四）本书的逻辑结构

本书共有九章内容。

第一章，导论。主要包括阐述研究缘起、界定相关的核心概念、陈述研究的意义、介绍本书的逻辑结构、主要创新之处和研究思路及确定研究方法等，目的是对本书有一个整体的认识和把握。

第二章，教师教材理解研究现状。多渠道收集国内外课程理解以及教材理解的相关资料，通过对这些资料的整理、分析，了解国内外课程理解及教材理解研究的现状，发现研究中存在的问题与不足，找出本书的切入点和突破口。

第三章，教师教材理解研究的理论基础。以哲学解释学和符号互动理论作为本书的理论基础，从两个不同的理论视域，形成教师教材理解不同的话语体系，拓宽教师教材理解研究的研究视角。

第四章，教师教材理解的类型及转向。以传统解释学和哲学解释学为理论基础，从意义创生的角度，将教师教材理解分为意义复原式教师教材理解和意义创生式教师教材理解，并阐述两种教师教材理解的特点及从意义复原式走向意义创生式的意义。

第五章，教师教材理解的条件及实践策略。对教师教材理解条件的探究是教师教材理解活动的关键，本章借鉴伽达默尔对理解何以可能的研究，认为教师前见、完满性前把握和时间距离、语言、教师视域及解释学循环共同构成了教师教材理解的条件。在此基础上，提出了教师教材理解的具体实践策略。

第六章，教师教材理解的过程。揭示教师教材理解的过程有利于提高教师教材理解的水平。本章在厘清教师教材理解的组成要素的基础上，以"文本"这一概念作为切入点，以符号互动理论为理论基础，借鉴美国著名课程论专家古德莱德关于课程的五个层次说，认为教师教材理解的过程可以概括为三个主要环节，即教师与课程标准的互动、教师与教材的互动和教师与学生的互动。

第七章，教师教材理解的标准。本章在阐述确立教师教材理解标准的必要性及不同理解理论对理解标准的探讨之后，为了评价教师的教材理解是否"基于标准"和"学生的需要"进行，提出了"教师教材理解适切性"这一概念，并构建了涵盖2个领域、6个维度、22项指标的教师教材理解适切性评价指标体系。

第八章，教师教材理解的现实问题及其反思。本章采用我们所构建的教师教材理解适切性评价指标体系，通过对浙江省××市 23 名高中地理教师的课堂教学长达 6 个月的深入观察、分析和评价，发现了当前教师教材理解存在的主要问题，并对出现问题的原因做了探析。

第九章，教师教材理解能力的提升。本章以当前教师教材理解存在的问题为出发点，以对教师教材理解能力内涵的剖析为切入点，认为提高教师教材理解能力的途径主要有提升教师的自我意识、丰富教师的专业知识、掌握教材加工的基本策略等。当然，教师教材理解能力的提升离不开反思性实践。

第二章

教师教材理解研究现状

第一节　国外课程理解研究现状

在认可教材理解是课程理解的其中一部分这个前提下，研究教材理解，首先必须研究课程理解，因为课程理解研究可为教材理解研究提供研究的视野和理论基础。

美国著名的教育学家、课程理论专家、评价理论专家拉尔夫·泰勒（Ralph Tyler）是现代课程理论的重要奠基者，是科学化课程开发理论的集大成者。1934年，他出版了《成绩测验的编制》（*Constructing Achievement Tests*）一书，该书确立了"评价原理"。1949年，他又出版了《课程与教学的基本原理》（*Basic Principles of Curriculum and Instruction*）一书，并确立了"课程基本原理"，此书被许多学者奉为现代课程领域的"圣经"。拉尔夫·泰勒（Ralph Tyler）的"评价原理"与"课程基本原理"统称为"泰勒原理"。

《课程与教学的基本原理》一书的导言部分写到：

"这里要揭示的基本原理，将从定义四个基本问题开始，它们正是制订任何课程及教学计划时都必须回答的问题，即：

1. 学校应力求达到何种教育目标？
2. 要为学生提供怎样的教育经验，才能达到这些教育目标？
3. 如何有效地组织好这些教育经验？
4. 我们如何才能确定这些教育目标正在得以实现？"

这四个基本问题可归纳为"确定教育目标"、"选择教育经验"、"组织教育经验"、"评价教育计划"，这四个基本问题便是"泰勒原理"的基本内容。"泰勒原理"是公认的对课程开发原理最完美、最简洁、最清楚的阐述，达到了科学化课程开发理论的新的高度。

在《课程与教学的基本原理》出版之后的近30年里，"泰勒原理"始终是西方课程领域的主导范式。这种范式一直把"怎样科学有效地开发课程"作为研究的主要问题，把课程视为"学校材料"（school materials），课程研究就是探究"价值中立的"课程开发程序，从而导致出现"程序主义"（proceduralism）倾向。美国课程理论家派纳（William F. Pinar）将这种以"泰勒原理"为代表的价值取向称之为"课程开发范式"（the paradigm of curriculum development）。

"泰勒原理"从其本质来看，深层价值取向是追求"技术兴趣"。"'技术兴趣'（technical interest）亦称'技术理性'，是通过合规律的（规则）的行为而对环境加以控制的人类基本兴趣，它指向对环境的控制和管理，其核心是'控制'（control）。"[①]"泰勒原理"力图为课程开发提供一种普适性的程序，使课程开发过程变成一种理性化、科学化、程序化的过程。这样，课程开发过程中的主体性、创造性便消失了，教师、学生被置于一种被动、压抑的状态。"课程领域很幸运，因为有了拉尔夫·泰勒。课程领域很悲哀，因为拉尔夫·泰勒久久不能被超越"[②]。

在拉尔夫·泰勒（Ralph Tyler）于1949年出版《课程与教学的基本原理》一书46年之后，派纳等人又出版了《理解课程》一书，此书被称作当代课程领域的"圣经"，在课程论发展史上，"这两本书是只可超越不能跨越的经典之作。任何试图了解或进入课程领域的人都必须读这两本书"[③]。长达115万字的《理解课程》一书，如果不得不概括为一句话，那就是：从"课程开发"走向"课程理解"。

从"课程开发"向"课程理解"的转换始于20世纪70年代。课程领域研究的主要问题也由"怎样科学有效地开发课程"转向"如何理解课程"。最先致力于课程理解的是"概念重建主义课程范式"。"概念重建主义者"认为，传统课程理论至少存在三大缺陷："第一，传统课程理论秉持实证主义科学观，追求课程理论的'客观性'，这有违课程理论的学科性质，也使课程理论沦为控制工具；第二，传统课程理论受'技术理性'的支配，课程研究的目的是提供课程开发的'处方'——普适性的程序和规则，这就使课程理论成为'反理论的'、'反历史的'；第三，尽管传统课程理论标榜'价值中立'，但它却因此而陷入一套保守的、使其政治方向神秘化的价值观念之中，实际上是维持了现行的社会控制体系"[④]。

伽达默尔说过："我们并不能在我们生产出某物并因此而把握住某物的地方

① See Grundy, S. (1987), Curriculum: Product or Praxis? London, New York & Philadelphia: The Falmer Press, pp. 11 – 12.

② 张华. 课程与教学论［M］. 上海：上海教育出版社，2000：14.

③ 张华. 课程与教学论［M］. 上海：上海教育出版社，2000：译者前言第 I 页.

④ 张华. 课程与教学论［M］. 上海：上海教育出版社，2000：25 – 27.

经验到存在，而只能在产生出的某物被理解的地方经验到存在"。意即如果我们固守"技术理性"的思维去控制事物、占有事物，把事物工具化，事物反而会离我们越远；相反，如果我们敞开心扉与事物交往，事物的存在也将会向我们敞开，我们理解事物的过程就是事物走进我们的过程。因此，课程不应被视为纷繁复杂的"学校材料"，而应看作"符合表征"，课程研究的目的就是要"理解"课程"符号表征"所负载的价值观。这种立场和观点便给课程领域开辟了一种全新的视野。于是，课程领域出现了"多元主义"的课程理解：把课程理解为历史文本；把课程理解为种族文本；把课程理解为性别文本；把课程理解为政治文本；把课程理解为现象学文本；把课程理解为神学文本；把课程理解为制度文本；把课程理解为后结构主义、解构主义、后现代文本；把课程理解为国际文本，等等。

自"课程开发范式"转向"课程理解范式"之后的三四十年里，理解取向的课程研究成为西方，尤其是美国课程研究的"显学"。

纵观国外关于课程理解的研究，因长期受"技术理性"和实用主义思想的影响，人们关于课程理解的研究，大都立足于实践，往往与具体实践主题和具体的情境相融合[①]。而且这些研究均具有鲜明的特定文化背景，因中外之间巨大的文化差异，使这些研究并不能直接指导我国教师的课程理解实践。

第二节 国内课程理解研究现状

课程理解作为一种理论或思想在国外已有三四十年的历史。我国关于课程理解的研究虽然只是近十年来的事，但是课程理解研究迅速成为我国课程领域研究的热点，现在，每年关于课程理解研究的文献数量在不断增加。笔者于 2015 年 1 月 26 日在中国知网以"课程理解"为篇名进行搜索，共检索到期刊文献 109 篇。

认真研究有关课程理解的期刊文献便可发现，首先将课程理解思想引入中国的，当属华东师范大学的张华教授。他自 1995 年开始接触派纳（William F. Pinar）的作品。在这一年，一个偶然的机会他读到了派纳与吉鲁（H. Giroux）共同主编的一本论文集《课程与教学：别样的教育》（*Curriculum and Instruction：Alternertives in Education*，Berkeley：McCutchan）（1981），读完之后，他立刻被书

---

① Sharon F. Rallis, Gretchen B. Rossman, Janet M. Phlegar & Ann Abeille, Drnamic Teachers：Leaders of Change, Corwin Press, Inc., A Sage Publications Company, 1995；【美】格兰特·威金斯，杰伊·麦克泰. 理解力培养与课程设计 [M]. 北京：中国轻工业出版社，2003；【加】迈克尔·康纳利，琼·克兰迪宁. 教师成为课程研究者——经验叙事 [M]. 刘良华，邝红军译. 杭州：浙江教育出版社，2004；【美】帕克·帕尔默. 教学勇气——漫步教师心灵 [M]. 吴国珍等译. 上海：华东师范大学出版社，2005.

中所蕴涵的张力深深吸引了。到 1997 年，当时在美国路易斯安那州立大学攻读学位的王红宇博士给他邮购了派纳的最新力作《理解课程》。这本书给了他极大的启发，他甚至认为，这本书是继拉尔夫·泰勒（Ralph Tyler）的《课程与教学的基本原理》一书之后的又一本经典之作，堪称当代课程领域的"圣经"。后来，张华、王红宇、赵慧、周加仙、杜晓萍、李树培、周翔、姜美玲、邱晓敏、杨明全等人付出艰辛的劳动，将这本长达 115 万字的巨著翻译成了中文，并于 2003 年 2 月由教育科学出版社出版发行。正是他们所付出的辛勤劳动，才让我们能够有机会聆听这曲"多种课程声音的不和谐的交响"。我们不应该忘记他们！

首先在刊物上公开发表有关课程理解内容的也是张华教授。2001 年第 7 期的《全球教育展望》杂志发表了他的文章"走向西方课程理解：西方课程理论新进展"，该文介绍了西方课程领域所发生的主要变化：从"课程开发"范式走向"课程理解"范式，并对西方课程理论的现状做了"素描"。自《课程理解》一书在中国的出版发行及张华教授《走向西方课程理解：西方课程理论新进展》一文发表之后，有关课程理解的研究在我国便犹如雨后春笋般涌现出来，相关的研究成果逐年增多（见图 2 - 1）：

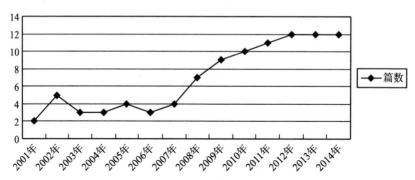

图 2 - 1　2001 ~ 2014 年中国知网以"课程理解"为篇名的期刊文献统计

笔者同样于 2014 年 9 月 12 日在中国知网以"课程理解"为篇名进行搜索，共检索到硕博毕业论文 18 篇，其中博士毕业论文 3 篇，硕士毕业论文 15 篇（见表 2 - 1）。

表 2 - 1　中国知网以课程理解为主题的硕博论文一览表（截至 2014 年 9 月 12 日）

作者	作者所在学校	年份	论文题目	论文类型
尧新瑜	华东师范大学	2014 年	学校道德课程理解论	博士毕业论文
孙宽宁	山东师范大学	2009 年	教师课程理解中的自我关怀	博士毕业论文

续表

作者	作者所在学校	年份	论文题目	论文类型
鲍道宏	华东师范大学	2008 年	教师课程理解初探	博士毕业论文
张秋霞	江西师范大学	2013 年	教师课程理解的现状调查研究——以江西赣州市市区高中生物教师为例	硕士毕业论文
徐航	福建师范大学	2012 年	教师课程理解现状访谈研究	硕士毕业论文
徐松	福建师范大学	2012 年	教师课程理解现状调查研究	硕士毕业论文
江美菊	福建师范大学	2012 年	教师课程理解比较研究	硕士毕业论文
王文	福建师范大学	2012 年	教师课程理解的结构和层次	硕士毕业论文
方婷婷	福建师范大学	2012 年	教师课程理解的学科差异	硕士毕业论文
李巧玲	首都师范大学	2012 年	走向理解——哲学解释学视角下教师与课程关系研究	硕士毕业论文
王明	华中科技大学	2011 年	课程"生成"中的精神相遇	硕士毕业论文
张攀	杭州师范大学	2011 年	农村教师课程理解的问题研究——基于浙西南中小学农村教师的调研分析	硕士毕业论文
杨海燕	华东师范大学	2009 年	中小学国际理解课程研究	硕士毕业论文
张秋慧	天津师范大学	2009 年	"理解"课程思想研究	硕士毕业论文
齐海鹏	东北师范大学	2008 年	农村教师课程理解研究——以吉林省 D 县 D 初级中学为个案	硕士毕业论文
赵楠	东北师范大学	2007 年	中学物理教师课程理解能力培养模式的叙事研究	硕士毕业论文
文月明	华中科技大学	2007 年	科学课程：意义理解与课程实施	硕士毕业论文
汪小刚	东北师范大学	2006 年	基于"过程理论"的课程理解及其教学设计	硕士毕业论文

对既有课程理解文献的研究，不难发现以下几点不足。

第一，对于课程理解，我国教育界给予的关注依然不够。"反思课程研究的整个历史进程，我们可以获得的基本结论是：课程研究的价值取向由对'技术兴趣'的追求逐渐转向'实践兴趣'，最终指向'解放兴趣'；课程研究的基本课题由'课程开发'——探讨课程开发的规律、规则与程序，逐渐转向'课程理解'——把课程作为一种'文本'来解读其蕴涵的意义"①。理解取向的课程研

---

① 张华. 课程与教学论 ［M］. 上海：上海教育出版社，2000：29.

究是西方，尤其是当代课程研究的"显学"。西方国家研究课程理解的历史已有三四十年，而我国则只有短短十余年，本就落后于西方，我们应该投入更多的精力和研究热情，基于课程理解与西方展开广泛的"对话"，在"对话"中深入对课程理解的研究，最终形成中国自己的课程理解，缩小与西方的差距。相信，中国自己的课程理解形成之日，便是中国自己的课程实践诞生之时。

第二，我国近十年来对课程理解的研究大多停留在对国外思想的引介方面，"原创性"理论偏少。张华2001年7月发表在《全球教育展望》的"走向课程理解：西方课程理论新进展"、刘艳2005年1月发表于《沈阳教育学院学报》的"寻求课程理解——从多尔的后现代课程观得到的启示"、徐海莺2007年4月发表在《广西教育学院学报》的"多元与求真：后现代课程理解述论"、黄军山2006年3月发表于《科教文汇》的"从现代主义到后现代主义的课程观说起——当代课程理解的新思路"等，都是引介国外思想的典型文献。

第三，我国对课程理解的研究存在"各自为政"的现象，没有形成系统的理论体系。在西方课程领域，随着概念重建运动的成功，传统课程领域便分崩瓦解，派纳形象地将这种现象称之为"巴尔干化"，派纳等人的《理解课程》一书，正是纠正这种"巴尔干化"倾向的一种努力。派纳及其合作者希望本书"标志着、也支持着课程领域一个紧密团结的时代的到来，所有课程话语都能够强调它们的文本间的互补性"①。派纳甚至认为"一个攻读课程领域的博士学位的人，如果不熟悉该领域中的主要学术构成，那就应禁止授予其学位。仅仅把课程领域作为政治的和制度的文本来教授，这是不负责任的"②。笔者认为，在当前的我国课程领域也同样存在"巴尔干化"现象，应引起我们的高度重视。

第四，我国对于课程理解的理论研究偏少，基于实践的研究也大多是有感而发。理论研究也忽视了对教师课程理解的内涵、动力、机制、方法、标准等课程理解核心问题的探讨，正是因为缺乏对这些核心问题深入、系统的研究，造成了我国课程理解研究的盲目和低效。

第三节　国内外教材理解研究现状

纵观发达国家，像美国、英国等国对教材理解的研究不够深入，有关教材理

---

① 【美】威廉·F. 派纳，威廉·M. 雷诺兹，帕特里克·斯莱特里，彼得·M. 陶伯曼著，张华等译. 理解课程 [M]. 北京：教育科学出版社，2003：前言.

② 【美】威廉·F. 派纳，威廉·M. 雷诺兹，帕特里克·斯莱特里，彼得·M. 陶伯曼著，张华等译. 理解课程 [M]. 北京：教育科学出版社，2003：致谢.

解的研究稀少而零散，尤其缺乏具有可操作性的成果。在国外零星的文献中，对中国教育界影响较大的是苏联教育科学院普通心理学与教育心理学研究所高级研究员卡尔梅科娃的《怎样使学生理解教材》一文①。

受国际大环境及我国长期实行的固定教科书制度等因素影响，作为课程理解重要组成部分的教材理解，在我国的情况更不容乐观。笔者于2014年9月14日在中国知网以"教材理解"为篇名进行了文献检索，只搜索到65条结果，其中，主要文献只有14篇（见表2-2）。

表2-2　　　　中国知网以教材理解为主题的期刊文献一览表
（截至2014年9月14日）

作者	作者所在单位	发表刊物	发表时间	篇名
李松林	四川师范大学	《中国教育学刊》	2014.1	论教师学科教材理解的范式转换
李冲锋	华东师范的大学	《中小学教师培训》	2005.7	语文教师的教材理解
辛丽春，郭群	山东临沂师范学院，山东汶上康驿第二中学	《教育导刊》	2009.1	当代诠释学视角下的教材理解
杨璐	四川师范大学	《赤峰学院学报》（自然科学版）	2013.15	教师学科教材理解范式的革命——以语文学科教材为例
雷友发	武汉市新洲区教研室	《成才》	2001.6	谈教材理解的整体性
孙宽宁	山东师范大学	《当代教育科学》	2011.7	教师如何理解教材
常海	沈阳大学	《天津教科院学报》	2009.2	基于建构主义知识观对教材知识的理解
杨乐良	湛江师范学院	《忻州师范学院学报》	2008.5	创造性地理解和使用教材对教师的要求
董玉凤	唐山市丰南区教育局教研室	《教育实践与研究》（小学版）	2008.12	例谈如何把握与理解教材
王淑玲	唐山市丰润区金桥双语实验小学	《教育实践与研究》（A）	2013.1	理解教材，用好教材
李敏茹	藁城市岗上学区小丰学校	《教育实践与研究》（B）	2013.10	要理解并创新使用语文教材
徐宗海		《基础教育研究》	1994.6	理解教材，改进教法——"九义"中国历史教材的教学尝试
黄亮亮	柳州市龙城中学	《基础教育研究》	1994.6	转变观念，理解教材——执教"九义"语文新教材的体会
宫北阳		《山东教育学院学报》	1998.5	理解新教材，用好新教材

① 卡尔梅科娃. 怎样使学生理解教材 [J]. 教育理论与实践，1987（4）：56-61.

研究以上有关教材理解的主要文献，不难看出我国现阶段对于教材理解研究的一些规律。

第一，对教师教材理解关注不够。笔者于 2014 年 9 月 14 日在中国知网以"教材理解"为篇名进行了文献检索，只搜索到 65 条结果，而且这些文献全部是发表在期刊的文章，没有一篇以教材理解为主题的硕博论文。而且自 20 世纪 90 年代开始接触教材理解以来，在近 20 年的时间里，所发表的有关这一主题的文献并没有增多，说明教材理解并没有对引起研究者重视（见图 2 - 2）。

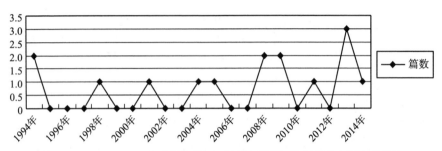

图 2 - 2　1994 ~ 2014 年中国知网以"教材理解"为主题的主要文献统计

第二，对教师教材理解的研究十分肤浅。从 14 篇主要文献的作者所在单位看，高校教师只有两位，其余 12 位均是中小学教师或中小学教研员；从 14 篇主要文献刊载的杂志层次看，有 12 篇发表在普通刊物，发表在核心期刊的只有 2 篇；对 14 篇文献的内容研究发现，只有 2 篇具有较高理论水平，其余均为"经验总结"，泛泛而谈（见图 2 - 3 ~ 图 2 - 5）。其中，四川师范大学教育科学学院的李松林教授发表于《中国教育学刊》杂志 2014 年第一期的《论教师学科教材理解的范式转换》一文，是所有文献中层次相对较高的一篇文献，作者认为："教师学科教材理解方式及其水平是决定学科课堂教学有效性的重要因素。正是教师理解学科教材的四大习惯性倾向，即基于'双基'、只见'外表'、关注'具体'和重视'局部'，成为制约有效课堂教学实践的重要"瓶颈"。要从根本上提升学科课堂教学的有效性，教师必须从目标（为何而理解）、内容（理解什么）、行为（如何理解）和水平（理解得如何）四个维度，确立新的学科教材理解方式。为此，教师需要首先反思自己的教材意识与思维方式"[①]，遗憾的是，该文虽然是鲜见的专门研究教材理解的文献，但同样没有对教师教材理解的概念、内涵、类型、机制、过程、依据等相关理论做任何探讨。总之，无论从哪个角度看，当前我国对教师教材理解的研究还十分肤浅。

① 李松林. 论教师学科教材理解的范式转换 [J]. 中国教育学刊, 2014 (1)：52.

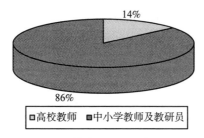

图 2 - 3　14 篇主要文献作者单位构成

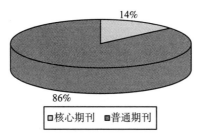

图 2 - 4　14 篇主要文献层次构成

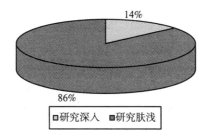

图 2 - 5　14 篇主要文献研究深度层次构成

　　教材理解作为课程理解的重要部分,为什么高校教师重视课程理解研究而"冷落"教材理解研究呢? 其实在这种现象的背后,却说明了教育学知识分子①存在热衷于研究宏观教育问题,而对于许多较为微观的问题却"不屑一顾"的现象。

　　对于处于一线的中小学教师而言,由于没有相关教材理解理论的引领,更没有"指导手册式"理论的指导,对教材理解研究显得力不从心,只能进行一些

---

　　① 教育学知识分子的概念是由沈阳师范大学教育学院教授迟艳杰在发表于 2013 年 5 月《课程·教材·教法》的《教育学知识分子在基础教育课程改革中的角色与责任》一文中首次提出的。他认为,教育学知识分子是指用文字表达教育观念,塑造人们对教育的看法,提出值得政府考虑的政策选择,并以此为业的教育工作者,应是走在社会与教育发展前列的群体。

"经验总结"。当然，这种现象也说明在当前的教育领域，人们往往把教材理解等同于课程理解，没有对教材理解引起足够的重视。实际上，课程理解不等于教材理解，而且教师的教材理解对我国正在实施的基础教育新课程改革实施效果的影响远大于教师对课程的理解，所以，理应引起高度关注。

第二，研究视角单一，大多是对完整教材理解的一种分解，缺乏整体研究的视角。从当前对教材理解研究的视角看，辛丽春、郭群 2009 年 1 月发表在《教育导刊》的《当代诠释学视角下的教材理解》一文从当代诠释学的视角对教材理解进行了研究。也有学者从其他视角，例如社会学视角研究对课程内容的理解，文中所讲的"课程内容"实际上就是教材。但总体而言，对教材理解研究的视角仍然偏少。另外，对教师教材理解的研究大多是对完整教材理解的一种分解，缺乏整体研究的视角。

第三，重视实践操作性问题的研究。14 篇主要文献中，只有 2 篇从理论角度对教材理解进行了探讨[1]，其余 12 篇都是偏重实践操作性的文献，例如"教师如何理解教材"[2]、"要舍得在理解教材上下功夫"[3]、"语文教师的教材理解"[4]、"教师学科教材理解范式的革命——以语文学科教材为例"[5]、"谈教材理解的整体性"[6]、"创造性地理解和使用教材对教师的要求"[7]、"例谈如何把握与理解教材"[8]、"理解教材，用好教材"[9]、"要理解并创新使用语文教材"[10] 等。

2014 年 9 月 14 日，笔者又以"教材二次开发"为篇名进行检索，搜索到 340 条结果。从这些搜索结果很明显可以看出，研究者们对实践性问题"情有独钟"。在有关教材二次开发的期刊文献中，较有影响力的文献主要有：俞红珍 2005 年 12 月发表于《课程·教材·教法》的"教材的'二次开发'：涵义与本质"；沈健美、林正范 2012 年 9 月发表于《课程·教材·教法》的"教师基于课程标准和学生需要的'教材二次开发'"；俞红珍 2010 年 1 月发表于《中国教育学刊》的"教材'二次开发'的教师角色期待"等。硕博论文中以"教材二

---

① 李松林. 论教师学科教材理解的范式转换 [J]. 中国教育学刊，2014 (1)；辛丽春，郭群. 当代诠释学视角下的教材理解 [J]. 教育导刊，2009 (1).

② 孙宽宁. 教师如何理解教材 [J]. 当代教育科学，2011 (4).

③ 阮伟强. 要舍得在理解教材上下功夫 [J]. 中国数学教育，2012 (3).

④ 李冲锋. 语文教师的教材理解 [J]. 中小学教师培训，2005 (7).

⑤ 杨璐. 教师学科教材理解范式的革命——以语文学科教材为例 [J]. 赤峰学院学报（自然科学版），2013 (15).

⑥ 雷友发. 谈教材理解的整体性 [J]. 成才，2001 (6).

⑦ 杨乐良. 创造性地理解和使用教材对教师的要求 [J]. 忻州师范学院学报，2008 (5).

⑧ 董玉凤. 例谈如何把握与理解教材 [J]. 教育实践与研究（小学版），2008 (12).

⑨ 王淑玲. 理解教材，用好教材 [J]. 教育实践与研究（A），2013 (1).

⑩ 李敏茹. 要理解并创新使用语文教材 [J]. 教育实践与研究（B），2013 (10).

次开发"为主题就有 69 个文献（见表 2 - 3）。

表 2 - 3　　　　以"教材二次开发"为主题的硕博论文一览表
（截至 2014 年 9 月 14 日）

作者	作者所在学校	年份	论文题目	论文类型
俞红珍	华东师范大学	2006 年	论教材的"二次开发"——以英语学科为例	博士毕业论文
沈健美	杭州师范大学	2011 年	关于教师"教材二次开发"的研究	硕士毕业论文
杨晓红	湖南师范大学	2009 年	教材"二次开发"的原理及实施策略	硕士毕业论文
刘方明	上海师范大学	2012 年	任务型教学模式下教材的二次开发	硕士毕业论文
尹静	上海师范大学	2012 年	新课程背景下教师对教材的二次开发探究	硕士毕业论文
申家锋	河南师范大学	2011 年	新课程实施中的教材二次开发研究	硕士毕业论文
申延芝	西南大学	2014 年	初中语文教师教材二次开发的个案研究	硕士毕业论文
李碧蓉	东北师范大学	2013 年	地理教材二次开发的理论与实践——以人教版高中地理必修教材为例	硕士毕业论文
李淑娜	重庆师范大学	2013 年	高中思想政治教师教材"二次开发"的研究——以唐山四所中学为例	硕士毕业论文
周丽玲	苏州大学	2013 年	论语文教学拓展延伸中对教材文本的"二次开发"	硕士毕业论文
杨姗姗	江西师范大学	2013 年	人教版初中语文课后练习的二次开发研究	硕士毕业论文
舒莞淞	西南大学	2012 年	高中英语教材二次开发的策略研究——以人教版英语教材为例	硕士毕业论文
张焱	上海师范大学	2012 年	小学高年级英语教材二次开发的行动研究	硕士毕业论文
尹静	上海师范大学	2012 年	新课程改革背景下教师对教材的二次开发探究	硕士毕业论文

　　这些研究者中，俞红珍是对教材"二次开发"研究较为深入的一位，她的博士毕业论文题目是《论教材的"二次开发"——以英语学科为例》，并凭借该论文于 2006 年获得华东师范大学比较教育专业的博士学位。在有关教材二次开发的研究中，她的文献被引用率是相关文献中最高的，成为有关教材二次开发研究的关键文献。
　　也有学者将教师的教材二次开发能力称作教材加工能力，并做了研究，如张莉、芦咏莉发表于《北京师范大学》（社会科学版）2012 年第 1 期的《论教师的教材加工能力》，此文对笔者毕业论文的选题给了很大的启发。

第四，很多研究围绕教师对课程标准、教科书的理解展开，探讨教师如何尽可能忠实课程标准和教材编写者的最初意图，背离了教材理解的基本理念。

总之，国内外的研究均未能对教师的教材理解给予足够的关注，尤其缺乏对教材理解的内涵、教材理解的类型、教材理解的机制、教材理解的过程、教材理解的依据等深入的研究，而且既有研究缺乏系统性、整体性。指向实践性的研究很多，但只是对经验的总结，缺少"指导手册式"成果，对教师教材理解实践的指导作用不强。为了尽早摆脱对教师的教材理解盲目、低效的现状，构建教师教材理解完整、系统的理论体系是当务之急。

第三章

教师教材理解研究的理论基础

从不同的理论视域，便可形成不同的教材理解话语体系。后现代课程论专家多尔曾说："作为教育（自身是许多其他学科的交叉点）的核心，课程受到其他学科的影响并可以从中受益。因此，有必要研究其他学科，从中隐喻地而不是字面上抽取那些具有教育学意义的观点和理想"①。这句话对我们具有方法论意义。教师的教材理解研究，应借鉴多学科的理论和方法。"'理论是什么？'这个问题对当代科学来说似乎相当容易回答。对大多数研究者来说，理论是关于某个主题的命题总汇；这些命题之间紧密相联，有几个是基本命题，其他命题由基本命题推出。与派生命题相比，基本原理的数目越少，理论就越完善。理论的真正有效性取决于派生的命题是否符合实际"②。本书以哲学解释学和符号互动理论为理论基础。需要说明的是，这两种理论对教师教材理解的观察视角或侧重点是不同的，另外，这两种理论在某些方面难免存在交叉现象。

第一节　哲学解释学

在西方历史上，哲学一直是教育学重要的理论基础。哲学研究的方法也一直是教育研究的重要方法。杜威曾说，哲学与教育不可分割，"哲学甚至可以解释为教育的一般理论"，"教育乃是使哲学上的分歧具体化并受到检验的实验室"③。

一、解释学——从方法论到本体论

解释学有着悠久的历史，伽达默尔只是通过对这门古老学问的创造性转换，

---

① 小威廉姆·E. 多尔. 王红宇译. 后现代课程观［M］. 北京：教育科学出版社，2000：18.
② 【德】马克斯·霍克海默. 李小兵等，译. 批评理论［M］. 重庆：重庆出版社，1989：181.
③ 约翰·杜威. 王承绪译. 民主主义与教育［M］. 北京：人民教育出版社，2001：28.

使之成为 20 世纪西方的一种哲学——哲学解释学。要了解哲学解释学的基本思想，首先必须了解解释学发展的历史。

解释学（hermeneutics），也被翻译为"释义学"、"诠释学"、"阐释学"等，是在圣经注释学、罗马法解释理论、一般文学批评理论、人文科学普遍方法论基础上发展起来的作为理解和解释的一门哲学。其词源是"hermes"，古希腊人把阿波罗神庙中神谕的解说称为"Hermeneutik"，后来成为诠释学（hermeneutics）的来源。赫尔墨斯（Hermes）是古希腊神话中诸神的信使，他不但有双足，足上还有双翼，因此被人们称为"快速之神"。赫尔墨斯专门为奥利匹亚山上的诸神和人世间的凡夫俗子之间传递消息和指示。由于人间凡夫俗子和诸神的语言不同，所以赫尔墨斯的传达不是一种简单的报道或重复，而是需要翻译和解释。前者就是把诸神的语言转换成凡夫俗子自己的语言，后者则是对诸神晦涩不明的指令进行疏解，以使一种意义关系从一个陌生的世界转换到人们熟悉的世界。正是基于这个原因，古代语文学家都是用"翻译"和"解释"来定义解释学。

当然，赫尔墨斯翻译和解释的前提是他要理解诸神的语言和指示，否则他便无法翻译和解释，所以，理解是翻译和解释的前提。从这个角度来看，"诠释学在古代就可以说是一门理解、翻译和解释的学科，或者更准确地说，它是一门关于理解、翻译和解释的技艺学"①。由于翻译实际上就是解释，所以诠释学也可以简单地说成理解和解释的技艺学。而且在这一阶段，人们在看待理解与解释的关系时，认为理解是解释的基础，理解总是先于解释。

在西方中世纪，古代流传下来的《圣经》经文由于年代久远，文字古奥，出于阐发其意义的需要，便形成了专门研究对《圣经》等古代文献的理解和解释的古代诠释学。

到了近代，被誉为"现代解释学创始人"的德国宗教哲学家施莱尔马赫（F. D. E. Schleiermacher，1768～1834）对理解与解释的关系提出了新的看法，他认为，理解本身就是解释，理解与解释不是两回事，而是一回事。伽达默尔曾经写道："正如我们所看到的，诠释学问题是因为浪漫派认识到理解和解释的内在统一才具有重要意义的。解释不是一种在理解之后的偶尔附加的行为，正相反，理解总是解释，因而解释是理解的表现形式。按照这种观点，进行解释的语言和概念同样也要被认为是理解的一种内在构成要素。因而语言的问题一般就从它的偶然边缘位置进入到了哲学的中心"②。

施莱尔马赫所思考的难题是语法的解释和技术的解释这两类解释之间的关

---

① 洪汉鼎. 诠释学——它的历史和当代发展 [M]. 北京：人民出版社，2001：3.
② 汉斯—格奥尔格·伽达默尔. 洪汉鼎译. 真理与方法——哲学诠释学的基本特征：上卷 [M]. 上海：上海译文出版社，1999：312－313.

系。语法的解释是建立在某种文化所具有的话语的某些共同特性上，这种解释被称作"客观的"或者是"否定的"，它规定了理解的限度；技术的解释则是建立在作者的个性上，这种解释是"技术的"，其目的是达到作者的主观世界。施莱尔马赫认为，如果考虑共同语言就是忘记作者，而如果考虑一个作者就是忘记他的语言，所以，我们要么领会共同性，要么领会特殊性，两者不能同时兼顾，只能两者之中选择其一。施莱尔马赫选择了技术的解释，他认为诠释学的真正任务就是在技术的解释中，也就是说，诠释学所要努力达到的目的，就是解释作者的原意。理解就是在语言分析和心理移情中把理解对象自身本来所具有的原意再现出来，理解被视为解释者在心理上重新体验他人心理或精神的复制和重构过程，这种重构是从文本的文字到它的意义、从作者的文化心理背景复原到作品的原意的过程中进行的。他的这种思想使诠释学的目的从理解文本转向理解本身，也使古代诠释学从经典注释与文献学的地位，变成了一种普遍的方法论，对诠释学的现代发展起到了决定性的影响，他也因此获得了"诠释学的康德"的美誉。

狄尔泰（W. C. L. Dilthey，1833～1911）是继施莱尔马赫之后出现的又一位思想巨匠。狄尔泰生活在19世纪中叶，这一时期正是自然科学突飞猛进的时期，由于自然科学是奠定在理性之上，自然科学的胜利便代表着理想主义的胜利。面对自然科学的挑战，人文科学急需为自己的科学性和有效性辩护。虽然穆勒承认在自然科学之外还有一门 moral science，即人文科学（译成德文为 Geisteswissenschaften，即精神科学），但人文科学顶多只能称之为"不精确的科学"，其科学性根本无法和自然科学相提并论。自然主义倾向主张"科学地"研究人及历史文化现象，试图以因果关系来解释理性、意识、价值、道德等，最终使人文科学形成和自然科学一样严密的、具有普遍性的知识体系。

狄尔泰深刻意识到了实证主义对人及其人文科学的侵蚀和危害。他一方面试图阻止自然科学对人文科学的侵蚀；另一方面建立人文科学独特的方法论，努力使人文科学具有客观性。狄尔泰认为，自然科学和人文科学虽然都是科学，但是，由于在自然世界一切都是机械地运作，而人文世界却是一个自由、创造和生活体验的世界，所以人文科学和自然科学在知识论性质上存在本质区别。人文科学关注的是以不同方式理解历史、理解生活的意义，而自然科学关注的是物体之间的因果关系。"我们说明自然，我们理解心灵"，说明和理解分别成为自然科学和人文科学独特的方法。这样，狄尔泰便在自然科学和人文科学之间划了一道界限，并将理解和解释想诠释学扩大为整个人文科学的普遍方法论。

在狄尔泰那里，解释学由解释历史文献、典籍和词语考据的文献学和语义学，成为人类的自我认识的形成的解释学。他认为，理解历史、传统以及文本，并不仅仅是为了获得作品的原意，而是为了理解人类整体的自我认识，是为了研究的理解我们自己。理解作为人类认识自己的方式，应该被视为人文科学的主要致知途径，而且是研究各门学科的共同方法论基础。

狄尔泰把理解作为人类认识自己的方式，把理解扩大为整个人文科学共同的方法论基础，这是解释学发展历史上的一个重要里程碑。"人从历史的洪荒时期被视为是理智天然属性的理解，后来一直为哲学对理性的格外关心所掩映住，终于在笛尔塔（狄尔泰）的哲学慧眼睿视中，跃居到认识论的显著地位。理解从理性的附庸，一下子成为整个人文科学的重镇，成为社会科学获取人的自我认识的方法论基础"①。如果说在施莱尔马赫那里理解就是重新构造作者的思想和生活，那么到了狄尔泰这里理解就是重新体验过去的精神和生命。但遗憾的是，狄尔泰并没有在本体论上揭示出理解如何可能这一深层次问题。

使解释学方式根本性转折的是海德格尔（M. Heidegger），他的哲学研究真正揭示了理解在本体论上的意义，使解释学发生了一场根本性的转折——本体论的转折。

海德格尔的哲学思想集中体现在《存在与时间》一书中。海德格尔哲学研究的中心问题是"存在"，他试图回答的就是"在为什么在"、"在怎样在"的关涉意义的问题，《存在与时间》就是关于存在的解释学。海德格尔认为，人本身就在存在着，只有人关心存在的意义，追问自己为什么存在以及应该如何存在。当人在寻问"在"的时候，其实，人已经"栖身于"对"在"的某种理解之中。同时，人本身就在存在着，也只有人具有这种特点，而其他任何"在者"都不具有，因此，理解"存在"的关键在于如何理解关注"存在意义"的人。海德格尔试图澄明人的存在，他把人称为"此在"（dasein），以区别于传统的关于人的一切定义，"此在"最基本的存在方式就是理解，"此在"的理解展示存在的意义。因此，到了海德格尔这里，理解从根本上就不是一个认识论的问题，而是一个本体论的问题。当把理解看作人的存在时，理解与存在也就统一了。"此在"也是一种"能在"，"此在"永远是向着未来的，具有无限的可能性，理解就是"此在"把自己的可能性投向世界，走向现实性，即所谓的"筹划"，"此在"就是根据可能性理解自己的存在，根据他的可能性来决定他的前途。"所以海德格尔的解释学并不是狭义的方法论，而是显示在者之在的本体论，海德格尔把'理解'的概念扩展到存在性，即存在的一个基本限定，看作是人的存在的根本方式，从而超越了传统哲学的精神与存在、主体与客体的二元分裂，把解释学真正导向了关涉人的存在意义的本体论的方向，这个转向把解释学引向了更高的层次，整个世界与人生都是解释学的范围"②。

---

① 殷鼎. 理解的命运 [M]. 北京：生活·读书·新知三联书店，1988：14.
② 金生鈜. 理解与教育——走向哲学解释学的教育哲学导论 [M]. 北京：教育科学出版社，1997：37.

但海德格尔对解释学的转向只是起到了一种引导作用，真正使解释学由传统解释学转向哲学解释学的是伽达默尔。

伽达默尔（H. G. Gadamer）是海德格尔的学生，他继承了老师关于对解释学本体论规定的思想，认为解释学并不是方法论，但与海德格尔不同的是，他认为哲学解释学并不是方法论，而是以"理解"为核心的哲学，关于理解的解释学就是哲学的本体论。因为，在他眼里，发生在人类生活方方面面的理解和解释，是整个人类世界经验的基础。阐明了理解的种种可能性，也就理解了人的存在，所以哲学解释学就是要揭示理解发生的种种条件和性质。1960年，伽达默尔被公认为当代西方哲学经典性著作的《真理与方法》一书正式出版，该书的出版，确立了以理解为核心的哲学解释学的独立地位，标志着哲学解释学的诞生。因此，到了伽达默尔，解释学才真正从方法论发展为本体论，从理解对象转向人的存在，解释学也成为揭示人与历史传统、人与语言、人与世界、人与自身关系的形式，才真正参与到人类的生活经验之中。

总之，从古代到现代，解释学的历史发展至少经历了六个关于它的性质和作用的历史规定，发生了三次重大的转向。六个关于性质和作用的历史规定是：（1）作为圣经注释理论的诠释学；（2）作为语文学方法论的诠释学；（3）作为理解和解释科学或艺术的诠释学；（4）作为人文科学普遍方法论的诠释学；（5）作为此在和存在理解现象学的诠释学；（6）作为实践哲学的诠释学①。从诠释学历史发展所经历的六种性质规定，可以看出诠释学在从古代到现代的发展历史过程中发生了三次重大转向：第一次转向是从特殊诠释学到普遍诠释学的转向，或者说，从局部诠释学到一般诠释学的转向。这次转向的主要代表是施莱尔马赫；第二次转向是从方法论诠释学到本体论诠释学的转向，或者说，从认识论到哲学的转向；第三次转向是从单纯作为本体论哲学的诠释学到作为实践哲学的诠释学的转向，或者说，从单纯作为理论哲学的诠释学到作为理论和实践双重任务的诠释学的转向。这是20世纪哲学诠释学的最高发展②。

二、伽达默尔哲学解释学的基本思想

（一）精神科学的方法论问题

在伽达默尔所生活的年代，由于以伽利略、牛顿为代表的近代科学的出现，改变了人们对客观世界的认识和精神世界的观念。科学被视为一切学科效法的样板，科学方法被看作一切学术领域最客观、最可靠的方法，以演绎、实验为根本

---

① 洪汉鼎.诠释学——它的历史和当代发展［M］.北京：人民出版社，2001：21.
② 洪汉鼎.诠释学——它的历史和当代发展［M］.北京：人民出版社，2001：27.

观念的所谓科学理解方法论问题成为近代以来诠释学关注的核心问题。受现代科学思潮的影响，甚至有学者认为这种所谓的科学理解方法也是精神科学①领域唯一有效的方法。正是基于这种学术背景，伽达默尔的哲学解释学从根本上说就是对当时唯科学至上的境况的一种批判和反思。

在伽达默尔看来，科学理解的方法（即自然科学的方法）甚至在自然科学内部，其作用也是有限的，天气预报的不准确就很好地证明了这种有限性。用科学理解的方法进行精神科学的研究更是不可行的。

传统解释学试图像自然科学那样，通过科学方法对文本意义做出不偏不倚的理解和解释，而伽达默尔的哲学解释学则认为不存在文本本身客观的、终极的意义，对文本客观、终极意义的追求是虚妄的。人们对文本的理解也不是自由的，因为，我们无法在理解中超越或逃避他们所处的历史和传统。所以，理解活动中真正的问题恰恰是文本意义的不确定性。理解活动实质上是一种对话和交流，是一种对意义的不断探寻，而对意义的探寻实际上就是对自身生命的探寻，人类就是这样在对自身生命的探寻中一步一步走向未来。

伽达默尔在哲学解释学的目的、对象、范围等方面与传统解释学划清了界限，他认为哲学解释学的目标并不是为一般的解释活动或解释理论提供一种方法论或解释规范，相反，他把传统解释学对解释技术和解释方法的探讨转向对"理解如何可能"这一本体论问题的研究，认为哲学解释学必须研究文本理解和解释的可能性与条件。

（二）语言的对话本质和游戏

从海德格尔开始，语言问题就成为现象学的核心问题之一。海德格尔打破了人们把语言仅仅看作一种工具的观念——这是海德格尔对语言研究的一大贡献。伽达默尔则从"逻各斯"是不是就是"逻辑"这一似乎不是问题的问题入手，他发现，在古希腊，"逻各斯"一词的意思是"说话"，这样一来，"逻各斯"的本意实际上是"语言"。与伽达默尔相比，胡塞尔等人的哲学并没有顾及语言，伽达默尔称之为"语言的遗忘"。"能理解的存在就是语言"，伽达默尔以其敏锐的感觉，将语言当作基本哲学问题和主要哲学概念，因而语言也就被放到了一个重要的位置。这样，伽达默尔便将哲学的重点从"存在"的问题真正地转移到"语言"的问题。可以说，语言是伽达默尔哲学解释学的缘起和归宿。

语言不仅是理解的媒介和手段，而且还是我们遭遇世界的方式。世界与人的

---

① 精神科学，原文 Geisteswissenschaften，英译为 human science，在德语文献中通常指一种理解或解释体现语言、技术、宗教、哲学、艺术、法律和道德中的无规则可循的人的精神世界的学问。这个概念最早由狄尔泰提出。

关系其实就是一种语言关系，不同的语言只是意味着人和世界的不同关系，而且这些关系并不都是互相排斥的。世界只有进入语言才是世界，语言也只有在表现世界的事实中真正存在。说到底，人的存在是一种语言性的存在，所有理解只能在语言中进行，所有的理解都具有语言性，没有非语言性理解。

人与世界的语言存在形式，揭示了语言和历史的内在关系。当我们面对历史时，最富有历史感的便是传统。伽达默尔认为，传统不仅是我们学习认识和体验把握的过程，它还是一种语言，一种文本，是一个无穷无尽的意义的源泉。传统也不是一个被动研究的对象，而是一个对话者。理解者与历史文本的对话关系就是人与历史遭遇的方式，而历史文本和理解者之间的中介也是语言，显然，语言是历史文本与理解者遭遇的基础。人们对历史的理解是一种经验，记录这些经验的是语言。人置身于历史世界中，不断获得经验，而且经验是在不断变化和发展的。但这并不意味着人能够获得无限的理解和完全的知识，人的历史性决定了经验的有限性。经验还具有开放性，正是这种开放性决定了历史文本将被不断理解、不断超越。历史文本和理解者、过去和现在之间，都只是一个正在进行的语言过程的要素。历史和传统主要表现为语言，所以，历史文本本质地就是哲学解释学的对象，哲学解释学的理解，归根结底是一个语言现象。

语言真正的存在是它所说的内容，而"能理解的存在就是语言"，因而，理解具有语言性，而语言的存在方式是对话，语言总是在对话中进行。语言的这种对话的本质就是游戏的本质。进行对话就好像在做游戏。做游戏的过程是一个动态的过程，这也是游戏之所以吸引人的原因。游戏也只有在游戏者全身心投入到游戏时才能进行，由此可见，在游戏中决定游戏的，不是游戏者的意识，而是游戏本身，游戏者在进行游戏时，必须全身心投入，失去自我意识。

对话既不是主观的，也不是客观的，它是主客观交融的产物。但是，对话的双方都有某种"疏异的间距化"，即人们通过对话所理解的意义与对方本身所表达的意义之间必然存在距离，在对方所说的语言周围有一个未被说出的圈子。出现这种现象的原因是因为对话具有内部无穷性的特点，这也是理解不可能一次完成的原因。

（三）文本的理解：视域融合

哲学解释学的理解，归根结底是一个语言现象，但是，哲学解释学不能仅仅研究语言现象及其本质，还要研究理解的过程和可能性。在理解的过程中，必然会遇到我们所熟悉的并置身于其中的世界和文本陌生的意义之间的这条鸿沟。比如，不同时代的读者对同一文本会有不同的理解，甚至会做出截然相反的解释；即使同一时代不同的读者对同一文本也会有不同的理解。这种差异来自于作者和读者的历史性。

对于如何看待历史性这一问题，传统解释学和哲学解释学有着不同的看法。

传统解释学，无论是施莱尔马赫，还是狄尔泰，都是在试图克服由历史间距所造成的主观成见和误解，最终把握作者或文本的原意。而在伽达默尔看来，这种所谓的抛弃成见，摆脱传统，返回原意的追求，实际上是不可能实现的。因为，如何作者和读者都处于一定的历史之中，如何理解也都是在历史之中进行的。历史性是人类存在的基本事实，人无法摆脱历史，理解永远达不到永恒的完美，没有所谓最终的理解，没有所谓最终的、确定的真理。

因此，真正的理解不是去克服人的历史性，而是正确评价和适应这一历史性。正是基于这种观点，伽达默尔既反对"客观主义"，即把历史看作历史学家自身之外而加以客观研究的对象，也反对"主观主义"，即把历史看作绝对精神或生命的自我表现。理解并不是一个复制过程，理解总是带有自己的偏见。

承认人与理解的历史性，等于承认了理解者偏见的合法性，而且，这种偏见还是理解的基础和前提。没有偏见，没有理解的前结构，理解就不可能发生。偏见是在历史和传统中形成的，传统先于我们而存在，在传统属于我们之前，我们已经属于传统，我们只能在传统中理解。但是，传统又始终是我们的一部分，我们与传统无法割裂，文本和理解都处于传统中。

偏见构成了理解者的视域，而文本中所包含的作者原初的视域和理解者现今的视域之间必然存在着差距，这种历史的差距是无法消除的。理解的过程就是这两种视域的交融过程，即"视域融合"（the fusion of horizons）。具体来讲，理解必须包括现在和传统的历史的自我中介的工作。在回答文本提出的问题之前，我们必须首先提问，即在我们当前的视域内重新构造文本提出的问题，这种重新构造既包括过去历史的概念，也包括我们对它的领悟，这就是视域融合，我们回答问题的过程，就是视域融合的过程。通过视域融合所产生的新的视域，已经超出了文本作者和读者自身的视域，达到一个更高、更新的层次，新的视域又为新的理解提供了可能性。文本的意义就是在这种视域融合的过程中不断被揭示出来，每一次理解都是一个意义生成的过程，理解是一个"事情本身"与我们的偏见之间的"游戏"过程，这个过程又是无穷无尽的，文本意义的可能性也是无限的。从这个意义上说，无所谓正确的理解，只有不同的理解。

（四）效果历史——伽达默尔对哲学解释学的独特贡献

"理解其实总是这样一些被误认为是独自存在的视域的融合过程"[①]。视域融合不仅是历时性的，而且也是共时性的，在视域融合的过程中，历史和现在、客体和主体、自我和他者构成了一个无限的、统一的整体。此时，伽达默尔所谓的

---

① 【德】汉斯—格奥尔格·伽达默尔著. 诠释学 I 真理与方法——哲学诠释学的基本特征（修订译本）[M]. 北京：商务印书馆，2013：译者序言第 ix 页.

"效果历史"（effective-history）这一解释学核心概念便形成了。关于"效果历史"，伽达默尔这样解释："真正的历史对象根本就不是对象，而是自己和他者的统一体，或一种关系，在这种关系中同时存在着历史的实在以及历史理解的实在。一种名副其实的诠释学必须在理解本身中显示历史的实在性。因此我就把所需要的这样一种东西称之为'效果历史'。理解按其本性乃是一种效果历史事件"[①]。根据伽达默尔的这种观点，任何事物只要存在，必定存在于一种特定的效果历史中，对任何事物的理解，都必须具有效果历史意识。

"理解甚至根本上不能被认为是一种主体性的行为，而是被认为是一种置自身于传统过程中的行动，在这过程中过去和现在经常地得以中介"[②]。显然，理解的问题还是在于如何面对我们与历史文本之间的时空距离以及如何处理过去和现在之间的不同经验。伽达默尔认为，效果历史能够克服这一问题，达到真正的理解。因为"效果历史意识首先是对诠释学处境的意识。但是，要取得对一种处境的意识，在任何情况下都是一项具有特殊困难的任务。处境这一概念的特征正在于：我们并不处于这处境的对面，因而也就无从对处境有任何客观性的认识。我们总是处于这种处境中，我们总是发现自己已经处于某个处境里，因而要想阐明这种处境，乃是一项绝不可能彻底完成的任务。这一点也适合于诠释学处境，也就是说，适合于我们发现我们自己总是与我们所要理解的传承物处于相关联的这样一种处境。对这种处境的阐释，也就是说，进行效果历史的反思，并不是可以完成的，但这种不可完成性不是由于缺乏反思，而是在于我们自身作为历史存在的本质。所谓历史地存在，就是说，永远不能进行自我认识"[③]。可以看出，理解的历史局限性已经在效果历史意识的视野中了。而且伽达默尔认为，时空距离虽然是理解过程中遇到的一个突出问题，但它同时也是理解的一种积极的创造性的可能。

效果历史是通过反思历史的意识来克服理解者与理解对象之间存在的时空距离的，理解和意义发现的无穷过程就是通过它来实现的，一切历史观察也都是以对效果历史的有意识反思为基础的。效果历史这一概念还揭示了历史意识的一种合理的两重性："一方面指历史进程中获得并被历史所规定的意识；另一方面指对这种获得和规定的意识"[④]。也就是说，一方面我们获得了我们理解的东西；

---

① 【德】汉斯—格奥尔格·伽达默尔著. 诠释学Ⅰ 真理与方法——哲学诠释学的基本特征（修订译本）[M]. 北京：商务印书馆，2013：译者序言第ix页.

② 【德】汉斯—格奥尔格·伽达默尔著. 诠释学Ⅰ 真理与方法——哲学诠释学的基本特征（修订译本）[M]. 北京：商务印书馆，2013：411.

③ 【德】汉斯—格奥尔格·伽达默尔著. 诠释学Ⅰ 真理与方法——哲学诠释学的基本特征（修订译本）[M]. 北京：商务印书馆，2013：426 - 427.

④ 【德】汉斯—格奥尔格·伽达默尔著. 诠释学Ⅰ 真理与方法——哲学诠释学的基本特征（修订译本）[M]. 北京：商务印书馆，2013：306.

另一方面我们也知道我们的理解建立在什么基础上。这样，就从根本上将人们对意义终极的、确定的追求变为一种幻想。

效果历史具有经验的结构，虽然从科学的角度来看，这种经验的结构没有任何意义，但是，从历史的角度来看，这种经验的结构却有着普遍真理的意义，在效果历史中存在着历史的普遍的真理的可能性。因此，伽达默尔的效果历史理论具有历史普遍真理的意义。

"如果说，海德格尔关于缘在与理解在本源上具有统一性的思想真正开创了现代西方哲学解释学，那么，效果历史的概念，可以说是伽达默尔对哲学解释学的独特贡献。从效果历史的概念，我们不仅可以达到具有普遍意义的历史的真理，同时，我们也认识到，这种历史的真理意义在何种程度上具有'普遍性'。就是说，伽达默尔哲学诠释学不仅改变了我们对意义和理解的观念，打破了我们在理解中追求意义的终极的确定性的妄想，而且，也让我们在所谓'历史的真理'这样庄严神圣的话语面前，有一个清醒的认识和判断——认识到它同样也是个有限性的概念"[1]。

对教师而言，对教材的理解不仅是其生活的重要组成部分，而且代表着教师的生存方式。哲学解释学作为以"理解"为核心的哲学，其理论和观点及其方法与教师教材理解具有天然的适切性，能为教师教材理解研究提供很好的思路和合适的理论基础。例如，教师教材理解的分类就可以传统解释学和哲学解释学为其理论基础。传统解释学主张追寻文本的客观意义，要求解释者放弃自身主观前见，而哲学解释学则倡导实现意义的创造，分别以这两种解释学为理论基础，便可将教师的教材理解分为意义复原式教材理解和意义创造式教材理解。再如，被称为哲学解释学"哲学基石"的"解释循环"（也叫理解循环或解释学循环），"作为一切理解的基础"[2]，能够为揭示教师教材理解的机制提供有益的启发。

第二节　符号互动理论

符号互动理论是当代西方功能学派、冲突学派等众多社会学理论流派中最重要的理论流派之一。美国社会心理学家乔治·米德在总结前人研究成果的基础上，首次系统地论述了符号互动理论的思想，大家普遍把乔治·米德看作符号互动理论的创立者和集大成者。因此，该理论也叫米德符号互动理论。

① 章启群. 意义的本体论——哲学诠释学 [M]. 上海：上海译文出版社，2002：108.
② 汉斯—格奥尔格·伽达默尔. 洪汉鼎译. 真理与方法——哲学诠释学的基本特征：上卷 [M]. 上海：上海译文出版社，1999：376.

一、米德生平及主要著述

通过对米德生平的了解，我们不仅可以感受米德这一对符号互动理论的崛起和发展产生过重大影响的大思想家的存在，而且还可以了解符号互动理论的发展历程和理论渊源。

米德，全名乔治·赫伯特·米德（George Herbert Mead），是美国现代著名的哲学家、社会学家、社会心理学家和美国实用主义的主要代表人物之一，也是符号互动理论的实际奠基人，1863 年 2 月 27 日出生在美国马萨诸塞州南哈德利的一个基督教牧师家庭，1881 年，正当米德在奥柏林学院如饥似渴地学习知识的生活，其父不幸去世，米德一边努力学习，广泛涉猎各种知识，为自己在古典语言、道德哲学、文学、修辞学、数学等方面打下了坚实的基础，一边在奥柏林学院的食堂当侍者挣学费。这段经历让米德养成了用科学的态度观察生活和世界的习惯，进而为其实用主义精神的确立打下了基础。

1883 年，米德从奥柏林学院毕业，在中学教书半年后，他又去美国西北部生活了三年。在此期间，他参加了一个铁路勘测对的工作，这段工作经历又为他其后实用主义哲学的研究打下了坚实的现实基础，也提供了强大的精神动力。

1887 年秋，米德同他的好友亨利·卡斯尔一起到哈佛大学继续研究哲学。在哈佛的一年时间里，米德在威廉·詹姆斯引导下开始信奉实用主义哲学，而且侧重意识和自我问题研究。可以说，1887 年是米德基本确立自己的研究方向和学术思想发生根本性转变的一年。"如果说他此前的生活经历构成了他信奉实用主义的现实基础，W·詹姆斯的影响使他对实用主义哲学登堂入室，那么，德国浪漫派哲学家特别是黑格尔思辨哲学体系所呈现的辩证发展倾向与达尔文进化论的科学倾向及方法相统一，则构成了米德追求统一的实用主义社会哲学研究的主旋律"①。

1988 年，米德决定到德国继续研究哲学和心理学。由于米德此时的研究兴趣在于通过对人神经系统的研究找到理解心灵并解决许多相应哲学问题的钥匙，而当时威廉·冯特正在莱比锡进行进行这方面的研究，于是米德决定师从冯特进行研究。冯特有关"姿态"（gesture）的心理学理论为米德研究"沟通"（communication）提供了基本方法，而对"沟通"的研究又是米德后来研究语言、符号互动和意识等不可分割的组成部分。

米德在德国的这段时间，正是心理学和生理心理学发生重大变化的时期，达

---

① 【美】乔治·赫伯特·米德著．霍桂桓译．心灵、自我和社会［M］．南京：译林出版社，2012：译者引言第 4 页．

尔文进化论不仅对生理心理学产生了巨大影响，也导致科学比较方法在心理学中的普遍应用，并使心理学以往采用的内省方法受到人们越来越多的批判。这种学术氛围不仅使他抛弃超自然的非经验观念，确立了自然主义的世界观，努力采用各种客观方法研究人的意识、行为、自我意识、反思智力等，形成了米德理论体系重要的方法论特征，而且还强化了他从发展进化的角度研究心灵及相应哲学问题的基本倾向。

在跟随冯特研究一年以后，米德又到柏林师从威廉·狄尔泰攻读博士学位。狄尔泰关于只能通过了解个体的社会、历史和文化背景理解个体思想的观点，深深地影响了米德，使其确立社会心理学作为心理学研究的主攻方向。尚未获得博士学位，米德便中断学习到密歇根大学任哲学和心理学讲师。在此期间，他结识了 J. 杜威、詹姆斯·海登·塔夫茨、查尔斯·霍顿·库利等一批著名学者，这些人对米德学术思想的发展和成熟产生了重大影响。例如，威廉·詹姆斯的"自我"概念、查尔斯·霍顿·库利的"镜中自我"观念等对米德心灵和自我的研究起到了很大的帮助。"杜威的实用主义强调人类适应环境的过程，在这一过程中，人类不断地试图掌握周围环境，人类的特性就是在这种与生存条件相适应的过程中逐步形成的"①。杜威的实用主义思想也深深影响着米德，特别是杜威关于心智的概念，对米德符号互动理论的形成起了决定性的作用。这些学者后来都聚焦到了芝加哥大学，并形成了以杜威和米德为中心、对美国哲学界产生重大影响的"芝加哥实用主义学派"。

自 1894 年到芝加哥大学任教到 1931 年 4 月 26 日去世，米德便一直在芝加哥大学教书并进行学术研究。概括起来，"就米德社会哲学研究取向的构成基础而言，有三个方面是至关重要的：（1）经过转化的新英格兰基督教清教伦理与科学实践精神的有机结合；（2）达尔文进化论思想；（3）从康德到黑格尔的德国唯心主义传统与 19 世纪末 20 世纪初西方哲学研究成果的有机统一。其中第一方面构成米德社会哲学研究的基本前提和动力，后两个方面的统一则构成了贯穿米德全部学术研究工作的主线，也是他的整个思想体系的内在灵魂"②。

就米德的学术著作而言，他一生除了在各种杂志发表过 33 篇学术论文及评论以外③，没有出版过一部完整的学术著作。所有有关米德的理论著作都是他的学生和学术密友根据课堂笔记整理成书而流传于世的。这些著作主要有：《关于现在的哲学》，1932 年出版；《心灵、自我与社会》，1934 年出版；《十九世纪的

---

① 【美】D. P. 约翰逊. 社会学理论 ［M］. 北京：国际文化出版公司，1988：121.

② 【美】乔治·赫伯特·米德著. 霍桂桓译. 心灵、自我和社会 ［M］. 南京：译林出版社，2012；译者引言第 9 页.

③ 约翰·D. 鲍德温. 乔治·赫伯特·米德：关于社会学的统一理论 ［M］. 塞奇出版有限公司，1986：166 – 167.

思想运动》，1936 年出版；《关于活动的哲学》，1938 年出版；《个体与社会自我》，1982 年出版。其中，《心灵、自我与社会》一书是表达米德社会哲学和社会心理学思想最重要也是最主要的著作。

二、米德符号互动理论的主要观点

"米德在社会心理学领域，基于社会行为主义的基本立场，从进化的观点出发，通过对语言符号的行动分析，精细地描述了心灵、自我在社会背景中的生成与发展；揭示了有机体与环境、'主我'与'客我'、个体与社会之间的相互作用关系，体现了他对改造社会生活的语言交往功能的关注"①。米德的符号互动思想集中体现在其《心灵、自我与社会》一书中，该书由"社会行为主义的观点"、"心灵"、"自我"、"社会"四章及四篇补充性论文构成。

（一）社会行为主义的观点

米德符号互动理论自始至终都贯穿着社会行为主义的基本立场，其社会行为主义首先是行为主义的。因为他接受了通过对行动的研究来探讨经验这一广义行为主义的研究取向，但它又是"在对此前的各种心理学，特别是华生的行为主义，作批判和检讨的基础上发展起来的"②。米德认为华生所关注的外显的可观察的动作并不能代表动作的全部，身体内部内隐的一切也是动作的一部分，研究动作不仅要关注外显的可观察的动作，还应关注内隐的不可观察的动作，即要从动作的观点看待意识本身。其次是社会行为主义的。米德批判了唯心主义和行为主义忽视社会的一面，并指出思维和意识都是在行动中产生的，不能把人们的行动看作生物个体单独的行动，相反，人们的行动是相互联系、相互依赖的。"我希望提出的研究方法的要点是，从社会的观点出发，至少是从认为沟通（communication）是社会秩序的必要组成部分的观点出发，来对经验进行研究和论述"③。

（二）心灵

在米德看来，"姿态"（gesture）这一概念在心灵（mind）的形成和发展过程中具有十分重要的意义，因而，在论述心灵时，他首先引入了这一概念，这也

① 王振林，王松岩. 米德"符号互动论"解义 [J]. 吉林大学社会科学学报，2014：116.
② 谢立中. 西方社会学名著 [M]. 南昌：江西人民出版社，2000：24.
③ 【美】乔治·赫伯特·米德著. 霍桂桓译. 心灵、自我和社会 [M]. 南京：译林出版社，2012：1.

符合社会行为主义心理学将社会动作置于研究的核心位置的逻辑。人和动物都具有相互沟通的能力，而使用姿态进行沟通是一种最基本、最简单的沟通形式。但是人与动物的沟通又不完全一样，因为人不仅能够通过姿态进行沟通，还能够用行为把别人的观点反映出来，而如果一种姿态能够在这种姿态的表现者和这种姿态的针对者身上引起同样的反应，那么这种姿态就可以称之为有意义的姿态。这种共同的反应使姿态具有了意义，姿态的意义就在于这种共同的反应，共同反应的出现又使符号沟通成为可能。因此，米德认为，人类不仅可以使用身体姿势（无声姿态）进行沟通，而且还可以使用语词（有声姿态），即有标准化意义或共同意义的符号进行沟通，而在沟通所使用的这两种姿态中"有声姿态尤为重要，因为它作用于以同样方式作用于他人的人"①。有声姿态因而成为一种具有意义的、表意的符号，一种思想的表达。

那么，心灵是如何形成和发展的呢？米德认为，人在婴儿时就具有选择姿态的能力。婴儿会在自己所拥有的姿态中，筛选出那些能够给自己带来赞扬的姿态。通过这种姿态的选择过程，一方面，婴儿的心智能力得到发展；另一方面，也使婴儿和其身边的其他人产生对某一姿态的一致理解，这些被选择的姿态也便成为婴儿与其身边的人进行沟通的媒介。米德把这些能够产生一致理解的姿态称之为"常规姿态"。米德进一步指出，一旦某一个体具备了选择姿态并且能够对姿态产生一致性理解的能力、运用这一姿态扮演他人角色的能力、想象演示各种行动方案的能力，就标志着这一个体具有心智，心智、自我和社会也必将得到巨大的发展。

"生理性冲动与反应性理智间的互动是心灵的本质"②，而生理性冲动与反应性理智间的互动只有运用反思智能才能实现，因此也可以说反思智能是人类心灵的主要特征，而心灵的这一主要特征是在使用符号，特别是使用语言符号的过程中产生的。

那么，什么是符号呢？概括起来，"符号是具有一定意义并有一定外在表现形式的事物，包括自然界中的各种事物（生物体和声、光、电等）、社会中的各种事物（人类及其语言、动作以及社会制度等）以及有外在表现形式的各种意识（思想、观点、理论等）"③。

人生活在符号世界中，每时每刻都在和符号打交道。教学过程就其实质而言，实际上就是和各种教学符号互动的过程，正是通过各种教学符号间的互动，

---

① 【美】J. A. 舍伦伯格. 社会心理学的大师们 [M]. 沈阳：辽宁人民出版社，1987：143.
② 【美】沃野. 评两种符号互动主义的方法论 [J]. 学术研究，2002（2）：14.
③ 李文跃. 符号、教学符号与教学符号互动的探析——基于符号互动论的视角 [J]. 教育理论与实践，2013（10）：53.

才实现了各种教学符号的动态平衡。教学符号可以从不同的角度进行分类。例如，如果依据教学的组成要素将教学符号分为教师符号、学生符号、文本符号三类，这些教学符号间的互动就有师师互动、师生互动、生生互动、生本互动、本本互动，教学目标的达成，就是通过这些教学符号间的互动实现的。

思维的过程实际上就是操纵符号的过程，正是由于思维的存在，才使人类能够有目的、有计划地控制自己的行为。思维与姿态有密切的联系，"思维在本质上就是外部的姿态会话在我们经验中的内化——这种内化了的姿态即为有意义的符号；思想的出现亦正产生于有意义姿态即符号的普遍化"①。

简而言之，心灵就是个体在社会中运用符号与社会相互作用的过程中形成和发展起来的，这一过程既是个体赋予社会客体以意义的外化过程，也是社会客体向个体过渡的内化过程。

（三）自我

威廉·詹姆斯和查尔斯·霍顿·库利对米德的自我理论产生了很大影响。"自我"这一概念最先是由威廉·詹姆斯提出的，他认为人类能够像看待客体一样看待自己，并在此过程中逐渐产生对自身的感情和态度。威廉·詹姆斯进一步把"自我"分为生物自我、社会自我、精神自我三种类型。虽然这种分类并没有被全盘接受，但他提出的"社会自我"的概念在后来却成了符号互动理论不可或缺的一部分。

威廉·詹姆斯提出的"社会自我"是指个体在与他人交往过程中所产生的自我感觉。社会自我的概念说明了人们只有在与他人的互动过程中产生对自己的感情和态度。他进一步说："一个人有多少种社会自我，取决于认识他的其他个体的数目"②。

查尔斯·霍顿·库利从自我与社会关系的角度对自我概念进行的研究，使自我概念的理解更加深入：首先，他进一步完善了自我的概念，认为自我是一个过程，是个体将自己和他人看作社会环境中的客体的过程；其次，他认为自我概念是在与他人的交往中产生的，在此基础上，他还提出了"镜中自我"的概念，即个体正是在与他人交往的过程中，通过与他人的相互作用，互相了解对方的姿态，并通过他人对自己的看法认识自己。查尔斯·霍顿·库利还认为，自我概念产生于群体环境互动之中，并基于此发展了"初级群体"的概念，这些"初级群体"对自我感情和态度的形成极为重要。库利的思想对米德产生了很大影响。

借鉴威廉·詹姆斯和查尔斯·霍顿·库利对自我概念的认识，米德提出：

---

① 谢立中. 西方社会学名著 [M]. 南昌：江西人民出版社，2000：131.
② 【美】乔纳森·H. 特纳. 社会学理论的结构 [M]. 杭州：浙江人民出版社，1987：132.

"自我概念是由个体在动态的社会关系中，或是在一种有组织的共同体中所处的一定地位上产生的自我意识构成的"①。

米德将自我的发展划分我三个阶段：嬉戏阶段、游戏阶段和泛化的他人阶段。在嬉戏阶段，儿童通常会扮演教师、医生、警察等社会角色，进行捉迷藏、抓坏蛋等活动，虽然这一阶段是缺乏外部社会组织的，但通过嬉戏，儿童会形成初步的自我；到了游戏阶段，则已经具有了更高层次的社会组织，儿童也可以同时扮演警察、医生等好几个角色，而且儿童也会遵循游戏规则，从整个游戏的角度而不单单从个人角度将自己与儿童群体联系在一起；到了泛化的他人阶段，儿童又可以按照一般非人格的角色控制自己的行为了。儿童会逐渐发展到以泛化的他人来计划和执行行动路线，儿童的活动范围逐渐从家庭、儿童群体扩展到学校、社区，儿童的自我概念也不断增强。

符号互动理论认为，人之所以能够思维、能够运用符号，与人的自我的分不开的。人不仅能够运用符号与他人交往，也能够运用符号与自我互动。因此，米德将进一步认为自我可分为"主我"（I）和"客我"（Me），"两者相辅相成，构成完整的自我"。"'主我'是有机体对其他人的态度做出的反应"②，是作为主体的我，是自我中积极主动的一面，正如 B. 梅尔策所说是个人活动的推动力。米德认为，除了"主我"之外，自我还由"客我"构成。"'客我'是一个人自己采取的一组有组织的其他人的态度"③，如果说"主我"是自然的我、主观的我，那么"客我"就是社会的我、客观的我。人不仅要和他人交往，还要和自己的内心交往，当人和自己的内心互动时，自我就成为一个社会客体，这时的自我便可以和其他所有客体一样被指出、被定义。我如何评价自己、如何定义自己、如何看待自己都完全取决于他人对我的社会态度。"'主我'与'客我'的互动是自我的本质"④。

（四）社会

在对心灵和自我认识的基础上，发展并形成了米德社会论。米德认为"社会代表着个体之间有组织的、模式化的互动"⑤，"自我与他人的互动是社会的本

---

① 林玲，彭小虎. 互动与自我——米德的互动主义观 [J]. 淮南工业学院学报（社会科学版），2001（3）.

② 【美】乔治·赫伯特·米德著. 霍桂桓译. 心灵、自我和社会 [M]. 南京：译林出版社，2012：193.

③ 【美】乔治·赫伯特·米德著. 霍桂桓译. 心灵、自我和社会 [M]. 南京：译林出版社，2012：194.

④ 【美】沃野. 评两种符号互动主义的方法论 [J]. 学术研究，2002（2）：14.

⑤ 【美】乔纳森·H. 特纳. 社会学理论的结构 [M]. 杭州：浙江人民出版社，1987：158.

质"①。米德社会论的主要观点有：第一，反思是人类社会的个体基础。米德通过人类社会与动物的比较认为，人类社会的个体基础与动物有显著区别，动物的个体基础是一种出于本能的冲动，而人由于有发达的大脑，所以具有反思和交流能力，而反思正是人类社会的个体基础。第二，交往是人类社会的组织基础。交往是人类社会组织的基本原则，正是在交往的活动中，个体扮演者他人的角色，想象或接受别人对自己的态度，并以此不断调节自身的行为。第三，理解是人类社会的制度基础。米德认为，制度是群体对某一特定情境共同反应的体现，从有机体与环境关系的角度来看，如果说有机体是通过对环境的感受性来决定它的环境的话，那么，在某种程度上，我们也可以说人是通过自己对制度的理解来决定制度的，制度也会反过来影响个体行为。

　　教师对教材的理解是教学过程开始的前提，也是教学过程重要的组成部分。从符号互动理论的角度看，教材理解的过程实质就是各种符号间的互动过程，其核心是师本互动过程（包括教师与课程计划的互动、教师与课程标准的互动、教师与教材的互动）。当然，教师的教材理解还离不开生本互动过程和师师互动过程、本本互动过程、师生互动过程、生生互动过程。因此，在教师理解教材的过程中，要注意到教学符号互动的系统性，只有这样，才能保持符号互动的平衡。

　　米德符号互动理论对教师教材理解，尤其是教材理解过程的研究具有极大的启发和指导作用，为教师教材理解研究提供了又一个全新而独特的视角，有助于我们揭示教师教材理解的过程。

---

① 【美】沃野. 评两种符号互动主义的方法论［J］. 学术研究，2002（2）：14.

第四章

教师教材理解的类型及转向

对教师在教学实践中应如何看待教材这一问题，历来存有争议，而对于教师教材理解的类型也从未有学者进行过研究。

第一节　教师教材理解的性质

在哲学解释学视角下，教师教材理解具有历史性、语言性、生成性及参与性。

一、教师教材理解具有历史性

海德格尔总结了"历史"一词的几种用法：其一，从"这事或那事已经属于历史"这种表达语境来看，历史是指具有"后效"的过去之事；其二，从处于发展中的"有历史的"东西来看，历史是指渊源于过去的联系；其三，从区别于自然的角度来看，历史是着眼于人的生存的本质规定性而来的存在者的一种领域；其四，历史还常常作为过去流传下来的事物这种含义来使用①。

教师教材理解的历史性是由理解的历史性决定的。理解的历史性有两方面的含义：一方面，没有历史，也就没有理解，因为理解是对历史的理解；另一方面，理解是在历史中展开的，因为人本身就是存在于历史中，而理解是人存在的基本方式。

教师教材理解的历史性主要包括两方面的含义：一方面，无论何种教材，从设计、编写到出版发行，都需要较长的时间，同样，教材的更新也需要漫长的周期。所以，对于师生而言，教材是形成于过去的历史文本。这就要求师生在面对

_____

① 海德格尔. 存在与时间［M］. 北京：生活·读书·新知三联书店，1999：428－429.

教材时，不仅要理解文本本身，还要从历史的角度理解文本，并把教材放置于当前的社会背景中理解教材的意义。另一方面，教材的发展必然具有历史继承性。所以，对教材发展历史的理解既是教材理解的必然要求，也是教材理解的重要内容。另外，人的存在具有历史性，即使是同一个人，在不同的历史境遇下，对同样的教材也会有不同的理解。

教师教材理解的历史性说明教材理解始终是历史地理解，教材理解的过程也不会最终完成，教材理解始终是开始和期待的，是永远面向未来的。教材理解为师生显示了"当前"，即"现在"的视野，而"现在"必将在"将来"成为"曾在"。

二、教师教材理解具有语言性

"语言是一种生活的方式"（维特根斯坦语）、"语言是存在的家"（海德格尔语）。语言是理解教材的媒介，教材理解只有借助语言才能实现。语言是我们际遇世界的方式，也是教师际遇教材的方式，语言与教材理解之间存在着根本的内在联系。当代语言哲学认为，语言并不仅是一种客观工具，语言本身也包含着意义，否则，人不会时时刻刻离不开语言。语言也是对教材的一种态度，我们就是利用语言"观察"教材，"说明"教材，"理解"教材，从而建立了教材的意义。

当然，语言也没有限制教师对教材的理解，相反，借助语言对教材的理解拓宽了教师的视野，使教师有更多的可能性去理解教材、把握教材，去体验教材丰富的意义。

三、教师教材理解具有生成性

从传统解释学出发，教材应该只有一个终极的意义，教师对教材的理解，就是教师采用科学的方法无限趋近这一意义，教师教材理解的最高目标就是教材的客观真理性。而从哲学解释学的视角看，教材并没有所谓的终极意义，教师的教材理解也不会最终完成。教材理解过程是一个教师主体与教材客体之间基于教师的"前见"不断互动的过程，教师对教材的每一次理解都会生成新的意义。教材就是一个意义的源泉，教材的意义有无尽的可能性，但是，教材中隐含的意义不是在教师理解教材之前就呈现在教师面前的，而是处于"待生"状态，随着教师的理解才源源不断地涌现出来。并且，不同的教师所理解的教材意义不同，即使同一个教师，在不同的时间、不同的情境中所理解的教材的意义也不尽相同。

四、教师教材理解具有主体参与性

一般认为，理解有两个基本要素，即理解的主体和理解的客体。理解的主体是人，理解的客体就是所要理解的对象，理解就是一种主体和客体之间相互作用的精神活动。

从传统解释学角度出发，作为教材理解主体的教师应在理解教材之前，排除一切"偏见"。在传统解释学看来，"偏见"比无知离真理更远，教师在进行教材理解之前，只有毫无保留地排除自己的"偏见"，才能实现对教材编写者的原意和思想的客观重建。

哲学解释学的观点恰恰相反。作为哲学解释学代表人物的海德格尔认为，任何一个理解者都处于一定的历史环境之中，所以任何理解者的头脑中都不可能没有"偏见"，言外之意是理解者的"偏见"根本就无法任由理解者自己随意消除。他甚至认为，任何理解恰恰依赖于理解者的前理解，意即理解者的"偏见"根本就不应该被排除。伽达默尔更加明确地强调了"偏见"的合法性。他认为，没有理解者的"偏见"，理解就不可能发生，消除"偏见"，"实际上是历史主义的天真的假定"①。实际上，对于教材理解而言，教材的编写者与教师之间的时间距离以及由此带来的教师与编写者之间的不同历史性都是一种客观存在，也就是说教师的"偏见"根本无法消除。伽达默尔进一步强调，"偏见"不应是要加以克服的消极因素，而应是加以肯定的积极因素②。

综上所述，在教材理解活动中，教师作为理解的主体，应是主动的参与者。不同的教师对同样的教材理应有不同的理解。在教材理解活动中，要充分尊重和应用他们的"偏见"，尊重他们对教材意义个性化的理解。

第二节　教师教材理解的类型

我们认为，从意义创生的角度，教师教材理解可分为意义复原式教师教材理解和意义创生式教师教材理解，两类教师教材理解的理论基础分别是传统解释学和哲学解释学。

---

① 【德】汉斯—格奥尔格·伽达默尔著，严平译. 论理解的循环 [A]. 伽达默尔集 [C]. 上海：上海远东出版社，1997：46.

② H. G. Gadamer. Thuth and Method [M]. New York：Crossroad，1975：19.

一、意义复原式教师教材理解

从传统解释学的角度来看，教师教材理解是一种意义复原式教材理解。

传统解释学认为，由于理解者与文本之间存在一种"历史间距"，理解必然会带有理解者的直观偏见及误解。传统解释学要求理解者放弃自己的主观偏见和误解，消除历史间距，最终把握文本的原意。"传统的诠释学，直到施莱尔马赫、狄尔泰都试图用一种有效的方法来消除这条鸿沟，试图消除由时空差异、词意演变以及思维和观念的变化所引起的对文本的误读。这种对文本原义的追求，实质上就是试图从过去时代的精神出发来理解过去时代的所有遗迹和证据，从而摆脱我们自己当下生活对这些遗迹和证据所造成的成见，达到对原初意义的还原和揭示"①。显然，意义复原式教师教材理解是一种以追求教材的客观意义为旨趣的教材理解。

意义复原式教师教材理解属于典型的"经院式教育"②，"这种教育仅仅限于'传授'知识，教师只是照本宣科，而自己毫无创新精神。教材已形成一套固定的体系。教师本人无足轻重，只是一个代理人而已，可以任意替换。教材内容已成为固定的型式。因为知识已经固定了，所以学生总是抱着这样一种想法：到学校去就是学习固定的知识，学会一些现成的结论和答案，'将白纸黑字的书本——明白无误的东西带回家即可'。这种经院式教育的根深蒂固的基础是理性传统"③。

意义复原式教师教材理解具有以下特点。

第一，教材的意义是客观存在的。进一步说，由教材编写者编写，并由教材审定部门审查通过出版的教材的意义是客观存在的，是不能更改的。

第二，教师理解教材的目的就是获得教材的客观意义。教师对教材的理解，就是要教师以中立者的身份，排除由偏见和误解所造成的间距，最终获得教材编写者最初的本意，并在教学过程中贯彻这种本意。

第三，教师只有放弃个人的偏见和误解，才能获得教材编写者的本意。教材的意义不仅是客观存在的，而且是价值中立的。而教师在教材理解之前，就已经具有偏见和误解，这就使教师在理解教材的过程中不可避免地受这些偏见和误解的影响。意义复原式教材理解要求教师完全放弃这些偏见和误解，以复原教材和

① 章启群.意义的本体论——哲学诠释学［M］.上海：上海译文出版社，2002：89.
② 雅斯贝尔斯在不考虑社会和历史背景，仅考虑教育本身的情况下，将教育归纳为三种基本类型：经院式教育、师徒式教育和苏格拉底式教育。
③ 雅斯贝尔斯.邹进译.什么是教育［M］.北京：生活·读书·新知三联书店，1991：7.

教材编写者的本意。显然，意义复原式教师教材理解不提倡教师对教材有任何的意义创造。

意义复原式教师教材理解与"教教材"的教材观不谋而合，两者具有相同的理论基础——传统解释学。

意义复原式教师教材理解举例：

浙江省义乌市某高级中学湘教版高中地理必修三第二章"第六节区域工业化与城市化——以珠江三角洲为例"一堂地理课的翔实观察记录

《普通高中地理课程标准（实验）》对这部分内容的要求：

●以某经济发达区域为例，分析该区域工业化和城市化的推进过程，以及在此过程中产生的主要问题，了解解决这些问题的对策措施。

观察对象：浙江省义乌市×学校××地理老师，教龄2年
观察时间：2014年3月4日（星期二）10：10～10：50
观察地点：一号教学楼201教室
观察事件：教师教材理解的价值取向

10：10～10：05 教师对上一节内容进行提问：1. 德国鲁尔区衰落的原因有哪些？2. 德国鲁尔区采取哪些措施使其重新焕发了生机？	显然，这是赫尔巴特以统觉心理学为基础的"五段教学"模式（被称作"传统教育"的教学模式）中的复习旧课环节。从所花的时间来看，5分钟应该说还是比较合理的。
10：06～10：08 教师介绍珠江三角洲的范围。	教师对珠江三角洲的介绍完全依据教材中的内容。当然，这部分内容只是为本节课做一铺垫，这样做也无可厚非。
10：09～10：21 教师讲授"一、珠江三角洲城市化进程"部分内容。	教师对这部分内容的讲授依然完全依据教材，对教材中的"活动"、"阅读"等栏目中的材料也没有做丝毫变动或替换。实际上，珠江省义乌市也是工业化和城市化水平较高的地区，教师完全可以利用本地的案例取代教材中的材料，这样，所学内容就会与学生的生活联系更加紧密。另外，这部分内容花12分钟时间显然有点太多了。
10：22～10：35 教师讲授"二、工业化对珠江三角洲城市化的推到作用"。	教师首先让学生自学教材P67"阅读：珠江三角洲的工业发展"，让学生通过自学的形式了解珠江三角洲的工业化过程。有些比较简单，学生能够自学解决的问题交给学生自己解决，这是符合新课程改革的理念的。 接下来，教师从三个方面讲授珠江三角洲工业化对城市化的推到作用。对这部分内容的讲授，教师依然完全依据教材。而且，这部分内容花13分钟进行学习，显然有点太多了。

续表

10：36～10：40 教师开始讲授"三、珠江三角洲的工业化和城市化问题"。	这部分内容应该是本节课的重点之一，教师似乎意识到离下课只有几分钟时间了，语速明显较前面快了很多，并且依然完全按照教材简单介绍了珠江三角洲工业化和城市化过程中出现的"大量占用耕地"、"城镇和工业过度密集"、"环境污染严重"、"产业层次偏低"、"城市基础设施亟待完善"等主要几个问题。对珠江三角洲在工业化和城市化过程中出现的问题应采取哪些对策措施进行解决应该是本节课的另一个重点，而对湘教版本节教材的研究发现，教材除了在课后的"活动 2"中涉及了一点点相关内容之外，基本没有做任何介绍，教师应依据课程标准对教材进行理解，然后对教材内容进行补充，显然，他没有这样做，依然是教材怎么说我怎么讲，所以，可以说他没有达成课程标准对这部分内容的要求。

二、意义创生式教师教材理解

迈克尔·W. 阿普尔（Michael W. Apple）认为，教育是政治的，教育价值不可能中立。课程是法定知识，课程知识代表着统治阶级的利益。"在以教科书为载体的的知识传授的过程中进行潜移默化的意识形态渗透，实现了统治阶级意识形态的再生产，从而达到合法化的目的。传统上，人们常常把教科书视为权威性的、正确的和必不可少的，教科书规定着课程的内容，支配着学生的学习，教师也依赖教科书组织课程和安排科目"①。然而，教科书作为一种教学活动文本，自身既具有矛盾性又具有开放性，其意义具有无尽的解读方式，这使得教科书不一定能够产生统治阶级希望的意义。"语言的意义依赖于它的使用"（维特根斯坦语），在不同的情境中，语言可能会具有不同的意义，这就为教师创造性理解教材提供了契机，使教师由教材意义的复原者转变为教材意义的创生者。

英国哲学家、社会学家、教育家和近代自然科学教育运动的倡导者赫伯特·斯宾塞与 1859 年在其《什么知识最有价值》一书中提出了"什么知识最有价值"这一教育理论中的核心问题，并做出了"科学知识最有价值"的回答。阿普尔则认为在其《官方知识》一书中指出："知识的选择和分配不是价值中立的，……而是阶级、经济的权力、文化的权力间相互作用的结果"。即在大量的知识中，只有统治阶级的知识才是最合法的知识，阿普尔称其为官方知识。这实际上就是阿普尔对斯宾塞"什么知识最有价值"问题的回答和批判。

官方知识具有的暂时性和不稳定性，为教师重构教材的自我理解提供了必要

---

① 汪永晖，王晋. 阿普尔的《官方知识》之要旨解读及启示 [J]. 教育科学研究，2013（11）：79.

性；官方知识的脆弱性为教师重构教材的自我解读提供了可能性；商业的利润化和私有化对官方知识的侵蚀又加剧了教师对教材进行自我解读的紧迫性。总之，教师应该在适应官方知识的基础上，运用反思精神和批评精神"重建属于我们自己的、平民主义的、民主的、激进的话语"（阿普尔语），超越官方知识，寻觅官方知识背后的真知。

哲学解释学反对传统解释学"意义复原"的认知论取向，任何理解"无所谓正确的理解，只有不同的理解"①。因此，从哲学解释学的角度来看，教师的教材理解是一种意义创生式教材理解。

意义创生式教师教材理解是一种教师基于自身的偏见对教材进行意义创生的教材理解。

意义创生式教师教材理解具有以下特点。

第一，意义创生式教师教材理解境遇下的教材不存在不依赖教师的自身的意义。

伽达默尔反对把历史看作一个不依赖于历史学家而加以研究的对象，即所谓"客观主义"的态度。教师教材理解具有历史性，教师对教材的理解不是要克服这一历史性，而是要正确评价和适应这一历史性。由此推理，教材不存在不依赖教师的自身的意义，教材也没有最终的、确定的"本意"。当然，伽达默尔也反对把历史看成绝对精神或生命的自我表现，即"乐观主义"态度。因此，教师教材理解是教师和教材主客体之间相互交融、相互统一的过程，既不是主观的，也不是客观的。

第二，意义创生式教师教材理解的目的是创生教材无尽的意义。

在哲学解释学视野中，教材是一个具有无尽意义的源泉，教师对教材的理解，就是教师基于自身的偏见，去不断挖掘、创生教材无尽的意义。不同的教师在教材理解中创生的意义不同，即使是同一教师，在不同的情境中创生的意义也是不同的。

第三，意义创生式教师教材理解是一种基于教师视域与教材视域融合的过程。

教师和教材都有各自原初的视域，教师对教材的理解，就是教师利用自身与教材不同的视域，通过与教材的对话，突破前见而获得教材的意义。同样，教材也因获得新的教材意义的教师突破原来的意义。因此，意义创生式教师教材理解活动便成为一种通过教师与教材的对话，使教师视域与教材视域不断融合，即视域融合的过程。在这个过程中，教师会超越教材和自身的视域，达到更高、更新的层次，从而创生出教材无尽的意义。在这种视域融合过程中，历史与现在、教

---

① 章启群. 意义的本体论——哲学诠释学 [M]. 上海：上海译文出版社，2002：95.

师与教材、教师自身与他者成了一个统一的整体。

意义创生式教师教材理解举例：

浙江省义乌市某高级中学湘教版高中地理必修一第二章"第二节地球表面形态"一堂地理课的翔实观察记录

《普通高中地理课程标准（实验)》对这部分内容的要求：

● 结合实例，分析造成地表形态变化的内、外力作用。

观察对象：浙江省义乌市×学校×××地理老师，教龄12年
观察时间：2014年10月10日（星期五）8：25～9：05
观察地点：一号教学楼108教室
观察事件：教师教材理解的价值取向

8：25～8：35 复习提问： 1. 如何区分背斜、向斜？ 2. 背斜、向斜、断层等地质构造的应用。	用大约10分钟时间进行复习，从时间分配来看显得有点太多。
8：36～8：40 教师通过温度变化、冻融、植物根劈三种引起岩石风化主要原因的三张典型图片，说明什么是风化作用。（图略）	"外力作用与地表形态"这部分内容，湘教版教材的编写中学教师普遍反映很差，教材几乎没有对五种外力作用进行任何说明，更没有在教材展示外力作用所塑造的典型地表形态，此处，该名教师通过自己对教材的理解，依据课程标准和学生的思维特点补充了有关风化作用的典型地貌图片，很好地达成了课程标准的要求，可以看出，他秉持的是意义创生式教材观。
8：41～8：47 教师展示风力侵蚀、流水侵蚀、冰川侵蚀和波浪侵蚀塑造的地貌图片共16张，利用这些典型图片说明侵蚀作用。	侵蚀作用是五种外力作用中相对重要的一种作用，此处，该教师借助图片，用大约7分钟时间学习侵蚀作用，显然是正确的。
8：48～8：50 教师展示"流水搬运"和"风力搬运"两幅图，简单说明什么是搬运作用。	搬运作用在五种外力作用中不是重点，只需做简单说明即可。
8：51～8：57 教师同样首先展示风力沉积、流水沉积和冰川沉积塑造的地貌典型图片共12张，利用这些图片说明什么是沉积作用。	沉积作用和侵蚀作用我五种外力作用中最重要的两种作用，应作为重点进行学习。此处，该教师利用丰富的图片，用7分钟时间学习沉积作用，是很合理的。
8：58～9：00 教师放视频资料"科罗拉多大峡谷的形成"，通过观看视频，让学生进一步直观地理解流水是怎样进行侵蚀的。	对于中学生而言，侵蚀作用和沉积作用对地表形态的塑造是相对比较难以理解的，所以，这两种作用既是本节课教学的重点，又是本节课教学的难点所在。此处，该教师用学生普遍喜欢的视频形式进一步说明侵蚀作用，显然，他是做了精心准备的。

9：01~9：02 教师利用讲解法简单说明什么是固结成岩作用。	固结成岩作用、搬运作用是五种外力作用中学生比较容易理解，也是最不重要的内容，该教师显然很清楚这一点。
9：03~9：05	教师对本节所学内容作简单总结，并布置作业。

第三节　教师教材理解的转向

一、意义复原式教师教材理解的局限性

第一，意义复原式教师教材理解禁锢了教师的创造性和想象力。意义复原式教师教材理解要求教师完全放弃个人的偏见和误解，不允许教师对教材有任何主观理解，更反对教师对教材的创造。这种教师教材理解完全忽视了教师是具有创造性的课程主体，忽视了教师是具有自我意识和自我精神的独特个体，甚至否定了教师自身存在的意义。受这种观念的影响，不少教师形成了"教教材"的教材观和"教材中心主义"的教学观，教师的任务就是"教教材"，学生的任务就是"学教材"，教师是知识的传授者，学生便成为接受知识的容器。

第二，意义复原式教师教材理解忽视了教材意义的生成性。"按照海德格尔的'事实性诠释学'，任何理解活动都基于'前理解'，理解活动就是此在的前结构向未来进行筹划的存在方式"①。伽达默尔也秉持同样的观点。他认为"前理解"为理解者提供了特殊的"视域"，而且理解者的视域不是封闭的和孤立的，它是理解在时间中进行交流的场所。理解者的任务就是扩大自己的视域，使自己的视域与其他视域想交融，即"视域融合"（the fusion of horizons）。文本的意义就是在这种视域融合的过程中被创造性地揭示出来的。此外，文本还是一个具有无尽意义的源泉，理解者对文本的每一次理解，都会创生出文本新的意义。显然，教材的意义不是固定不变的，而是无穷无尽的。

第三，意义复原式教师教材理解忽视了学生的存在。意义复原式教师教材理解不仅会导致教师在课堂照本宣科，进而会使教学过程变得枯燥乏味，无法激发学生的学习兴趣和学习欲望，也会让学生在教师的影响下养成依赖教科书的心理，学生的任务就是"学教材"，就是被动接受教师所传授的知识。另外，意义

---

① 【德】汉斯—格奥尔格·伽达默尔著. 诠释学 I 真理与方法——哲学诠释学的基本特征（修订译本）[M]. 北京：商务印书馆，2013：译者序言第Ⅷ页.

复原式教师教材理解无法满足不同学习水平、不同需要、不同个性学生的实际需要。

二、从意义复原式教师教材理解转向意义创生式教师教材理解

意义复原式教师教材理解和意义创生式教师教材理解的理论基础分别是传统解释学和哲学解释学。1960 年伽达默尔《真理与方法》一书的出版，标志着解释学经过漫长的演变，由传统解释学发展为哲学解释学。自 20 世纪 80 年代以来，西方课程领域由"课程开发范式"转向"课程理解范式"，教师教材理解作为教师课程理解的重要组成部分，理应顺应潮流，由意义复原式教师教材理解转向意义创生式教师教材理解。

意义创生式教师教材理解有其自身的逻辑和深层机制。

首先，教师的"前理解"为意义创生式教师教材理解提供了基础和可能。教师的"前理解"包括教师的先见、先知、先有。先见是指教师的专业知识、专业能力和教育观等；先知即教师在理解教材之前对教材的预设；先有是教师所处的时代背景、生活环境、成长经历等。教师的"前理解"为教师教材理解提供了基础和可能，教师正是基于个人的前理解创生式地理解教材。

其次，教师对教材创生式理解的过程同时也是一种教师自我理解的过程，从"前理解—理解—自我理解"是意义创生式教师教材理解的逻辑框架。"一切理解都是自我理解"①，意义创生式教师教材理解也不例外。意义创生式教师教材理解是教师在其"前理解"的基础上，通过对教材不断地理解与领悟，产生新的理解结构。这种理解和领悟既是教师的某些偏见逐步合法化的过程，也是教师通过认知对某些偏见不断去除和矫正的过程。从这个意义上说，教师创生式理解教材的过程也是一种反思的过程。在对教材理解和领悟的过程中，教师也实现了对教材的一种自我理解，换句话说，教师创生了自己对教材的理解。

最后，教师对教材创生式理解的过程也是教师与教材域融合的过程。教师和教材都有着各自的历史视域，因此，教师教材理解活动不可避免地存在两个视域——教材视域和教师教材理解视域。教师以教材为立足点的视域构成了教师教材理解的视域；教材作为理解的对象有自己的要求和规定性，这是教材的视域。教师理解教材的过程，就是这两个视域的融合和对话过程。在教师理解和领悟教材的过程中，通过与教材视域的不断融合，教师教材理解视域会不断修改、变化、扩大，从而形成新的教材理解视域。所以，教师创生式理解教材的过程实质上就是教师的教材理解视域不断修改、变化、扩大的过程。在此意义上，教师介

---

① 【德】伽达默尔著．夏镇平，宋建平，译．哲学解释学［M］．上海：上海译文出版社，2004：56．

入了教材，教师也在理解中创生了教材。当然，通过这种视域融合所创生的意义，既不是教师的前见，也不是教材意义的复原或重构，而是超越教材和教师自身原有的视域，创生出的一个崭新的视域。通过视域融合，教师既接受了自身的前见和教材的内容，又创新了自身的前见和教材的内容，从而使教师的教材理解达到一个新的高度。也许，这就是教师教材理解的意义之所在。

"文本的意义超越它的作者，这并不只是暂时的，而是永远如此的。因此，理解并不只是一种复制的行为，而始终是一种创造性的行为"①。教师的教材理解不是复制教材客观意义的行为，而始终是创生教材意义的行为。当然，教师对教材的创造，并不表示教师具有比教材编写者有更好的理解。"把理解中存在的这种创造性的环节称之为更好的理解，这未必是正确的。因为正如我们已经指明的，这个用语乃是启蒙运动时代的一项批判原则转用在天才说美学基础上的产物。实际上，理解并不是更好理解，既不是由于有更清楚的概念因而对事物有更完善的知识这种意思，也不是由于有意识的东西对于创造的无意识性所具有的基本优越性这个方面。我们只消说，如果我们一般有所理解，那么，我们总是以不同的方式在理解，这就够了"②。对教材不同的理解比更好的理解，更表现了教材理解的真理。

从意义复原式转向意义创生式教师教材理解，使教师的教材理解跳出了狭隘的思维范围，进入了一个更为广阔的领域。当然，从意义复原式转向意义创生式教师教材理解，并不必然意味着意义复原式教师教材理解的终结，应将意义创生式教师教材理解看作意义复原式教师教材理解的延续、超越和升华。

三、教师教材理解转向的误区

意义创生式教师教材理解也要避免走向盲目创生的误区。在实践中，不少教师把原本具有内在联系的教师和教材看作两个对立的方面，认为教师对教材的理解活动中，教师是主体，教材是客体，教师作为主体可以根据自己的目的随意理解教材，这就使教师的教材理解从一个极端走向了另一个极端。将教师和教材看作两个对立的方面，是一种典型的二元论的哲学思想。其实，教师和教材是一个整体，教师的教材理解应树立整体性观念。正是教师对教材的理解赋予教材以意义，没有教师对教材的理解，教材也就没有丝毫意义；对教师而言，教材是其生

①　Hans－Georg Gadamer. Wahrheit und Methode，I，J. C. B. ［M］. Mohr（Paul Siebeck），Tuebingen，1986：301.

②　Hans－Georg Gadamer. Wahrheit und Methode，I，J. C. B. ［M］. Mohr（Paul Siebeck），Tuebingen，1986：302.

活中重要的组成部分,对教材的理解既是教师存在的方式,也是教师的自我精神获得建构的重要途径,教师对教材的理解过程也就是教师自我理解、教师的自我精神获得提高的过程。所以,教师的教材理解应在整体性视域中,以学科课程标准和学生的需要为标准,从整体上理解教材的编写思路,深入挖掘教材中所隐含的思想、观点和方法。

第五章

教师教材理解的条件及实践策略

在海德格尔解释学思想的基础上，伽达默尔将解释学发展成为哲学解释学。"哲学解释学的工作不是形成一套理解的程序，而是澄清理解发生的条件"①。康德说，哲学解释学探讨的就是理解如何可能的问题。显然，伽达默尔从一开始就将人类理解和解释何以可能这一问题确定为哲学解释学的一项根本任务。因为在他看来，传统解释学的根本缺陷正是只是把理解和解释当成一种方法论，而没有从本体论的高度探究理解何以可能的问题。因此，理解何以可能的问题，是伽达默尔哲学解释学的关键所在。

理解是伽达默尔哲学解释学的基点，正是凭借对这一概念的不同诠释，帮助伽达默尔实现解释学从传统解释学向哲学解释学的转变，"前见"、"视域融合"、"完满性前把握"等重要概念都是围绕"理解"这一概念展开的。

借鉴伽达默尔关于理解何以可能问题的研究，我们认为教师教材理解活动需要具备教师前见、完满性先把握和时间距离、语言、教师视域以及解释学循环五个条件才能发生，并最终得以完成。

第一节 教师前见

"前见"，也被译为"前理解"、"先见"、"偏见"、"成见"等，其核心意义是指"理解是人的存在方式和基本特征"。从海德格尔到伽达默尔，这一概念发展成为哲学解释学中一个极富特色也极其重要的概念。要了解伽达默尔哲学解释学思想，前见便是一个再恰当不过的切入点。因为它联系着伽达默尔理解、解释、传统、权威、历史性、视域融合等诸多核心概念，而且，在伽达默尔看来，

---

① 【美】肖恩·加拉格尔（Shaun Gallagher）著，张光陆，译. 解释学与教育［M］. 上海：华东师范大学出版社，2009：45.

前见是一切理解得以可能的最根本的前提条件，没有前见参与，任何理解都不可能发生。

一、"前见"概念的历史演变

实际上，在柏拉图的回忆说里，便已有了理解始于前理解这一观点最初的烙印，其后，亚里士多德的《后分析篇》中也有了这样的叙述："每个合理的学说和教导都依赖于以前得来的认识"。伊壁鸠鲁则更直接地说：要在"'前概念'里去认识真理标准，我们经验的一切将根据我们已经认识的东西去衡量，没有前概念，也就不可能对一个新事物进行评判"。显然，理解开始于前理解的观点是一种古老的传统观点，实际上起源于古希腊。

（一）海德格尔理解的"前结构"

海德格尔在其《存在与时间》一书中，提出理解的"前结构"的概念。海德格尔认为，一切理解都具有这种前结构。海德格尔指出，理解的前结构包括前有、前见、前把握。究竟什么是前有、前见、前把握，下面这段话或许有助于我们找到问题的答案。他说："这种解释一向奠基于一种前有之中。作为理解的占有，解释活动有所理解地向已经被理解了的因缘整体性去存在。对被理解了的但还隐绰未彰的东西的占有总是在这样一种眼光的指导下进行揭示，这种眼光把解释被理解的东西时所应着眼的那种东西确定下来。解释向来奠基于前见之中，它瞄准某种可解释状态，拿在前有中摄取到的东西开刀。被理解的东西保持在前有中，并且前见地被瞄准，它通过解释上升为概念。解释可以从有待解释的在者自身汲取属于这个在者的概念方式，但是也可以迫使这个在者进入另一些概念，虽然按照这个在者的存在方式来说，这些概念同这个在者是相反的。无论如何，解释一向已经断然地或有所保留地决定好了对某种概念方式表示赞同。解释奠基于一种前把握之中"①。

据此有学者认为，前有"是指此在的理解存在与它先行理解的因缘关系整体具有一种先行的占有关系"②。即此在在理解之前就已经与被理解了的因缘关系具有了某种关系，所理解的东西首先必须置入这种关系之中，例如，教师先具有了自己的历史传统和教育观念、知识基础等，因此，教师对教材的理解不是一无所有地进行理解，而是有所东西地进行理解。所谓前见"是指前有中的那些可以

---

① 海德格尔. 存在与时间 [M]. 图宾根：马克斯—尼迈耶出版社，1979：150.
② 洪汉鼎. 伽达默尔的前理解学说（上）[J]. 河北学刊，2008（1）：56.

在这种特殊的理解事件中被解释的特殊方向"①。对被理解了的但还隐绰未彰的东西的占有始终就是在这样一种眼光的指导下进行揭示,这种眼光把解释被理解的东西时所应着眼的那种东西确定下来。换句话说,前见其实就是理解者的一种先行立场或视角。所谓前把握"是指我们进行理解时事先所具有的概念框架"②,这种概念框架是我们在进行理解之前先要具有的,所以海德格尔说解释奠基于一种前把握之中。概而言之,海德格尔的前结构就是"被理解的东西保持在前有中,并且前见地被瞄准,它通过解释上升为概念"。

(二) 伽达默尔对海德格尔"前结构"的发展

伽达默尔在概括、总结和继承海德格尔"前结构"的基础上,又对其做了发展。

第一,伽达默尔为前见正名。传统解释学对前见持否定的态度,把前见等同于偏见,解释学的任务就是抛弃一切前见而寻求对真理的本真理解。伽达默尔则肯定"前结构"是理解的必要条件,并将"前结构"改称为"前理解"。"一切诠释学条件中最首要的条件总是前理解……正是这种前理解规定了什么可以作为统一的意义被实现,并从而规定了对完全性的先把握的应用"③。至此,伽达默尔对前理解做了一个基本的规定,即前理解是理解过程中客观存在的,不以人的意志为转移的,内蕴在理解中并使理解得以可能的必要条件,无论是对事物还是对文本的理解,人们总是带着一种前理解去理解的。而且,"在法学词汇里,前见就是在实际终审判决之前的一种正当的先行判决"④,即前见具有先在性,它并未对是否正确或错误说什么,前见也并不意味着一种错误的判断,前见包含肯定和否定的价值,也就是说,既有不合理的前见,即通常所说的偏见,也有合理的前见。以往看来似乎是阻碍人们理解的前见,实际上却是历史实在本身和理解的必要条件,抛弃了前见等于抛弃了理解本身。正如海德格尔所说:"不让向来就有的前有、前见和前把握以偶发其想和流俗之见的方式出现,而是从事情本身出发处理这些前有、前见和前把握,从而确保论题的科学性"⑤。

第二,伽达默尔为传统和权威正名。为了证明前见的合法性,伽达默尔还专门对传统和权威两个概念做了澄清,明确提出了"为传统和权威正名"的思想,并通过对启蒙运动和浪漫主义的批判阐明了自己的这种思想。批判前见是启蒙运

---

①② 洪汉鼎. 伽达默尔的前理解学说(上)[J]. 河北学刊, 2008 (1): 56.

③ 伽达默尔. 真理与方法 [M]. 上海: 上海译文出版社, 1999: 378.

④ 伽达默尔. 真理与方法 [M]. 上海: 上海译文出版社, 1999: 347.

⑤ 伽达默尔. 真理与方法 [M]. 上海: 上海译文出版社, 1999: 342.

动的出发点，他们认为前见分为两种，一种是因人的权威而来的前见；另一种是因人的轻率而来的前见，且两种前见的出现皆因未能正确使用理性，其中轻率是由于错误使用自己的理性，权威则是由于未使用理性，因此在启蒙运动者看来，权威与理性是根本对立的，理应受到批判。这种观点有其合理之处，因为"如果权威的威望取代了我们自身的判断，那么权威事实上就是一种偏见的源泉"①。权威在某种程度上阻碍了我们自身理性的使用。但是启蒙运动者这种观点的不合理之处在于把对权威的盲目崇拜等同于权威本身，其实权威本身并不包含这一意义。

伽达默尔认为，"人的权威最终不是基于某种服从或抛弃理性的行动，而是基于某种承认和认可的行动——即承认和认可他人在判断与见解方面超出自己，因而他的判断领先，即它的判断对我们自己的判断具有优先性"②。人们对权威的信任并不是一种完全抛弃理性的盲从和崇拜，而是一种基于理性的判断，是人的理性知觉到自身有限性的结果，这种行为本身便是对理性的自觉，是理性觉察到他人的见解比自己的判断具有优先性。为了更深入地研究权威，伽达默尔接着探讨了另一种形式的权威——传统。浪漫主义视传统为理性自由的对立面，伽达默尔反对这种观点，他认为"传统经常是自由和历史本身的一个要素"③，他甚至认为"传统按其本质就是保存"④。不过，这种"保存是一种理性的活动，当然也是这样一种难以觉察的不显眼的理性活动"⑤，不会像破坏和更新那样表现为激烈的改变，正由于此，长期以来，人们一直误以为传统是固定不变、自然而然成就自身的东西，我们应当"经常地处于传统之中"⑥，而不应该远离和摆脱传统。

总之，到了伽达默尔，前见具有了三层意思："一是指历史与传统给个人形成了理解存在的背景，有如历史延伸而来的地平线一般；二是指个人在历史的存在中开始理解活动的起点，有如站在历史的地平线上，展望理解现实的人生；三是比喻一代代的人，从历史为他们形成的地平线上起步，开辟创造出新的人生，新的人类未来。就像地平线有一个广阔的前景，向无尽的远方伸展开去"⑦。

---

① 伽达默尔. 真理与方法 [M]. 上海：上海译文出版社，1999：358.

② 伽达默尔. 真理与方法 [M]. 上海：上海译文出版社，1999：361.

③ 伽达默尔. 真理与方法 [M]. 上海：上海译文出版社，1999：363.

④⑤ Hans – Georg Gadamer. Wahrheit und Methode, I, J. C. B. Mohr（Paul Siebeck），Tuebingen，1986：286.

⑥ 伽达默尔. 真理与方法 [M]. 上海：上海译文出版社，1999：364.

⑦ 熊川武，江玲. 理解教育论 [M]. 北京：教育科学出版社，2005：55.

二、教师前见的基本规定——教师教材理解的基础和最根本条件

(一) 何谓教师前见

"一切理解都必然包含'前见'"①，教师的教材理解也必然包含教师的前见。教师前见是教师教材理解的基础和最根本条件，是教师打开教材理解大门的一把钥匙，没有教师的前见，教材理解就不可能发生。

首先有必要对教师的前见这一概念做一探讨。由前文我们可知，教师的前见就是教师在对教材进行理解之前就已经存在的一种预判断，它包含着一种意义的筹划，引导着教师教材理解的方向。教师不是一无所有、头脑空白地去理解教材的，而是带着自己的前见去理解教材的。教师的前见及教师的生存环境构成了教师教材理解的视域，教师教材理解的视域限定了教师教材理解可能延展的广度，也引导了对教材某些隐而未彰的意义的揭示。教师的前见为教材筹划了最初的意义，而一旦这个对教材最初的意义出现，其实便意味着教师对整个教材筹划了某种意义。因为，教师为教材筹划最初的意义，正说明教师是带着某种特殊意义的特殊期待去理解教材的，教师对教材筹划的最初的意义会不断被教师在理解教材过程中所筹划的新的意义所修改，这种过程也正是教师理解教材的过程。

从教师与教材的关系角度来看，教师的前见是教师的一种认知结构，是教师所拥有的先于教材而存在的、由教师所处的特定历史环境、历史条件、历史地位等因素而构成的心灵状态。换句话说，教师在理解教材时，总是受自身已有的知识、情感、意志、愿望、经验、思维方法、价值观、方法论等主观因素影响。教师的前见在本质上表明教师是历史的存在，是历史与传统进入教师主体的存在，表征着源始的、本体的深层历史性。

(二) 教师前见的三个存在状态

教师的前见由三个方面的存在状态构成。

一是先有 (Vorhabe)。每一个教师一定是降生并存在于一定的历史文化中，历史与文化先于教师而存在，历史与文化在教师意识到它们之前便已经先行占有了教师，而不是教师先行占有了历史与文化，这便是先有。先有是教师理解教材的先决条件，正是教师的这种先有，才使教师能够理解教材，理解教师自己，教师的理解"一向奠基在一种先行具有之中"②。

二是先见 (Vorsicht)。在理解教材时所借助的语言、观念及运用语言和观念

---

① 伽达默尔. 真理与方法 [M]. 上海：上海译文出版社，1999：345.
② 【德】海德格尔著，陈嘉映译. 存在与时间 [M]. 北京：三联书店，1999：175.

的方式就是教师的先见。在任何情况下，教师不可能在没有语言和观念的状态下去理解教材，因为正是语言和观念及其运用方式将教师带入对教材先入的理解，并参与到教师对理解的理解活动中。教师对理解的理解"向来奠基在先行视见（Vorsicht）之中"①。

三是先知（Vorgriff）。教师在理解教材之前就已具有的观念、前提与假定等，就是教师的先知。教师在理解教材之前，自己的头脑并不是"白板"一块，而是已经也必须具有理解教材所需要的基本的知识储备，并以自己的先知作为推向未来的起点或参照系。正如教师不可能在没有语言和观念的状态下理解教材一样，教师也不可能在没有先知的状态下理解教材。例如，理解英语教材，必须要懂英语，否则便如同看"天书"一般，根本谈不上理解；理解哲学书籍，也必须具备一定的哲学知识基础，否则便无法理解。而且，一个人在某方面修养的深浅还直接影响其对文本理解的程度。可见，理解"奠基于一种先行掌握之中"②。

"理解甚至根本不能被认为是一种主体性的行为，而要被认为是一种置身于传统过程中的行动，在这个过程中，过去和现在经常地被中介"③。因此，前见是理解的基本条件，同样，教师的前见也是教师理解教材的基础和最根本的条件，它为教师提供了理解教材的方向并引导了对教材的解释，没有教师的前见，教师的教材理解便无法进行，教师的前见肯定了教师教材理解的可能性。

三、教师前见的基本特征

（一）先在性。教师的前见先于教师的教材理解活动，相对于教师教材理解活动而言，教师的前见具有先在性。教师的前见不是一面横亘在教师与真理和未知世界之间的高墙，相反，教师理解教材的千里之行正是始于教师的前见。因为教师的前见是教师进行教材理解之前的已理解的东西，相对将要被理解的未知而言，它就是已知。教师的教材理解必须依赖于教师的前见，从教师的前见起步，开始教师理解教材的千里之行。教师前见的先在性告诉我们，在教师理解教材的活动中必须重视教师的前见，不断丰富教师的前见。

（二）开放性。教师的前见不是一成不变的，而是不断变化、发展的，这就意味着教师的前见具有开放性，正是教师前见的开放性让其得以不断发展变化。

教师前见的开放性首先表现在对教材意义的开放。教师的前见始终处于与教材意义的交流状态，在这种交流之中，教师的前见便发生了变化，新的教师前见

①　【德】海德格尔著，陈嘉映译. 存在与时间 [M]. 北京：三联书店，1999：175.
②　【德】海德格尔著，陈嘉映译. 存在与时间 [M]. 北京：三联书店，1999：176.
③　【德】伽达默尔著，洪汉鼎译. 真理与方法 [M]. 上海：上海译文出版社，1992：372.

随即不断形成。显然，教师的前见并不是不顾教材的意义而封闭于自己的见解之中；教师前见的开放性还表现在它不仅对过去开放，还对未来开放。"事实上，现在的地平线是在不断地形成着的，因为，我们不断地检验着我们的所有成见，这种检验的一个重要的组成部分就是与过去的遭遇以及对我们由之而来的那种传统的理解，因此，现在的地平线没有过去就不可能形成"①。教师的教材理解不是对教材原意的恢复与重建，而是一种教师与教材、过去与现在的"视域融合"，教师理解教材的任务，就是做出符合于"事情本身"的筹划，这种筹划本身就意味着对未来的开放，对过去的开放也即是对未来的开放，对过去的开放就是为了对未来进行筹划。一个有多年教学经历的老师，我们之所以说他"有经验"，主要的并不是针对他现在已有的经验，更重要的是说他具有对新的经验的开放性，即对未来筹划的开放。

教师前见的开放性，归根结底体现在对教材意义的预期上，正是这种开放产生对教材意义的预期，对教材意义的预期，说明教师前见具有开放性。

（三）历史性。历史性是一切理解的根本性质，当然也是教师教材理解的根本性质。教师教材理解的历史性，主要是指作为教师理解对象的教材具有特定的历史环境、历史条件和历史地位，这些因素不可避免地会影响教师对教材的理解。我们不应无视教师教材理解的历史性，更不应该视其为应予以克服的主观的偶然性因素。事实上，和教材的编写者一样，教师也是以他自己的方式处在这个世界上的，他们的历史性，包括特殊性和局限性都是无法消除的。我们不应该只承认教材编写者的历史性，而否定教师的历史性，无论教师还是教材编写者，都是内在地嵌入历史性之中的，真正的教师教材理解不是要克服这种历史性，而是要正确评价并适应这种历史性。

在教师的教材理解活动中，教师作为理解的主体始终处于历史之中。教师的前见不仅是教师教材理解的基础，而且还是教师的一种历史性存在，对教师前见的把握则是教师历史性的回归，教师历史性的回归正是教师前见的实质。

案例：

教师前见：教师教材理解的基础

——以湘教版高中地理必修三第三章第三节"地理信息系统及其应用"为例

教师在讲授"地理信息系统及其应用"一节内容之前，首先要对本节教材进行理解。而在教师对本节教材的理解活动发生之前，教师必须具有地理信息系统的相关知识储备，例如，什么是地理信息系统，地理信息系统的组成，地理信

---

① 【德】伽达默尔著，洪汉鼎译．真理与方法［M］．上海：上海译文出版社，1999：241.

息系统的工作过程，地理信息系统的应用等，教师正是以这些相关知识基础作为理解的起点开始对教材的理解的，教师之所以能够顺利理解教材，正是因为自身具备相关的知识基础。假如让一位非地理专业的教师来理解本节教材，那么他只能从教材中临时性学习有关地理信息系统的知识，然后依据自己所掌握的这些知识理解教材，可以预见的是，由于这位教师与专业教师相比，对地理信息系统的知识储备欠缺，对本节教材的理解一定会比专业教师对本节教材的理解肤浅，甚至教材理解活动根本无法进行。

对"地理信息系统及其应用"一节教材的理解是在相关知识的基础上展开的，即教师的前见与教师对本节教材的理解活动相比具有先在性，随着教师教材理解活动的进行，教师的前见也在与教材交流的过程中不断发生变化，新的教师前见便不断形成。当然，由于教师前见具有历史性，即使同为专业教师，对教材的理解也会因为不同教师的知识水平、思维方式、价值观、方法论和经验等方面的差异而有显著差异。

显然，教师前见是教师教材理解能否进行的基础，甚至是最根本的条件，没有教师前见，教师教材理解活动便难以进行，不同的教师因各自的前见不同，对教材的理解也必然不同。

第二节　完满性的先把握和时间距离

一、合法教师前见和不合法教师前见

虽然教师的前见是教师理解教材的基础和最根本条件，但并不是所有的教师前见都有利于教师的教材理解，因为，教师的前见既有合法教师前见，也有不合法教师前见。合法前见也叫真前见、生产性的前见，不合法前见也叫非法前见、假前见、阻碍理解并导致误解的前见等，合法教师前见对教师教材理解具有积极功能，不合法教师前见类似于传统解释学所理解的"偏见"，对教师教材理解具有消极功能，会妨碍正确教师教材理解的实现。在教师教材理解活动中，要充分发挥合法教师前见的积极功能，减少不合法教师前见所带来的消极影响。

二、区分合法教师前见与不合法教师前见的前提——完满性先把握

既然教师前见有合法教师前见与不合法教师前见，而且因他们是来自教师对历史文化的传承，是历史赋予教师的一种认知的可能性，教师永远不可能摆脱他们，所以，在教师教材理解活动中首先必须对教师的这两种前见加以区分。

在对教师前见进行探究的过程中我们发现，要对合法教师前见和不合法教师前见进行区分，不能忽视一个重要的概念，这个概念就是"完满性的先把握"。正是完满性先把握的存在，才使得教师的前见始终沿着良性、客观的轨迹发展，而不会沦落为教师个人的主观意见。让人惋惜的是，完满性先把握这一重要概念长期以来却没有受到学者们的重视。

教师的前见是教师教材理解的基础，当教师教材理解活动发生时，教师总会在前见的指引下对教材做出一种筹划，即对教材做出一种意义预期，而对教材意义预期的实现必须有一个前提条件——完满性的先把握。所谓完满性的先把握就是在教师教学教材理解之前，先假设教材具有一个完整的、统一的真理，以此为标准来检验教师对教材的意义预期，并取得关于教材的正确认识。当然，完满性先把握只是一种形式上的，而非实质性的，这种先把握是为教师教材理解活动的发生所做的必要的预先设定。

完满性先把握首先要预设教材意义的内在统一性。完满性先把握"不仅预先设定了一种内在的意义统一性来指导读者，而且读者的理解也是经常地由超越的意义预期所引导，而这种超越的意义预期来自于与被意指的东西的真理的关系"①。另外，完满性先把握还预设了教材内容的真理性。完满性先把握"不仅包含了文本应完全表现其见解这一形式因素，而且也意指文本所说的东西就是完全的真理"②。这两点预设，使我们对教材这一理解的对象有了一个总体的规定：教材作为教师理解的对象，必须是一个具有内在统一性并且包含真理的东西，只有这样，教师才会对历史和他人保持一种开放的态度，并随时准备按"事情本身"对自己的前见和意义预期进行检验。

教师对教材的每一次理解都必须具有完满性先把握，没有完满性先把握，教师就无法区分合法教师前见与不合法教师前见。因为教师教材理解活动开始于对整体与部分的意义统一性的完全先行筹划。当教师在理解教材的过程中，可能会出现先行筹划的意义与教材表现的意义的不一致甚至矛盾，而正是这种不一致甚至矛盾的出现，才使完满性先把握体现出了它的作用。因为只有有了这种完满性先把握，教师才会在理解教材的过程中不断回头去反思自己在理解活动开始之前所持前见的正确性以及据此所做意义预期的合理性，才会发现自己在筹划时犯了错误、自己所持的前见存在缺陷。如果没有完满性先把握，教师便不会怀疑自己关于教材所持的前见，并在教材理解的过程中始终坚信自己所持前见的正确性，从而把教师的教材理解活动引向错误的方向。

显然，完满性先把握是教师教材理解的先决条件，它提供了一个衡量教师的

①② 【德】伽达默尔著，洪汉鼎译. 真理与方法 [M]. 上海：上海译文出版社，1999：380.

意义预期是否正确的标准。

三、教师前见的"过滤器"——时间距离

虽然完满性先把握在区分合法教师前见和不合法教师前见中具有不可或缺的作用，但是，仅靠完满性先把握，还不能将这两种前见区分开来，对两种前见的区分还离不开另一个重要条件——时间距离。

时间距离，又称疏异化、远化、间距等，从本意上看，时间距离是指教师所处的时代与教材产生的时代之间的时间间隔。此处所说的时间距离，更多地是指教师与教材之间的一种距离、一种断裂、一种不同。如果教师把教材编写者的思想当作理解教材所要达到的最终目的，那么从教材编写者到教师，期间便会有诸如视野、语言（指语言符号）、时间、空间等种种间距，教师的教材理解就是穿越这些间距把握教材编写者的意图，达到教师与教材编写者思想的"同一"。

时间距离"不是一个张着大口的鸿沟，而是由习俗和传统的连续性所填满，正是由于这种连续性，一切流传物才向我们呈现了出来"[1]。意即时间距离是教师教材理解的积极因素，只有它才能将合法教师前见和教师不合法前见区分开来，没有时间距离，教师的判断出奇的无能，因此，时间距离也是教师教材理解得以进行的必要条件。

时间距离之所以能够区分合法教师前见和教师不合法前见，首先是因为它有创造性的作用。从哲学解释学的角度看，教师的教材理解不是一种简单复制的行为，而是一种创造性的行为。所以，教材的意义将超越教材编写者。这种超越是由教师和教材编写者之间不可消除的时间距离造成的，假如没有时间距离，这种超越就不可能实现。人们常说当代史比古代史难写，主要原因不是史实，而是作者与史实之间的时间距离太近，受眼前很多因素的干扰，使很多意义无法呈现出来。只有作者与史实之间相隔了一定的时间之后，才会引起作者的"历史兴趣"。

其次，时间距离具有过滤作用，它可以将合法教师前见和教师不合法前见区分开来。合法教师前见和教师不合法前见在刚开始是混沌一体的，且教师主体在反思过程中始终处于"前见"状态，仅靠教师自身的反思，其主体意识其实被自我欺骗在一种"无偏见"的错觉之中。为了区分合法教师前见和教师不合法前见，在教师理解教材的过程中，只有利用时间距离的过滤作用，让教师的前见冒着在理解中出现偏见的风险去显露、去尝试，才能让不合法教师前见源源不断显露出来，同时，合法教师前见也从混沌一体的东西中被过滤出来。正如伽达默尔所说："伴随着时间距离造成的过滤过程的这种消极方面，同时也出现它对理

---

① 【德】伽达默尔著，洪汉鼎译. 真理与方法 ［M］. 上海：上海译文出版社，1999：381.

解所具有的积极方面。它不仅使那些具有特殊性的前见消失，而且也使那些促成真实理解的前见浮现出来"①。

总之，没有时间距离便不能区分合法教师前见和教师不合法前见，时间距离是一切理解"潜在的前提"和基础，同样，也是教师教材理解"潜在的前提"和基础。而且时间距离本身没有封闭的界限，所以，教师教材理解的过程是永无止境的，教材的意义也是无可无尽的。

第三节　语　言

教师教材理解与语言有着密不可分的关系，如果不能正确认识他们之间的关系，教师教材理解能力便很难提升。

从语言学角度看，语言具有两种存在形式：书面语（即记载下来的文字）和口头语（口头讲述的语言）。虽然伽达默尔的语言观与利科、德里达等人有很多相似之处，但他更重视对书面语言（即文本）的理解，并把对书面语言的理解看作解释学最初和最主要的任务。这是因为在他看来，一切文化传统都必须用书面语言记载下来，才能以文本的形式流传于世。理解的对象只有成为文本时，才能摆脱时空限制，与现时同时出现，使理解者现时的意识能够自由进入理解对象。书面语言使文本既摆脱了作者的视域，又摆脱了最初读者的视域，从而使自己具有了生命，也使书面语言所固定下来的东西进入每个阅读者都平等的共有的领域。

当然，所有书面语言最终都要变成口头说出的语言，书面语言只是口语语言的文字表现形式，"是对语言的抽象理想化"②，是一种异化了的口头语言，从这个角度说，与口头语言相比书面语言处于次要的地位。

伽达默尔哲学解释学所研究的关键是"理解"的本体论问题，即"理解"的理论问题，而解决这一问题的逻辑起点就是语言，有学者甚至认为语言问题是伽达默尔解释学的核心③。"理解的实现方式乃是事情本身得以语言表达，因此对事情的理解必然通过语言的形式而产生，或者说，语言就是理解得以完成的形式"④。伽达默尔甚至直言不讳地说"整个理解过程乃是一种语言的过程"，一切理解都是语言的。

① 【德】伽达默尔著，洪汉鼎译. 真理与方法［M］. 上海：上海译文出版社，1999：383.
② 【德】伽达默尔著，洪汉鼎译. 真理与方法［M］. 上海：上海译文出版社，1999：354.
③ 江怡. 论伽达默尔的解释学对语言的理解［J］. 中国社会科学院研究生院学报，1991（3）：62.
④ 【德】伽达默尔著，洪汉鼎译. 诠释学Ⅰ：真理与方法［M］. 北京：商务印书馆，2013：译者序言Ⅺ.

从伽达默尔的语言观出发，我们也可以说教师教材理解的过程乃是一种语言的过程。这是因为，一方面，语言规定了教师的存在，没有语言，也就没有教师；另一方面，语言规定了教材的存在，没有语言，也就没有教材。另外，语言还是教师理解教材的媒介，没有语言，教师教材理解便无法进行。可以说，语言是教师教材理解的基本条件。

一、语言规定了教师的存在

赫德尔和威廉·冯·洪堡认为"语言在本质上就是人类的，而人类在本质上就是语言的生物"[1]。教师的教材理解是在教师前见的基础上进行的，而教师的前见是历史文化传统对教师个人的占有，历史文化传统对教师的占有是通过语言实现的。"语言根本不是一种器械或一种工具。因为工具的本性就在于我们能够掌握对它的使用，这就是说，当我们要用它时可以把它拿出来，一旦完成它的使命又可以把它放在一边。但这和我们使用语言的词汇大不一样，虽说我们也是把已到了嘴边的词讲出来，一旦用过之后又把它们放回到由我们支配的储备之中。这种类比是错误的，因为我们永远不可能发现自己是与世界相对的意识，并在一种仿佛是没有语言的状况中拿起理解的工具。毋宁说，在所有关于自我的知识和关于外界的知识中我们总是早已被我们自己的语言包围"[2]。当代语言哲学也公认，语言并不是客观的工具。如果语言仅仅是一种用于交流的工具，那么这种工具我们一定是有时用得上，有时用不上，而事实上我们却无时无刻不在使用语言。显然，语言并不是一种简单的工具，语言中贮藏了历史文化传统，语言本身包含着意义，"语言是存在的家"（海德格尔语），是意义的源泉。"语言是一种生活的方式"（维特根斯坦语），当教师个体一出生，就被抛在语言中，教师在拥有世界的同时也拥有了语言。与其说教师是生活在语言中，不如说教师是生活在历史文化传统中，教师理解语言的过程也就是理解历史文化传统的过程，在教师学习语言、理解意义、掌握语言时，也就理解了历史文化传统的意义，历史文化传统通过语言实现了对教师的占有。

语言是我们对世界的一种态度，同样，语言也是教师对教材的一种态度。"语言从我们生命伊始，意识初来，就围绕着我们，它与我们的智力发展的每一步紧依相伴。语言犹如我们思想和情感、知觉和概念得以生存的精神空气。在此之外，我们就不能呼吸"[3]。语言是教师际遇世界的方式，同样也是际遇教材的

① 【德】伽达默尔著，夏镇平，宋建平，译. 哲学解释学 ［M］. 上海：上海译文出版社，1994：60.
② 【德】伽达默尔著，夏镇平，宋建平，译. 哲学解释学 ［M］. 上海：上海译文出版社，1994：62.
③ 卡西尔著，于晓，译. 语言与神话 ［M］. 北京：生活·读书·新知三联书店，1988：127.

方式，语言与教师教材理解之间存在一种根本的内在关系。意义复原式教师教材理解是在完全放弃教师前见的前提下设身处地站在教材编写者的立场来理解教材的，这种教师教材理解使语言失去了其作为教师与教材之间理解媒介的作用。伽达默尔认为理解应该是一种谈话式理解，而且谈话应该具有自己的精神。从这个角度出发，教师教材理解应该是一种教师借助语言与教材展开平等对话、交流的过程，语言成为谈话双方取得一致意见的重要纽带。教师理解教材，实际上就是在理解语言，语言是打开教材大门的钥匙。正是因为教师拥有语言，并用语言去观察教材、说明教材，教师才理解了教材。

二、语言规定了教材的存在

文本是"任何由书写所固定下来的任何话语"[1]，教材也不例外。教材既表现为语言符号，也表现为意义，语言符号是意义的物质载体，意义包含在语言中。教材是语言符号与意义的统一体，所以，教材是语言的存在。教材正因为是语言的存在，才成为教师理解的对象。比如，同样是一本教材，对于一名教师和一个废品收购者而言具有不同的意义。对于一名教师而言，教材是语言的存在，是他要理解的对象，他看教材，是为了把握教材中所叙述的内容，是为了把握教材的意义。而对于废品收购者而言，教材根本就不是语言的存在，所以也就不会成为他要理解的对象，他所关注的只是教材的重量、纸张的好坏等，而不会去把握教材的意义。显然，如果脱离了语言，教材便仅是一种物质形式，而不是真正意义上的教材，也就不会成为教师理解的对象。是语言使教材成为教材，使教材成为教师理解的对象。语言构成了教材的存在。

三、语言规定着教师教材理解的过程

理解是用一种语言去理解另一种语言的过程。"在两个操着不同语言的人之间只有通过翻译和转换才能进行谈话的这样一种语言过程特别具有启发性"[2]。在这样的谈话中，两个操着不同语言的人只有借助翻译的解释，把他所要理解的意义置入另一个人所生活的语境中，这种意义才会在新的语言世界里被他理解。所有理解都是解释，就教材文本而言，教师对教材的理解就是对教材进行解释，而且这种解释我们也可以将其称之为谈话，但为了客观地表达教材的意义，我们

---

① 【法】保罗·利科尔著，陶运华等，译. 解释学与人文社会科学 ［M］. 石家庄：河北人民出版社，1987：148.

② 【德】伽达默尔著，洪汉鼎译. 真理与方法 ［M］. 上海：上海译文出版社，1999：490.

首先要将教材翻译为自己的语言，教师理解教材就是教师用自己的语言去理解教材编写者的语言。教师理解教材的过程就是寻找教师与教材编写者两者共同语言的过程，是教师与教材编写者的语言融合的过程，这个语言"既要把对象表述出来，同时又是解释者自己的语言"①。否则，就对于教材什么都没有说，因此，要想真正让教材说话，就必须找到正确的语言；另外，由于书面语言只不过是口头语言的文字形式，以书面语言形式记载的教材文本才是我们理解的对象，所以，教师教材理解的过程在某种程度上可以看作将书面语言转化为口头语言，进而揭示教材意义的过程。这一过程也说明语言是教师教材理解活动能否发生的前提，例如，要对中文教材进行理解，首先要求理解者有良好的中文功底，既要能够熟练阅读教材中的书面语言，还要能够将教材中的书面语言转化为口头语言。

四、教师教材理解是一种思维活动

从思维的角度来看，教师对教材的理解毫无疑问属于一种思维活动。概念、判断、推理是思维的基本形式，而概念、推理和判断都与语言有着密切的联系，人们运用概念、进行判断、推理都不能把语言抛在一边，因为思维活动是深藏于大脑的，我们看不见、摸不着，它只有借助外在的媒体——语言，才能表现出来。语言的表达方式有语词、语句、句群几类，概念是通过词或词组来表达的，判断是通过语句来表达的，而推理则是通过句群来表达的，没有语言，就不会有概念、推理和判断，自然也就不会有人的思维活动，动物之所以不会有思维，就是因为即使再聪明的动物也没有语言，所以，思维专属于人类。例如，"教师"、"教材"、"理解"，这三个概念是借助三个语词表达的，没有这三个语词，就无法表达这三个概念；又如，"语言是教师教材理解的基本条件"是一个判断，它是借助一个语句来表达的，没有这个语句，就无法表达这个判断；再如，"要理解中文教材必须有良好的中文基础，他没有良好的中文基础，所以，他不能理解中文教材"，这是由三个语句组成的一个推理，没有这三个语句，这个推理也就无法表达了。

总之，语言规定了教师的存在，规定了教材的存在，规定着教师教材理解的过程。语言是教师对教材的一种态度，还是教师理解教材的媒介。教师教材理解是一种思维活动，而思维活动必须借助语言才能表现出来。可以说，语言也是教师教材理解的基本条件之一，为了更好地理解教材，教师必须不断加深自己的语言功底。

---

① 【德】伽达默尔著，洪汉鼎译．真理与方法［M］．上海：上海译文出版社，1999：496.

第四节　教师视域

一、视域

"理解按其本性乃是一种效果历史事件"①，效果历史事件是一种释义学中的处境意识，在伽达默尔那里，处境这一概念成为限制视觉可能性的立足点，所以"视域"在本质上属于处境概念，而处境是由我们自身的前见所规定的。

所谓视域就是"看视的区域，这个区域囊括和包容了从某个立足点出发所能看到的一切"②。如果一个人没有视域，他就不可能登高望远，对近在咫尺的东西就会过高估价。相反，如果一个人"具有视域"，那就意味着他不仅能看到近的东西，而且能看到远的东西；不仅能看到大的东西，而且能看到小的东西；不仅能看到现实，而且能看到历史，还能很好地将历史与现实、远与近、大与小结合起来。可以说，拥有正确的视域就是"为了在一个更大的整体中按照一个更正确的尺度去更好地观看这种东西"③。显然，视域是任何理解可能发生的条件，同样，也是教师教材理解可能发生的条件。

作为教师教材理解主体和客体的教师和教材，都有各自的历史视域。这是因为教师无法摆脱由自身历史性带来的"前见"，这就使教师具有了自己的视域——教师视域，教师视域决定了教师教材理解的广度与深度；另外，教师不可能根据自己的前见随意理解教材，教材作为教师理解的对象有其自身的要求和规定性，即教材视域。

二、教师教材理解的实质：教师视域与教材视域的融合

教师教材理解不可避免地要涉及两个视域——教师视域和教材视域，这两种视域之间必然存在一定的差距，这种历史差距是任何教师无法消除的，但也不能由此认为这是两种彼此毫无联系的视域。相反，在任何时候他们都是融合在一起的。教师为了能把自身置入一种处境中，就总是必须已经具有一种视域。教师的任务不在于抛弃自己的视域，而在于在教材理解中扩大自己的视域，使教师视域与教材视域融合一体，即视域融合。教师教材理解的过程就是视域融合的过程。

---

① 【德】伽达默尔著. 真理与方法（上卷）［M］. 上海：上海译文出版社，1992：385.
② 【德】伽达默尔著，洪汉鼎译. 真理与方法［M］. 上海：上海译文出版社，2004：391.
③ 【德】伽达默尔著. 真理与方法（上卷）［M］. 上海：上海译文出版社，1992：392.

在这个过程中，教师的视域不断被修改、被拓宽，更加有效和富有生机的教师"大视域"不断形成，教师对教材的理解程度也不断被推进。教师教材理解的实质，就是教师视域不断修改、不断拓宽、不断超越，并动态地形成新的理解的过程。如果用否定的语句来表达，即没有教师视域，教材就不可能被理解，而没有教材视域，教师视域也不可能得到拓宽。

当然，教师视域与教材视域的融合过程并不是封闭的，相反，这种视域融合总是不断筹划的过程，在筹划的过程中，旧的教师视域被消除，新的教师视域不断形成，教师的教材理解因而成为一个永无止境的过程。从这个意义上说，教师进入了教材，教师又在理解中创生了教材。

第五节　解释学循环

教师教材理解的实质就是教师视域与教材视域的视域融合，而根据哲学解释学的观点，这种视域融合的内在机制就是循环。

一、解释学循环的历史考察

解释学循环（也叫理解循环、解释循环等）是解释学理论的核心概念之一，甚至认为"解释循环是哲学解释学美学和整个哲学解释学的立论之基，评析哲学解释学美学必须围绕解释循环来展开"①。施莱尔马赫认为为了避免误解，理解必须有正确的方法加以保证，方法之一便是解释学循环，而海德格尔把解释学循环作为理解的条件，伽达默尔则把解释学循环"作为一切理解的基础"②。

解释学循环具有十分悠久的历史，这个历史与解释学本身的历史紧密相关。解释学循环一开始主要涉及整体与部分的关系，西方修辞学早已触及到了这种关系。伽达默尔曾说："下面这条解释学律则，亦即我们必须根据个体来理解整体和根据整体来理解个体，根源于古代修辞学，后来才由现代解释学从说话的艺术延伸为理解的艺术"③。在宗教改革的领袖马丁·路德那里，这种关系被自觉地应用于《圣经》的解释，还被当作理解的一般原则确定下来：对于《圣经》整体的理解必须基于对个别细节的理解，而对个别细节的理解也必须建立在对整体理解的基础上。在中国，传统的训诂学、注经学已触及到了理解的循环，而且与

---

① 吉永生. 解释循环：哲学解释学美学的哲学基石 [J]. 云南行政学院学报，2003 (4).

② 【德】伽达默尔著，洪汉鼎译. 真理与方法 [M]. 上海：上海译文出版社，1999：376.

③ 【德】伽达默尔（H. G. Gadamer）. 论理解的循环 [J]. 现代外国哲学社会科学文摘，1992 (4).

西方相比，中国人的理解更加具有循环性。

施莱尔马赫的前辈，德国古希腊文化学者弗里德里希·阿斯特（Georg Anton Friedrich Ast）首次明确提出"解释学循环"概念并对其进行了表述。他在研究"古希腊罗马精神"时发现了这样一种循环："个别只有通过整体，反过来整体只有通过个别才能被理解"①。这是对解释学循环概念第一次较为精确的表述。

尽管学者们对解释学循环的表述有所不同，但通过对这些表述的研究，我们认为所谓解释学循环就是局部理解与整体理解之间的一种循环关系，对局部的理解离不开对整体的理解，对整体的理解离不开对局部的理解，即局部理解与整体理解互为条件。当然，发展到今天，人们对解释学循环的理解已大大扩展，局部和整体的含义已不再局限于同一部作品，而是有了更多的理解，例如局部可以代表作者的一部作品，整体可以代表作者的全部作品。要理解作者的全部作品，必须理解作者的每一部作品；只有理解作者的每一部作品，才能理解作者的全部作品……

法国哲学家保罗·利科尔认为解释学的发展经历了从局部解释学到一般解释学，再从一般解释学到哲学解释学几个主要阶段。随着解释学的发展，解释学循环也经由语法、心理、生命、存在几个重要环节，实现了从局部语法规则到理解的方法论，再到理解的本体论的嬗变。当然，解释学循环的这种发展历程也表明了它既具有认识论、方法论意义，也具有本体论意义。而且纵观解释学的发展历史，人们基本上从两个基本向度对解释学循环进行了研究，即传统解释学的向度和哲学解释学的向度。

当施莱尔马赫在19世纪把解释学由一种解释的技巧发展为关于理解和解释的普遍理论时，解释学循环也即从局部语法规则变成了理解的方法论。可以说，施莱尔马赫对解释学循环思想的发展具有特殊的贡献。首先，他把解释学方法分为语法解释和心理解释，从而将循环深入到了心理层面。施莱尔马赫认为，语法解释是一种外在的解释，关心的是某种文化共有的语言特性（共性），而心理解释是一种内在的解释，关心的是作者的内心世界（个性），这两种解释必须相互结合，而且互为条件，否则，我们的理解便会出现偏差，要么只注意到语言的共性而忘记作者的个性，要么只注意到作者的个性而忘记语言的共性。显然，施莱尔马赫的这种观点为理解增添了生命化色彩，他的循环理论的前提是把一切个性看作普遍生命的表现。我们似乎完全可以把自身转换为作者，也只有把自身转换为作者，才能实现对作者思想的充分把握。那么我们究竟怎样才能将自身转换为作者，进入作者的精神世界呢？施莱尔马赫认为要靠直觉和顿悟。通过直觉和顿悟，我们可以进入作者的精神世界，消除理解者与文本之间的时间距离，从而使

① 格尔德塞策尔. 解释学的系统、循环与辩证法 [J]. 哲学译丛, 1988 (6): 61.

整体和部分同时达到理解，相反，离开直觉和顿悟，整体和部分便不可能同时被理解。直觉和顿悟属于非理性因素，所以施莱尔马赫的这种认识是对黑格尔纯理性辩证循环的超越，对解释学循环理论起到了极大的推动作用。尽管从施莱尔马赫那里流传下来的解释学循环逐步肤浅化为一种方法论，但毋庸置疑的是施莱尔马赫的观点对后来狄尔泰的解释学循环思想产生了积极影响。

同前人相比，狄尔泰对解释学循环的表述似乎更加明确："整体只有理解它的部分才能得到理解，而对部分的理解又只能通过对整体的理解"①，这也是对解释学循环最经典的表述。到了狄尔泰那里，解释学循环便具有了更加丰富而深刻的意义。如果说是施莱尔马赫将解释学循环从语法解释发展到心理解释，那么狄尔泰对解释学循环的主要贡献则是进一步将其发展到了历史解释。狄尔泰不仅将理解确立为精神科学普遍的方法论，而且对理解他也有了新的看法。他认为理解既是理性的，也是非理性的，理解的过程既是一种推理的过程，更是一种创造和移情的过程。显然，狄尔泰对理解的认识是建立在他的生命哲学基础之上的，他正是受到生命的启迪而认识到局部与整体之间的辩证关系。生活经验是狄尔泰全部哲学的核心，生命哲学是狄尔泰解释学的哲学基础，到狄尔泰这里，理解的循环也便具有了生命的基本特征。狄尔泰认为，理解的起点是具有心理和生理特征的个体生命，因为个体是构成历史和社会的基本成分，社会整体就是由生命个体组成，个体生命又是社会整体中的个体，是存在于社会与历史中的个体。一个人只有将自己的生命与他人的生命融合，真正的理解才会发生。自狄尔泰，我们开始从生命的角度认识解释学循环，我们对解释学循环所反映的整体与部分的关系也达到了一个更深的层次。狄尔泰还将自己富有生命特征的理解循环应用于历史世界，认为生命个体是理解的出发点，历史在个体认识历史之前就已经占有了个体，个体永远不可能跳出历史为其划定的圆圈历史，理解的循环就是历史上的各种文化与理解者之间循环往复的过程，这个过程永无终点。显然，到了狄尔泰，解释学循环具有了更加浓厚的历史意味，人存在于历史中，也只能在历史中理解，理解总是相对的，理解的意义总是历史的。

虽然狄尔泰使解释学循环具有了丰富而深刻的内涵，但他最终没有摆脱近代哲学的影响，将解释学循环看作一种把握和理解文本的方法，而且还将其视为一种"恶性循环"，"理解的循环运动总是沿着文本来回跑着，并且当文本被完全理解时，这种循环就消失"②。但是狄尔泰关于理解循环的观点为解释学循环从方法论向本体论的过渡搭建了一座桥梁，促进了理解循环的本体化。

真正使其实现本体化的是海德格尔和伽达默尔。海德格尔说："把这个循环

---

① 殷鼎. 理解的命运 [M]. 北京：生活·读书·新知三联书店，1988：145.
② 【德】伽达默尔著，洪汉鼎译. 真理与方法 [M]. 上海：上海译文出版社，1999：376.

降低为一种恶性循环是不行的，即使降低为一种可以容忍的恶性循环也不行。在这一循环中包含着最原始的认识的一种积极的可能性"①。显然，在海德格尔那里，解释学循环已不再是传统解释学中的那个需要剔除的恶性循环，而是具有了本体论意义，并且已将其当作理解得以实现的本体论条件。促使解释学循环转向的关键是把"生命"看作"此在"理解。当"生命"被看作"此在"理解时，理解已不再是一种解释的技术，而是"此在"本身的存在方式，而人的存在具有时间性和历史性，我们也便可以从此在的时间性和历史性推导理解的循环结构，虽然从表面看涉及的依然是整体与部分的关系，但其内涵已发生了深刻的变化。"解释从来不是对先行给定的东西所作的无前提的把握"②。理解总是以理解者的"先有"、"先见"、"先把握"为基础进行的，正是这种由人的历史性所决定的理解的"前结构"，使理解必然进入一种循环状态。从此在的时间性和历史性出发所埋解的整体与部分之间的循环关系，主要揭示的是理解者的理解"前结构"所形成的解释学处境及视域与文本之间的关系。这里的"视域"在本质上已属于处境概念，而"解释学处境"是从存在论的立场上来把握的。

当然，解释学循环成为理解的本体论条件的前提是我们必须看到它的开放性和发展性，否则，它将会真的成为一种"恶性循环"，成为理解的障碍，而不是理解的条件。

伽达默尔也将解释学循环看作理解得以实现的本体论条件，并对其给予了高度重视。只不过他用"先见"概念取代了海德格尔的"先有"、"先见"、"先把握"。伽达默尔本体论意义上的解释学循环虽然并不排斥传统方法论意义的循环，但伽达默尔认为方法论意义上的循环从属于本体论意义上的循环，如果排除了理解者（此在）的历史性，仅停留在文本自身整体与部分之间的循环，我们便永远不能把握解释学循环的真谛，本体论意义上的循环是历史的此在与历史的文本之间的循环。这是因为在伽达默尔那里，理解的起点是理解者的"先见"，他将"先见"视为理解者的"视域"，真正的理解就是在理解者的"视域"和"意义预期"引导下，在部分与整体的循环关系中，使理解者的视域与文本视域"视域融合"，并不断形成新的理解和意义的过程。

二、解释学循环是教师教材理解得以实现的本体论条件

教师教材理解的实质就是教师视域与教材视域的融合，而根据哲学解释学的

---

① 【德】海德格尔著，陈嘉映译. 存在与时间［M］. 北京：生活·读书·新知三联书店，1999：179.

② 【德】海德格尔著. 存在与时间［M］. 北京：生活·读书·新知三联书店，1987：184.

观点，这种视域融合的内在机制就是循环。

教师是教材理解的出发点，教师对教材的理解是教师本身的存在方式。教师对教材的理解总是以教师前见为基础进行的，而教师的存在具有时间性和历史性，所以，教师前见又是教师的历史性所决定的前见，教师教师在理解教材之前，历史早就为其划定了一个圆圈，所以，教师只能在历史中理解教材，教师对教材的理解无法跳出历史为其划定的这个圆圈，达到永恒的完美。教师对教材没有所谓最终的理解，也没有所谓最终的、确定的意义。

语言是教师理解教材的媒介和手段，也是教师际遇教材的方式。教师的存在是一种语言性存在，教师对教材的理解只能在语言中进行。从这个意义上说，教师教材理解归根结底是一个语言现象，而语言的存在方式是对话，教师对教材的理解本质上就是教师与教材之间的对话，对话所具有的内部无穷性的特点使对话的双方之间必然存在某种"疏异的间距化"，即教师通过与教材的对话所理解的意义与教材本身所表达的意义之间总是有一个未被说出的圈子，这也就是教师教材理解不可能一次完成的原因。教师对教材的理解总是相对的，教师所理解的教材的意义总是历史的，教师教材理解的过程必然是一个循环往复的过程。

教师教材理解中的循环首先是指教材自身整体与部分之间的循环。教师要理解整本教材必须理解教材中的每一章、每一节，对章节的理解必须在整本教材、甚至整套教材的视域中进行。例如，新课标湘教版高中地理必修二教材第四章是"人类与地理环境的协调发展"，本章是对前面所学内容的升华或总结，因为前面的内容主要是让同学们了解人类赖以生存的自然环境以及人类的主要生产活动，而了解这些内容的最终目的就是为了协调人与地理环境之间的关系。教师教材理解还包括教师作为历史的此在与作为历史的教材文本之间的循环。一个有教学经验的教师一定会有这样的体会，那就是不管他教书教了多少年，当他下一年再教同样的内容时，总会对这一内容有新的理解，这就是作为历史的教师与作为历史的教材文本之间不断循环的结果。在教师教材理解的循环中，教师的视域也随之发生变化，所以教师的视域并不是固定不变的，而是在不断变化、不断扩展的。教师教材理解就是在教师的视域和意义预期的引导下，经过整体与部分、教师与教材之间不断往复循环，使教师视域与教材视域不断融合，从而对教材产生新的意义的过程。

时间距离在教师教材理解循环中也具有十分重要的作用。因为，正是时间距离让教师改变了过去不合理的前见，使教师视域不断扩展，越来越成为教材理解中积极的因素，引导教师接近教材本真的意义。所以，对于每一个今年感觉难以理解的问题，也许到明年我们又感觉能够轻易理解，就是因为我们的视域发生了变化。当然，这其中可能也有直觉和顿悟的作用。

解释学循环成为教师教材理解本体论条件的前提是开放性和发展性，否则，当教师认为自己已经理解了教材的意义时，解释学循环便会消失，此时的解释学循环将成为"恶性循环"，不仅不是教师教材理解的条件，相反会成为教师教材理解的障碍。

综上所述，教师前见、完满性前把握和时间距离、语言、教师视域及解释学循环共同构成了教师教材理解的条件。

第六节　教师教材理解的实践策略

教师前见、完满性先把握和时间距离使教师教材理解成为可能。但这只是代表教师教材理解活动发生的某种可能性，并不意味着教师教材理解活动一定能够发生。要让教师教师理解活动真正得以发生，教师还必须掌握相关实践策略。

一、主动建立并丰富教师前见

教师前见决定了教师教材理解的视域，视域是教师教材理解发生的必要条件之一。不同教师以截然不同的视域进入教材与教材展开对话，获得教材不同的意义，这也表明教材在同一套话语体系里向不同视域的教师表达了不同的意义。同样，对于同一个教师而言，只有在后面的时间以更高层次的视域进入教材，才能获得教材更丰富、更深刻的意义。因此，教师应主动建立并丰富自己的前见，以便更好地理解教材。

首先，教师应丰富并完善自身的专业知识体系。教师专业知识是教师前见的重要组成部分，它会直接影响教师的视域。国内外研究者对教师专业知识的分类五花八门，莫衷一是。林崇德、申继亮和辛涛等认为教师的专业知识包括本体性知识、条件性知识和实践性知识三类。教师的本体性知识主要来源于入职前的学科专业教育，而对于已入职的教师而言就要树立终身学习的观念，不断更新自身的本体性知识。条件性知识主要来源于教师培训，纵观国内外教师培训，条件性知识越来越受到重视。教师实践性知识可通过开展教育叙事研究、教师反思、教师学习共同体、教师培训等途径加以丰富。

其次，应将完满性先把握作为丰富教师前见的必要补充。教师对教材的理解首先必须要假设教材本身具有规范性和权威性，是意义完整统一的，即完满性先把握。在完满性先把握的引导下，教师才会实现对教材的意义预期，否则，教师因失去了意义预期是否正确的衡量标准，从而忽视并贬低教材的作用和地位，使其将教材视为一般教辅资料，甚至弃教材不用，教师教材理解也将会陷入"以我之是非为是非"随意理解教材的境地，最终使教师无法取得对教材的正确认识。

教师在进行教材理解的过程中，应始终遵循完满性先把握这个前提条件，当教师对教材产生怀疑时，才会采取一定方式补救。

最后，丰富教师前见还应充分利用时间距离的特殊作用。当教师在前见的引导下对教材做出意义预期时，时间距离在其中发挥了创造性的作用，并为教师教材理解提供了某种可能性。时间距离除了能够激发教师的兴趣外，还能够让教材真正的意义充分地显露出来。而且，教师教材理解是一个永无止境的过程，这也意味着教材是一个永不枯竭的意义源泉，伴随着教师教材理解过程的推进，那些关于教材错误的意义被不断消除，另一些新的意义关系不断出现。因而，教师在每一次重新理解教材时，总会对教材有新的理解，发现教材中新的、不同的意义。

二、借助语言与教材展开平等对话与交流

教师教材理解与语言密不可分，教师教材理解与语言之间存在一种根本的内在关系，是语言将教师与教材紧密联系在了一起，教师与教材之间的平等交流与对话也正是借助语言展开的，从这种关系出发，语言是教师与教材之间必不可少的媒介和"桥梁"，离开语言的媒介和"桥梁"作用，教师对教材的理解便无法展开。语言是打开教材大门的钥匙，教师理解教材，实际上就是在理解语言。首先，教师与教材之间的平等对话和交流应从消解两者之间主客彼此分离甚至对立的关系入手。教师教材理解在本质上不是一种认知活动，而是一种教师和教材之间的对话与交流活动，而有效对话与交流必须在平等的前提下进行，消解教师和教材主客分离甚至对立关系是建立两者平等关系的前提。语言既规定了教师的存在也规定了教材的存在，从这个意义上说，当我们将教师和教材都看作此在本身的存在方式时，教师和教材主客之间的彼此分离甚至对立关系便得以消解，教师和教材之间的平等关系才有可能建立，双方之间的对话与交流也才有可能得以进行。

在消解主体和客体的基础上，教师应寻找与教材之间的共同语言，并借助共同语言与教材展开平等对话与交流。教师教材理解过程实际上就是教师与教材双方以语言作为媒介和"桥梁"展开的一种对话与交流。在教师教材理解活动发生之前，语言早已分属于教材和教师，语言既规定了教师的存在也规定了教材的存在。教材以语言的形式存在并呈现在教师面前，教师以自己的语言为基础，带着教师前见去理解教材。一旦两者展开了对话与交流，就预示着双方寻找共同语言过程的开始，教师理解了教材，就是说教师和教材在对话引导下就教材取得了共同语言，双方借助共同语言的对话与交流，实现了教师视域和教材视域的融合，教师占有并进而推进了教材的"效果历史"。可以说，视域融合其实就是语

言的真正成就，教师理解教材的过程就是教师与教材双方寻找并借助共同语言实现教师与教材视域融合的过程。只有借助共同语言，教材才能够真正"说话"，表达出某种意义，否则，教材便不会表达任何意义。比如，同一本教材，教师最关心的是教材中所隐含的意义，他也能够理解并揭示出教材中所隐含的这些意义，但废品收购者则不同，他既不关心也不能理解教材中所隐含的意义，他只关心这本教材的重量和纸张的好坏等。由此可见教师与教材之间共同语言的重要性。

三、教师对教材进行循环理解

教师教材理解的实质是教师视域与教材视域的视域融合，这种视域融合的内在机制就是循环，换句话说，教师对教材的理解不可能一次完成。因为教师教材理解活动就是在教师前见引导下对未来做出的一种筹划，而教师前见具有历史性，这是教师自身存在的历史性所决定的，这就意味着历史早就为教师教材理解划定了一个圈，教师对教材的理解永远无法跳出这个圈。教师对教材的循环理解主要包括教材与教材之间的循环、教师与教材之间的循环、教师与教材编写者之间的循环等。

教师对教材的循环理解，首先应从教材与教材之间的循环开始。教材与教材之间的循环主要是指教材自身整体与部分之间的循环，即对教材的理解必须从个别到整体，再从整体到个别，个别与整体互为前提，如此周而复始、循环往复。教师对整本或整套教材的理解应以理解教材中的章节具体内容为基础，而对章节具体内容的理解应在整本、乃至整套教材的视野中进行。例如，新课标湘教版高中《地理》必修教材共分为必修一、必修二、必修三三个模块，这三个模块的主题分别是自然地理、人文地理和区域可持续发展，就三个必修模块的关系而言，必修一是另两个模块的基础，必修三是前两个模块内容的升华。从必修一各章节的关系来看，第一章"宇宙中的地球"是学习必修一其他各章内容的基础和铺垫，其他各章是必修一内容的重点。为了更好地理解高中地理教材，还有必要与初中、小学等其他学段的地理教材进行循环。

其次，教师对教材的循环理解还应在教师与教材之间进行。让教师明了教材词语之间的语言关系，是教师理解教材的前提和基础，否则无法奢谈教材的意义。另外，一个即使有多年教学经验的教师，每次重读教材时，也必须相信教材仍存在新的意义有待挖掘，即须以"完满性先把握"作为前提，教师才能向教材的"他在性"保持敞开。否则，教师与教材之间的循环便会终止。这是因为教师在与教材进行下一次循环时，其视域已经与以前有所不同。正是在与教材一次次循环往复的过程中，教师的视域才得以不断变化并扩展。

　　最后，教师对教材的循环理解还应在教师与教材编写者之间进行。"我们应该尊重原意，将它视为最好的意义，即最合理的解释标准"。要实现教师与教材编写者之间的循环，离不开教师的想象和移情。教师与教材编写者之间的时间距离是客观存在的，但这也不意味着时间距离就是需要克服的因素，相反，应将时间距离当作教师教材理解的积极因素和必要条件，教师应该设身处地地重建、体会教材编写者编写教材时的心理状态，根据时代的精神和观念进行理解，而不是根据自己的观念去理解，才能领会"作者意图"，逼近历史的客观性，获得教材的原意。因为，教材编写者的编写实践为自己的作品（即教材）也为教师对教材的理解设立了一定的界限，教师只有知道教材编写的年代和境遇以及教材编写者编写教材时的心理状态，才能更好地理解教材。

　　当然，教师对教材的循环理解有一个重要前提——开放性和发展性，无论教师对教材进行过多少次理解，都必须始终坚信教材是一个永不枯竭的意义源泉，教材永远会对自己"有话要说"，否则教师都教材的循环理解便会终止，此时的解释学循环便成为教师教材理解的障碍。

第六章

教师教材理解的过程

站在更高的层次发现教材的来龙去脉，揭示教师教材理解的过程，了解教师教材理解过程中文本转换的路径，对教师教材埋解活动及其广大教育工作者，尤其是提高教师教材理解的水平具有十分重要的意义。

第一节　教师教材理解的组成要素及其关系

对教师教材理解过程的探讨首先需要厘清教师教材理解的组成要素。一般认为，理解由两个基本要素组成，即理解的主体和理解的客体，理解的过程就是这两个要素相互作用的过程。但是，如果认为教师教材理解也是由两个要素组成（即教师教材理解的主体——教师，和教师教材理解的客体——教材），似乎有些过于简单化了。实际上，教师教材理解所涉及的因素远不止这两个，教师教材理解活动显然还与课程计划、课程标准、教科书编写者、学生、教学情境等多个因素有关。这样理解，教师教材理解所包含的关系应该有很多，例如课程标准与教材编写者的关系、教材编写者与教材的关系、教师与教材的关系、学生与教材的关系、教师与学生的关系等。

对教师课程理解结构的回顾，也许会对我们揭示教师教材理解的过程有所启发（见图6-1）。

从哲学角度看，所有的现象和事物都是文本，课程自然也不例外。教师对课程文本的理解包括教师对课程计划的理解、教师对课程标准的理解和教师对教材的理解，按照哲学意义的文本概念，课程计划、课程标准、教材都是文本，而课程标准及教材是教师教材埋解过程中最重要的文本。从文本的角度看，教师教材理解就是教师以课程开发者的角色，在综合考虑课程计划、课程标准、学生的需要和特点等因素的基础上，将教材作为最重要的文本进行理解，从而实现文本转换的过程。课程计划、课程标准和教材等文本相互之间、文本与教师之间错综复

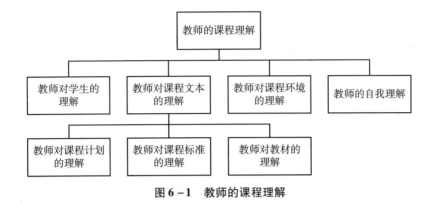

图 6 - 1 教师的课程理解

杂的交互关系构成了一个动态的、变化的、不断生成的"教师教材理解"系统。
（见图 6 - 2）：

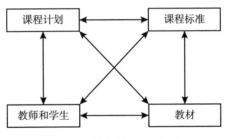

图 6 - 2 教师教材理解系统

显然，当我们用"文本"概念来揭示教师教材理解的过程时，便有了一个
揭示教师教材理解过程的新的视角和切入点。

美国著名课程论专家古德莱德（G. I. Goodlad）将课程分为五个层次。

（1）观念层次的课程（ideological curriculum）。顾名思义，此类课程就是还
处于观念之中的课程。而所谓观念课程（a curriculum of ideas），就是由研究机
构、学术团体和课程专家所倡导的课程。观念的课程由成千上万种，只有被官方
所采用的课程才会产生实际影响，成为下一层次的课程。

（2）社会层次的课程（societal curriculum）。是指由教育行政部门规定的课
程计划、课程标准及教材，也就是列入学校课程表的课程，所以也叫正式的课程
（formal curriculum）。此类课程虽然已被教育行政部门所采用，但距离具体的学
习者（即学生）还有一定的距离。

（3）学校层次的课程（institutional curriculum）。此类课程通常以学科的形式
组织起来，并在每学年、每学期、每星期、每天确定的时间实施。这类课程是在

社会层次课程的基础上经学校的选择、修改和完善而形成的，并被分为必修课程和选修课程及校本课程三大类。例如，我国新课程改革"课程结构的最大特点是整个课程由学习领域、科目、模块三个层次构成"①。"普通高中新课程在结构上还分为必修和选修两部分，并用学分来描述学生的课程修习状况（见表6–1）"②。

表6–1　　　　　　　　　　　　普通高中课程学分结构

学习领域	科目	必修学分共116学分，占总学分的61.4%	选修学分 I 共55学分，占总学分的29.1%	选修学分 II 共18学分，占总学分的9.5%
语文与文学	语文	10	每个科目都在必修的基础上设置了若干个提高的选修模块，供学生根据自己的学习兴趣和未来发展需要选择	学校根据当地社会、经济、科技、文化以及自身条件开设的校本课程，供学生选择
	外语	10		
数学	数学	10		
人文与社会	思想政治	8		
	历史	8		
	地理	6		
科学	物理	6		
	化学	6		
	生物	6		
技术	信息技术	4		
	通用技术	4		
艺术	艺术或音乐、美术	6		
体育与健康	体育与健康	11		
综合实践活动	研究性学习活动	15		
	社会实践	6		
	社区服务	2		

　　每门学科又分为若干模块，例如高中地理学科有"地理1""地理2""地理3"三个必修模块和"宇宙与环境""海洋地理""旅游地理""城乡规划""自然灾害与防治""环境保护""地理信息技术应用"七个选修模块。

　　除以上国家课程之外，各个学校可以依据自身的性质、特点、条件以及可以利用的资源和学生的需要开发丰富多彩的校本课程供学生选择，为学生的多样

---

① 教育部. 普通高中课程方案（实验）[M]. 北京：人民教育出版社，2003：2–3.
② 钟启泉，崔允漷，吴刚平主编. 普通高中新课程方案导读 [M]. 上海：华东师范大学出版社，2003：93.

化、个性化发展创造良好的条件。

（4）教学层次的课程（instructional curriculum）。是指来源于学校层次的课程，并经教师理解、加工准备在课堂实施的课程。这一层次的课程既包括教师对课程的理解，也包括教师在对课程进行理解基础上的实际运作，是古德莱德所称的"理解的课程"（perceived curriculum）和"运作的课程"（operational curriculum）的统一。"理解的课程"是教师对课程进行理解的结果，教师根据实际面临的教学情境对"理解的课程"进行调整之后在课堂实施的课程就是"运作的课程"。

（5）体验层次的课程（experiential curriculum）。此类课程是学生直接体验到的课程。在实际的教学过程中我们发现，尽管经过了相同的学习过程，但不同的学生所获得的学习体验是不一样的，所以，体验层次的课程在不同学生间是不一样的。由于教师的工作就是为了促进学生的全面发展，教师进行课程理解的目的也是为了达到这一目的，所以，这一层次是的课程课程组织的最终检验，也是五个层次的课程中最重要的课程。

古德莱德的课程层次理论不仅拓宽了我们对课程的理解，而且也让我们看到了教师教材理解在五个层次课程转化中的位置和作用。教师的教学就是在观念层次课程的指导下，将社会层次课程、学校层次课程转化为教学层次的课程并在课堂实施的过程。在所有的课程文本中，对教师和学生而言，最重要的是教材，因而可以说，教师的教材理解是五个层次课程进行转化的关键环节，没有教师对教材的理解，五个层次课程之间的转化便不可能实现，也就不会有教学层次的课程和体验层次的课程，教学活动也就难以进行。当然，教材是依据课程标准编写的，课程标准的编制又离不开课程计划，所以教师教材理解离不开对课程计划、课程标准的理解。教师教材理解的过程，从文本的角度看，实际上就是一个由课程计划→课程标准→教材→教师→学生的文本转换的过程，在此过程中文本要经过多次生成、建构，文本经多次转换都会使不同文本之间形成一定的"落差"，这种落差正是影响教师教材理解过程的最关键的因素。

教师通过教材理解对文本的转换过程，有学者按照文本进入学校课堂前后分为校外与校内两大部分[①]。校外部分主要是指课程计划的制订、课程标准的编制、教科书、教师教学用书的编写等工作，主要由课程专家、学科专家、教研人员及部分一线教师完成，这些工作与大部分一线教师无关。校内部分主要是指教师和学生对课程标准、教科书等进行理解、转换的过程。与古德莱德的课程层次理论相对应，校内部分的工作大致可归纳为对文本的三次转换。

第一次转换：将社会层次的课程（即由教育行政部门规定的课程计划、课程标准和教科书）转换为领悟的课程（即教师内心所领会的课程）。

---

① 施铁如.课程实施中的文本转换［J］.教育导刊，2003（1）：15.

第二次转换：将领悟的课程转换为教学层次的课程（即经教师理解、加工准备在课堂实施的课程）。

第三次转换：将教学层次的课程转换为体验层次的课程（即学生直接体验到的课程）。

通过以上三次转换，将课程计划文本、课程标准文本和教材文本转换为教案文本、课堂文本和教后文本。

米德符号互动理论为我们提供了另一个重要的视角。"互动是构成社会的基础，社会结构最终是由个人的行为和互动所构成和保持的"①。互动也是教师教材理解活动得以进行的必要条件，教师教材理解的过程就是课程计划、课程标准、教材、教师、学生等符号之间的互动过程，包括教师与课程计划的互动、教师与课程标准的互动、教师与教材的互动、教师与学生的互动、教师与教师的互动、课程标准与教材的互动、学生与教材的互动、学生与学生的互动、教材与教材的互动等，其中最关键的是教师与课程标准的互动、教师与教材的互动、教师与学生的互动。

将文本概念与符号互动理论及古德莱德的课程层次理论相结合，我们便可以大致地将教师教材理解的过程概括为三个主要环节。每一个环节主要的工作，就是进行文本的转换（见表 6 - 2）。

表 6 - 2　　　　　　　　　教师教材理解的三个主要环节

	环节 1	环节 2	环节 3
互动类型	教师与课程标准互动 →	教师与教材互动 →	教师与学生互动
文本转换	课程标准文本 →	教案文本 →	课堂文本
课程层次	领悟层次的课程 →	教学层次的课程 →	体验层次的课程

第二节　教师与课程标准的互动

一、课程标准为教材的特色化、个性化和多样化发展留下了充足的空间

2003 年 4 月教育部颁布《普通高中课程方案（实验）》和各学科课程标准，标志着我国新一轮基础教育课程改革全面开始，自此，中华人民共和国成立以来

---

① 宋丽范. 符号互动理论及其对教育的启示 [J]. 扬州大学学报（高教研究版），2007 (1)：20.

长期采用的中央集权制课程管理体制宣告结束，"教学大纲"被"课程标准"所取代。教学大纲顾名思义是指导各学科教学的纲领性文件，其主要任务是指导教学工作的开展。因此，教材大纲对教学内容、教学目标甚至对各知识点的具体要求、深度、难度、教学顺序以及教学课时等都做出了具体、清晰的规定。这些规定虽然对教师的教学发挥了很好的指导作用，但因"刚性"太强，没有给教材的特色化、个性化和多样化发展留下足够的空间，无法适应全国不同地区的学校之间发展极不均衡的状况，也不利于教师创造性的发挥。教学大纲在一定意义上就是教材的纲目，教材就是对这些纲目的进一步解释，教材的编写只需按照纲目进行即可，在"一纲一本"的背景下，教师也只需要"教教材"，教好教材就一定会达成教学大纲的要求，因此对教师而言，对教学大纲的理解就显得无足轻重了。

"教学大纲"被"课程标准"取代，表面看悄无声息，实际上却意味着从理念到结构、目标、要求、体例的一场深刻变革。"课程标准是教材编写、教学、评估和考试命题的依据，是国家管理和评价课程的基础。应体现国家对不同阶段的学生在知识与技能、过程与方法、情感态度与价值观等方面的基本要求，规定各门课程的性质、目标、内容框架，提出教学和评价建议"①。课程标准虽然也对教材编写、教学内容、教学目标、教学评价、教学实施等做出了一些指导和建议，但与教学大纲相比，课程标准的"刚性"明显减小，"弹性"明显增大，其关注的重点不再只是教学，而是转向学生的全面发展，也没有对教学重点、教学难点、教学课时、教学顺序等做出具体的要求，这就为教材的特色化、个性化和多样化发展留下了充足的空间，也有利于教师创造性的发挥。

案例：

《九年义务教育全日制初级中学地理教学大纲（试用修订版）》（2000 年）与《全日制义务教育地理课程标准（实验稿）》（2001 年）中"世界地理分区"与"中国地理分区"部分内容比较

《九年义务教育全日制初级中学地理教学大纲（试用修订版）》（2000 年）	《全日制义务教育地理课程标准（实验稿）》（2001 年）
1. 明确规定所学的区域是：东亚、东南亚、南亚、中亚、西亚、北非、撒哈拉以南的非洲、欧洲西部、欧洲东部和北亚、北美、拉丁美洲十二个区域，并详细列出了每个区域的具体教学内容要求以及基础知识要求，甚至详细列出了要求掌握的半岛、岛屿、海峡、地形区、城市等；	"世界地理和中国地理的分区部分，只列出区域的基本要素和学习区域地理必须掌握的基础知识与基本技能，以及必选区域的数量，而不再规定必须学习哪些区域。具体区域的划分和选择由教材编写者和教师决定，以增强课程的开放性和弹性。例如，本标准规定，必须从世界范围内选择至少一个大洲、五个地区

① 朱幕菊主编．走进新课程——与课程实施者对话［M］．北京：北京师范大学出版社，2002：49．

续表

2. 中国地理采用四区域划分法，即将全国分为北方地区、南方地区、西北地区、青藏地区四大地区，并具体规定了每一区域的教学内容要点和基础知识要求。	和五个国家编写教材和组织教学，教材编写者和教师可选择非洲（洲）、南亚（地区）、英国（国家）等，也可选择其他大洲、地区、国家"。

二、教师与课程标准的互动：教师教材理解的起点

"国家课程标准是教材编写的依据"、"教材内容的选择应符合课程标准的要求"①，教材编写者自身首先必须认真学习领会本学科课程标准的基本思想和内容标准要求、活动建议等，并在教材编写过程中予以充分体现。课程标准是教材编写的指南和评价依据，教材又是课程标准的具体体现，是课程标准最主要的载体，教材的编写思路、基本框架、基本内容等都不能违背课程标准的基本精神和基本要求。教材的内容要达成课程标准的基本要求，但又不能人为无限度地拔高教材的难度，而且教材内容的呈现方式还要有利于改善学生的学习方式，特别是要有利于学生探究。教材也不是对课程标准具体内容条目的进一步解释，而是对课程标准的一次再创造、再组织。

"教学大纲"被"课程标准"所取代以及随之引起的教材与课程标准之间关系的改变，加之在课程标准转化为教材的过程中，必然会出现失真的情况，教材并不一定能够完全反映出课程标准本真的意义，特别是新课程所倡导的理念可能得不到贯彻落实，还有假如没有对课程标准的理解和领悟，教师便有可能不能理解教材编写者的真实意图等一系列原因，客观上要求教师教材理解过程首先要从教师与课程标准的互动开始。

教师与课程标准的互动过程就是教师对课程标准进行解读与理解的过程，也就是课程标准对教师产生作用的过程。通过教师与课程标准的互动，教师理解课程标准所蕴涵的意义，并将社会层次的课程便转换为领悟层次的课程。如果没有对课程标准的理解，教师便可能不能理解教材内容编排的目的，不能贯彻新课程所倡导的理念，也可能不能准确把握教材的重点和难点所在，教师的教学也就可能偏离教学目标，造成教学效率的低下甚至无效。事实证明，"目前，多数教师对课程标准的研读比较浅显，而且多来自专家解读的视角，教师自身缺乏深入研读课程标准的过程"②。所以，教师与课程标准的互动不仅是教师教材理解过程的开始，而且也是教师教材理解过程中最容易被忽视，需要重视和加强的环节。

① 朱幕菊主编. 走进新课程——与课程实施者对话 [M]. 北京：北京师范大学出版社，2002：50.
② 严家丽，孔凡哲. 论"课程标准—教科书—教师"关系理解的三境界 [J]. 中国教育学刊，2014（2）：42.

当然，教师也不能视课程标准为"圣经"，而应认为课程标准本身也需要不断改进和完善。世界上几乎所有国家在课程标准颁布一段时间之后，都会根据其实施情况进行修订和完善，我国也不例外。例如，我国《全日制义务教育地理课程标准（实验稿）》在2001年7月颁布之后，教育部又自2003年起启动了地理课程标准（实验稿）的修订工作，2011年，又颁布了修订后的《全日制义务教育地理课程标准》（2011年版）。所以，教师在与课程标准互动的过程中，既要充分尊重课程标准，认真贯彻课程标准的有关规定，也要结合教学实践对课程标准进行反思，为课程标准的修订提供宝贵的实践依据。

第三节 教师与教材的互动

教师与教材的互动过程就是教师对教材进行解读与理解的过程，也就是教师与教材相互作用的过程。教师以对课程标准的解读与理解为基础，通过教师与教材的互动，将课程标准文本与教材文本转换为教案文本，将领悟的课程转换为教学层次的课程。

案例：
湘教版新课标高中地理教材必修一第一章第一节与地理课程标准的比较

课程标准的要求	湘教版教材的表述
1. 宇宙中的地球 ● 描述地球所处宇宙环境，运用资料说明地球是太阳系中一颗既普通又特殊的行星。	第一节 地球的宇宙环境 一、人类对宇宙的认识 …… 二、多层次的天体系统 （一）银河系及河外星系 （二）太阳系和地月系 三、普通而特殊的行星——地球 …… 活动 1. 收集有关人类进行宇宙探测，特别是在生命探索方面所取得成果的资料，阅读行星基本数据表，并结合相关知识，回答下列问题。 **行星基本数据** | 名称	与太阳的距离	……	已知卫星数（个）
---	---	---	---
水星	57.9	……	0
……	……	……	……
海王星	4496.0	……	11	

对课程标准的理解首先是对"内容标准"的理解。显然，地理课程标准对"宇宙中的地球"部分内容的要求有两个，一是描述地球所处宇宙环境；二是运用资料说明地球是太阳系中一颗既普通又特殊的行星。对第一方面的要求，教材用了一、二两个大标题进行达成，其中"一、人类对宇宙的认识"和"二、多层次的天体系统"共4页的叙述主要介绍了人类认识宇宙的过程和主要的天体类型以及天体系统，目的是为认识地球所处宇宙环境打下基础，而且"描述地球所处宇宙环境"的这一要求重点显然在"描述"二字，课程标准的要求是会"描述地球所处宇宙环境"。教材第 10 页正文"三、普通而特殊的行星——地球"和正文之后的"活动1"是为了达成第二方面的要求，而且对第二方面的要求的理解要注意其重点是"运用资料说明"，这就意味着学生不能简单记住地球是一颗"普通而特殊的行星"，关键是会"运用资料说明"，所以，"活动1"中的"行星基本数据"表就显得尤为重要。

一、准确把握教材的功能是教师与教材互动的前提

准确把握教材的功能是新课程改革的需要，也是教师与教材互动的前提。教师对教材功能的基本认识，体现了教师所持的教材观，而教师的教材观又在很大程度上影响着教师使用教材的态度、方法及效果。

在漫长的发展历史中，课程曾一度成为国家和政治意志的体现，教材成为规范的制度文本，受此影响，学生、家长乃至教师中大部分人都将教材当作教学内容的唯一权威，是教师教和学生学的核心内容，教师自然也就形成了"教教材"的教材观，教师"教教材"也就成为理所当然、天经地义的事情。

随着课程理论研究的不断深入和课程实践活动的不断发展，人们对教材功能的认识也悄然发生了变化。

学者杨启亮对教材的功能提出了新的见解："教材不是供传授的经典，不是供掌握的目的，不是供记忆的知识车库，而是供教学使用的材料。面对新课程标准，教师和学生不是'材料员'而是'建筑师'，他们是材料的主人，更是新材料和新教学智慧创生的主体"[1]。

邵瑞珍则认为"教材作为一种最普通的同时也是最重要的媒体，在传播知识方面发挥非常重要的作用。在学校教育中，教材是学生获取知识的主要来源和教师教学的主要依据"[2]。

钟启泉从现代教学论角度归纳了现代教材的三大功能："第一，教材的信息

---

① 杨启亮. 教材的功能：一种超越知识观的解释 [J]. 课程·教材·教法, 2002 (12)：10.

② 邵瑞珍，皮连生. 教育心理学 [M]. 台北：五南图书, 1989：421.

源功能，也就是为儿童选择和传递有价值的真实信息和知识的功能；第二，教材的结构化功能。现代教材的信息组织不可能是'散落式'或'百科全书式'的，而是体现一定基本思路的结构化体系，以帮助儿童建构和梳理自身的知识结构体系；第三，教材的指导性功能。即教材在学习方法上的指导和引领功能"①。

在阐述以上教材基本功能的基础上，钟启泉认为教材不仅是知识的源泉，同时也是教学的手段。在使学生自己掌握知识、教会学生创造性思维的学习活动方法方面，教材起着尤为重要的作用。此外，在讨论法国学校课程的实施及其特点时，他还指出，随着教学媒体的积极推广，教材在教学中所占的比重日趋下降，教材正成为"多种教材中的一种"。在此背景下，他重新提出了教材所具备的几种作用：教材是一种资料集；在文法、数学等领域中，教材是习题全书；教材以其艺术性高的图版，促进学生兴趣的形成；教材给学生带来读书的乐趣，引导个人学习；教材填补其他教科书的空隙，有助于完善学习。从他对教材作用的描述，可以看出教材的地位已经悄然发生改变。

尽管不同的学者对教材功能的描述不同，但是从这些描述中，我们可以看出在世界范围内，教材的功能正在发生着变化，即由教的功能为主转向学的功能为主。教师与学生共用一种教材，教师按教材教，学生按教材学的现象成为历史，教材的含义只是"教学用书"或"教学材料"。现代教学论所强调的"不是'教教材'，而是用教材教"这一观点，言简意赅地概括了教材的功能，即"教教材"本身并不是最终目的，教材只是旨在达成某种教育目的的手段或媒体。教材作为一定学科内容的载体具有两种基本特质，一是典型性，即教材必须是学科内容全面、准确的载体；二是具体性，即教材必须确凿、具体，便于引导学生展开智力活动。

课程标准是教材编写的基本依据，新课程改革以来，各学科课程标准就教科书编写都提出了与以往不同的理念和一系列要求，对课程标准中这部分内容的研究有助于教师准确把握教材的功能。例如，《全日制义务教育地理课程标准（实验稿）》指出：地理教材的编写，必须依据地理课程标准，充分体现地理课程改革的理念，为地理教学落实内容标准的要求、实现课程目标提供基本的教学材料。并提出了建立合理的知识结构、联系实际和反映时代特征、为教学提供必要的空间、符合学生的身心特点和接受能力、重视教材的系列化建设五个方面的具体要求②。《普通高中地理课程标准（实验）》指出：地理教科书的编写，应以地理课程标准为依据。为了充分体现地理课程的基本理念，实现教科书的多样化，使教科书成为教师创造性教学和学生主动学习的重要资源，可以从以下几方面入

① 钟启泉."优化教材"——教师专业成长的标尺［J］.上海教育科研，2008（1）：9.
② 中华人民共和国教育部制定.全日制义务教育地理课程标准（实验稿）［M］.北京：北京师范大学出版社，2001：28－29.

手。（1）建立合理的内容结构；（2）选择联系学生实际、反映时代特征的素材；（3）教学内容的组织要为教学提供必要的空间；（4）内容的呈现方式要符合学生的身心特点和接受能力；（5）引导学生的地理理性思维；（6）重视教科书的系列化建设①。

　　教师在与教材互动时，必须摒弃"教教材"的教材观，坚持"用教材教"的教材观，将教材当作众多教学资源中的重要资源之一，但不是唯一的资源。只有坚持这样的教材观，教师才能平等地与教材互动。

二、教师与教材的互动还应包括与不同版本教材的互动

　　根据学科课程标准的要求，新课标教材的功能发生了显著变化。新课标教材无论在编写理念、编写思路、编写过程和编写方法方面，还是在教材内容的选取与编排方面，都充分体现了学科课程标准的理念和要求。但这并不能意味着教师就不需要理解教材，可以直接"教教材"。相反，正是由于新课标教材为学生的学习和教师的教学留下了充足的空间，加之我国当前实行的多样化的教科书政策使每个学科都有好几个版本的教材，学科课程标准没有以前的教学大纲那样具体和精确，教材也没有旧教材那样"繁、难、偏、旧"，以及我国拥有2亿中小学生，地区之间教育水平千差万别，即使质量再高的教材也不能满足所有学生个性化学习的需要和教材本身还存在很多缺点和不足等诸多原因，更加要求教师对教材进行理解。

　　由于不同版本教材其编写体例、内容选择、呈现方式、图像系统和切入视角等均不同，每个版本教材也有各自的特色和优缺点，所以教师对教材的理解，不仅应包括对某一版本教材性质和功能及教材中具体内容的全面理解，还应包括对不同版本教材的理解。

　　案例：
　　义务教育课程标准实验教材人教版和北师大版世界地理所选区域比较

	人教版	北师大版
大洲	亚洲	亚洲
地区	东南亚、中东、欧洲西部、萨哈拉以南非洲（4个）	东南亚、中东、欧洲西部、萨哈拉以南非洲、极地地区（5个）
国家	日本、美国、澳大利亚、巴西、俄罗斯、印度（6个）	日本、美国、澳大利亚、巴西、俄罗斯、埃及（6个）

---

① 中华人民共和国教育部制定. 普通高中地理课程标准（实验）[M]. 北京：人民教育出版社，2003：32-34.

从以上两个版本教材的"认识大洲"来看，都根据课程标准"从世界范围内选择至少一个大洲"的要求，选择了一个大洲，而且都选择了亚洲，主要是因为我们就生活在亚洲。从"认识地区"来看，课程标准规定"从世界范围内选择至少五个地区"，而人教版教材只选择了四个地区，北师大版教材选择了五个地区，并且两种版本教材都选择了东南亚、中东、欧洲西部、撒哈拉以南非洲四个地区，北师大版教材还选择了极地地区。显然，教师要理解教材，必须从理解课程标准开始，同时还要重视对不同版本教材的理解。

教师对教材的理解，主要是以学科课程标准为依据，以学生的需要为前提，在深入研究、分析教材的基础上，对教材内容、教材中所选择的素材、所设置的活动等栏目、练习、图像等进行重新排序、删减、替换等，实现从教材向学材的转变，使教材以适合学生学习的方式重新呈现。

第四节　教师与学生的互动

一、学生是教师教材理解的出发点和归宿

对于学校和学生而言，只有符合学校实际、适合学生需要的教材才是最好的教材。尽管我国已开始实行教材多样化的管理政策，同一学科已有多个版本的教材，但是，我国教材的多样化尚处于初级水平，能够满足不同地区、不同学校需要的教材体系尚未形成，这就要求教师与学生互动，充分了解学生的心理特征、认知水平、兴趣爱好、知识基础、能力水平、教育背景、学习需求等，根据学生的实际情况等将教案文本转换为课堂文本，将教学层次的课程转换为体验层次的课程。教学层次的课程转换为体验层次的课程的过程，从学生的角度看，也就是学生作为学习的主体，通过与教师的互动，将教师所传授的知识进行重组、内化、接受的过程。这也说明教师的教材理解是为学生的学做准备的。学生是教学的出发点和归宿，也是教师教材理解的出发点和归宿，学生在教师的教材理解中起着十分重要的作用。学生对教材的理解也是教师教材理解的重要组成部分。只有通过教师与学生的互动，"读懂学生的心理特征、读懂学生的认知发展规律和水平、读懂学生已有的活动体验和经验、读懂学生的生活实际"①，才能将教学层次的课程转换为体验层次的课程，教师教材理解的最终目的才能真正达成。

---

① 严家丽，孔凡哲.论"课程标准—教科书—教师"关系理解的三境界［J］.中国教育学刊，2014（2）：43.

二、教师与学生互动可增强教材的可操作性

将教学层次的课程转换为体验层次的课程绝非易事，期间要受到诸多因素的干扰。其中最重要的干扰因素就是学生的学习习惯、学习能力和学习精神。传统的教学方式较多采用"满堂灌"的方法，学生习惯于被动接受，缺乏主动参与教学活动的习惯和能力。加之教师的目标与学生的目标之间存在较大的差异等原因，都为教学层次的课程转换为体验层次的课程增加了障碍。教师应通过与学生的互动，努力消除师生之间的这些障碍。教师的情感是另外一个不容忽视的干扰因素。这是因为，教案文本虽然是在教师与课程标准的互动、教师对课程标准的内容要求及理念充分理解和把握的基础上形成的，但是，教案文本是教师深思熟虑的结果，属于理性的产物。由于在教案文本的形成过程中，教师有较充足的时间，所以，一般而言，课程标准所倡导的理念在教案中都能得到较好的体现。但是在现实中，几乎没有一名教师的教案文本在课堂能够不折不扣地得到落实。这是因为课堂教学情境是千变万化的，教师在课前所准备的教案文本几乎不可能完全照搬。教师必须根据具体的教学情境灵活地对教案文本进行调整。但是，由于在课堂留给教师即时反应的时间很短，教师的理性思维难以充分开展，这时，教师的情感更容易产生作用。这就要求教师在课前熟悉新课程理念，将新课程理念内化为自己的观念，并形成相应的积极的情感，只有这样，面对课堂中千变万化的教学情境，教师才能做出正确、积极的反应。

由于校外部分工作所形成的文本大多是理论化的，缺乏对操作性行为的关注。假如一种新的教育理论不能直接指导教师的教学实践，那么这种理论便是苍白无力的。新课程改革以来，尽管广大的中小学教师被灌输了大量的新课程理念，但其课堂教学行为并没有发生太大的变化，与教育理论工作者对操作性行为的关注不够不无关系。所以，教育理论工作者应视教育理论的可操作化为己任。但是，即使理论工作者考虑到其理论的可操作性，由于他们缺乏中小学教学的经历，其理论的可操作程度也会因此受到极大的限制，往往仅停留在一般性的考虑，难以适应不同的教学情境和不同的教师。对于中小学教师而言，他们的优势恰恰就是有着丰富的教学经验，而且每天都在进行教学实践，所以，应通过与课程标准、教材和学生的互动，不断反思、总结出能够适应更多教学情境的教学行为，增强校外文本的可操作性，弥补校外文本理论性强而可操作性较差的弱点。当然，教师与课程标准、教材以及学生的互动是永远不会结束的，而是不停地循环往复，教师对教材的理解也正是在这种循环中不断深化、完善，教材的意义也便在这种循环中不断生成。

　　总之，正是通过教师与课程标准的互动、教师与教材的互动、教师与学生的互动等，教师将社会层次的课程转换为领悟层次的课程，将领悟的课程转换为教学层次的课程，又将教学层次的课程转换为体验层次的课程，在这一过程中，课程标准文本被转换为教材文本，教材文本被转换为教案文本，教案文本又被转换为课堂文本。教师课前的教学目标变成了现实的教学目标，知识也变成了学生的能力和智慧。

第七章

教师教材理解的标准

调查发现，意义复原式教师教材理解在我国中学教师中仍然十分普遍，相反，部分教师又走向另一个极端，"以我之是非为是非"随意理解教材，任意拔高教学要求。对教师教材理解研究的滞后和教师教材理解相关理论特别是教师教材理解标准体系的缺失，是出现这些问题的重要原因之一。教师教材理解标准体系的构建，对于解决教师教材理解中出现的问题，提高教师教材理解以及教育教学效果具有重要意义。

第一节　确立教师教材理解标准的必要性

一、教材的本质是"教学活动文本"

本质，是指事物的根本属性，它决定着事物的性质、整体面貌和事物发展的方向。教材的本质作为教材这样一种特殊文本所具有的根本属性，同样也决定了教材的性质、面貌和发展的方向。而且，因教材是教学系统的基本要素之一，对其本质的认识直接影响教师教学方式和学生学习方式的转变以及教学质量的高低。

遗憾的是，迄今为止，对教材的本质仍然众说纷纭，没有统一的认识。有学者从活动和交往的视角，认为"教科书（即本研究中的教材）的本质是教学活动文本。它内在地包含三层具有逻辑递进关系的含义：教科书的本质是教学性；教科书的本质是教学活动体系；教科书的本质是教学活动文本。其根本含义在于教科书是为促进学生主动性、自主性、创造性和社会性等主体性特质发展而服务的工具"①。我们认为，对教材本质的这种认识，是众多教材本质观中能够较为

---

① 孙智昌. 教科书的本质：教学活动文本［J］. 课程·教材·教法，2013（10）：17.

全面、客观地反映教材本质的一种认识，有利于促进学生主体性的发展。有必要说明的是，此处的"教学活动文本"概念是在哲学解释学的视域中所使用的。

何谓文本？"文本这一概念，既指称写作的特定条目，更宽泛地，也指社会现实自身。例如，一位学者指出，'现在，对文本这一概念……的理解是非常宽泛的：社会实践和制度，文化产品，甚至是人类行为和反应所创造的任何结果（McEwan，1992，p. 64）'。作为从后结构主义那里借来的一个词汇，特别是德里达（Jacques Derrida）的作品中借来的一个词汇，文本是指所有的实在，并且作为人类的实在，基本的推论是它是语言的一种素材①"。

教材的本质是"教学活动文本"，教材作为一种"教学活动文本"，其意义不是自明的，是需要"理解"的，理解又是需要一定的标准的。教材的意义也正是在被理解的过程中得到彰显的，对教材的理解同样需要一定的标准。

二、教材是一种自律性存在

所谓教材的自律性存在，是指教材具有自身的存在方式。教材的自律性表明，教材并不随教师或学生及教育情境的改变而改变，它始终是一种独立性存在，总是用自身独特的话语体系向所有理解者展现着自身表现的东西。正如伽达默尔所说："艺术作品自身就要求它们的位置，即使它们被误置了，例如被误放到现代收藏馆里，它们自身中那种原本的目的的规定的痕迹也不可能消失。艺术作品乃属于它们的存在本身，因为，它们的存在就是表现"②。

教材的自律性存在就教材的层次结构而言，表现为教材有表层结构和深层结构。例如地理教材的表层结构是由课文系统、图像系统和作业系统组成的，正是这三个组成部分的自身特点和相互关系构成了地理教材的表层系统。在可见的课文系统、图像系统和作业系统的背后，还有看不见的深层次的结构，即地理教材的深层结构。知识因素、技能因素及情感态度价值观因素的自身特点和相互关系构成了地理教材的深层结构。教材的表层结构和深层结构相互作用，确立了教材文本的独立存在，也使教材具有了真理性维度。教师的教材理解如果忽视了教材的真理性维度，必然会导致"以我之是非为是非"的相对主义，教师在理解教材的过程中也必然会茫然不知所措。

---

① 【美】威廉·F. 派纳，威廉·M. 雷诺兹，帕特里克·斯莱特里，彼得·M. 陶伯曼著，张华等译. 理解课程［M］. 北京：教育科学出版社，2003：48.

② 【德】伽达默尔著，洪汉鼎译. 真理与方法［M］. 上海：上海译文出版社，1999：203.

三、当前教师教材理解的两种取向

新课程改革极大地激发了广大教师教材理解的积极性，而且教师们通过从技术、实践、理论等多个角度的探索，形成了教师教材理解的不同取向。其中，最为典型的是以下两种取向的教师教材理解。

一种是意义复原式教师教材理解。意义复原式教师教材理解以传统解释学为其理论基础，以追求教材的客观意义为旨趣。秉持这种取向的教师认为教材的意义是教材编写者所赋予的，教材一旦编写完成，其意义也就是固定不变的，教师对教材的理解，就是理解教材编写者的真实意图，挖掘教材的意义负载功能。他们奉教材为"圣经"，对教材内容不敢做丝毫修改或增减，教师的任务就是引导学生领会教材的本意。这种取向的教材理解完全依赖于课程标准和教材，严重禁锢了教师的创造性和想象力，抹杀了教师的自我意识和自我精神，也把教师的生活经验排除在教材理解之外，从而使教材和教学丧失应有的活力。

另一种是意义创生式教师教材理解。意义创生式教师教材理解以哲学解释学为其理论基础。从哲学解释学来看，教师前见是教材理解得以进行的必要条件。正是教师前见的介入，改变了教材原来的状态。而且不同的教师因其前见不同，教材在不同教师那里也就具有了不同的意义。当然，教师有限性、历史性的存在不仅决定了其教材理解的有限性、历史性，也决定了其教材理解的开放性。教师的教材理解不是一种简单的复制行为，而是一种复杂的创造行为，教师教材理解的目的就是创生教材无尽的意义。但是，哲学解释学在肯定教师前见在教材理解中的作用和教师教材理解的开放性的同时，也在一定程度上否定了教材客观存在的意义，教师似乎可以随意理解教材，这就无限扩大了教师理解教材的权力，使教师的教材理解活动只看到差异性和相对性，而忽视了统一性，教师的教材理解也因缺乏客观、统一的标准而陷入"以我之是非为是非"的相对主义泥淖。其实，教师对教材的创造性理解应该有一定的"度"，在这个"度"的范围内所生成的意义才具有实际的价值。所以，就意义创生式教师教材理解而言，当务之急就是确立教师教材理解的标准。如何避免陷入解释的相对主义与主观主义也是伽达默尔一直要努力解决而未能成功的一大难题，所以，意义创生式教师教材理解出现这样的问题与其理论基础的理论缺陷有关。

显然，意义复原式教师教材理解违背了新课程改革的理念，与新课程改革的目标南辕北辙。而如果没有理解标准，意义创生式教师教材理解又会走向另一个极端。所以，教师的教材理解应当在意义复原和意义创生、课程精神和教师个性、正确性和生成性、规约和自由之间找到恰当的平衡点，这个平衡点，就是教师教材理解的标准。只有确立了教师教材理解的标准，将教材理解作为教师的生存方式，才能在尊重课程基本精神的前提下，实现对教材的个性化理解。

第二节　科学理解论、人文理解论与实践理解论

教师的教材理解应以一定的理论做基础，例如解释学、符号互动理论、现象学、社会学、心理学、理解理论等。就理解理论而言，当前，呈现出科学理解论、人文理解论和实践理解论"三足鼎立"的局面。三种理解理论对理解标准的探讨，或许对教师教材理解标准的确立有所启发。

教育领域的文本主要有自然文本、人文文本和人际文本（自我理解和相互理解的对象文本），"不同文本虽有共同的理解特征，但有明显的特殊性。这就需要利用不同的理解理论"①。

一、科学理解论

对自然文本主要用科学理解论进行理解。

科学理解论是以科学真理即"正确性"作为理解标准的理论，也就是说，该理论以对事物的客观解读为己任。因其主要关注的是人的认识如何与认识对象完全契合的问题，故而也被称为认识论。

（一）科学理解论的历史演变

要论科学理解论的起源，首先必须从"宇宙理性"一词说起。"宇宙理性"主要是指万物必须遵守的规则，也被赫拉克利特（Herakleitos）称为"逻各斯"（logos）。在众多对宇宙理性的阐释中，最有影响的当属柏拉图的阐释。他主张，应先将宇宙理性分为两部分，即理念（idea）和理性（reason）。理念是存在于人世之上的客观本质，理性则是存在于人性之上的主观本质。然后再以对象的不同将理性分为两类：以善理念或与善理念相联系的理念为对象的理性和以数理学科为对象的理解（understanding）。显然，在当时虽然还没有出现科学理解论的核心——"理解"一词，但是柏拉图对宇宙理性的阐释中显然已经包含了理解的意思，正是基于这种考虑，古希腊哲学往往被看作科学理解论的源头。

亚里士多德对宇宙理性的阐释与柏拉图十分相似。他认为"现在必须对理性的部分再次以同样的方式加以划分，让我们设定理性有两种功能，依靠其中一

---

① 熊川武，江玲. 理解教育论［M］. 北京：教育科学出版社，2005：总序第6页.

种，我们思辨其本原没有变化的事物，依靠另一种，我们思辨其本原有变化的事物"①。此处所谓以本原没有变化的事物为对象的理性即柏拉图以善理念或与善理念相联系的理念为对象的理性，以本原有变化的事物为对象的理性即柏拉图以数理学科为对象的理解。

当然，无论在柏拉图还是亚里士多德那里，都只能说是科学理解论的萌芽，而非真正意义上的科学理解论。因为，在他们那里都没有形成明确的主客体概念，他们的理解论也自然没有贯穿鲜明的主客二元关系。

笛卡尔提出"我思故我在"的著名思想，标志着二元论思想的真正出现，他也被看作二元论的重要代表人物。"我思故我在"中的"我"在"本质上就在于它只是一个在思想的东西，只是一个心灵、一个理智或一个理性。所以这个'我'并非指身心结合具有形体的'我'，而是指离开形体独立存在的精神实体。纵然身体并不存在，心灵也仍然不失其为心灵。'我'的根本属性就是思想，即怀疑、感觉、想象、理解等，'我'是与思想共存的，有我存在就有思想，有思想就有我存在"②。显然，笛卡尔已经明白地告诉我们，理解是人的本质特征。他的这种见解加速了科学理解论形成的进程。

但是，让科学理解论正式登上历史舞台的却是洛克（J. Locke）。洛克在其《人类理解论》一书中最早提出了"理解论"（theory of understanding）这一概念。并指出，"所谓思想底能力就叫作理解"③。他还对理解（即认识或知识）问题进行了详细的论述，并提出了著名的"白板说"。在他眼里，"所谓知识，就是人心对两个观念底契合或矛盾所生的一种知觉"④。知识又包括实在的知识和习惯的知识两种。所谓实在的知识是指"人心对于各个观念彼此间的契合和关系而起的当下的认知作用"⑤。习惯的知识又可分为直觉的知识和解证的知识两种。直觉的知识是指人心有时不借助别的观念为媒介的就能直接看到它底两个观念间的契合或相违的知识；解证的知识是指通过推理等手段证明两个观念间的契合或相违的知识。所以，在洛克眼里，有些知识可以直接通过"直觉"便可获得，而有些知识则不能，只能借助逻辑证明即"解证"获得。"理解便由此方法明了这种契合或相违，人心亦就由此方法看到它是契合的或相违的"⑥。

不过，受笛卡尔的影响，洛克的论述虽然整体上是以主客体二元分立为前提的，但是仍然没有明确划分主体和客体。

---

① 苗力田，主编. 古希腊哲学［M］. 北京：中国人民大学出版社，1989：576－577.
② 冯契，主编. 哲学大辞典［M］. 上海：上海辞书出版社，2001：1548.
③ 【英】洛克著. 人类理解论［M］. 北京：商务印书馆，1959：93.
④ 【英】洛克著. 人类理解论［M］. 北京：商务印书馆，1959：515.
⑤ 【英】洛克著. 人类理解论［M］. 北京：商务印书馆，1959：517.
⑥ 【英】洛克著. 人类理解论［M］. 北京：商务印书馆，1959：522.

在洛克之后，莱布尼茨（G. W. Leibniz）的《人类理解新论》、休谟（D. Hume）的《人类理解研究》、斯宾诺莎（B. Spinoza）的《理解改进论》等书籍相继问世。这些著作中所反映的理解观大致可归纳为：一是以起源于经验的各种观念为对象，二是以概念、判断和推理为特征，三是以形成真理或知识为结果。

正是从以上科学理解论的立场出发，当代哲学将理解定义为是一种理性的认识活动，是"认识借助概念，通过分析、比较、概括以及联想、直觉等逻辑或非逻辑的思维方式，领会和把握事物的内部联系、本质及其规律的思维过程"①。

当科学理解论发展到当代，心理学的发展，特别是认知心理学的发展为其提供了更有力的理论支撑。认知心理学认为理解实质上是个体以信息的传输、编码为基础，根据已有信息建构内部的心理表征、进而获得心理意义的过程。这个过程可分为三个阶段，第一个阶段是注意阶段，即个体对已有信息进行过滤，那些引起注意的信息便经过感觉登记进入短时记忆；第二个阶段是编码阶段，在这一阶段，进入短时记忆的信息将通过进一步加工进入长时记忆。第三个阶段是建构阶段，在这一阶段，如果信息能够被原有图式同化，则该图式主要出现量的变化；相反，如果信息不能被原有图式同化，则会产生顺应新信息的变化。但是，无论顺应还是同化，两者都是主体在心理上建构信息不可分割的过程，不同之处在于顺应比同化需要的创新性更大一些。当然，认知心理学对理解所划分的三个阶段在某种程度上只是理论上的，实际上，这三个阶段作为抽象思维的结果，在理解事物的具体过程中，往往是相互渗透的，很难把它们既然分开。

（二）科学理解论的合理性和局限性

从科学理解论的历史演变，不难看出其关于理解的合理性和局限性。

科学理解论对于解决自然问题、理解自然文本方面的合理性是显而易见的。自然科学研究的历史早已证明，正是由于科学理解论倡导主客二分，坚持划清主客界限，使我们能够正确、客观地理解自然文本；科学理解论肯定了人的以抽象思维能力为标志的理解能力，尤其是运用逻辑思维抽象并概括自然规律的能力，从而对人进行了深刻的理解；科学理解论指导人们深刻认识自然，正确揭示自然规律，在某种程度上促进了近现代工业的发展。

但是，科学理解论把主体和客体抽象化、把主客体关系绝对化最终导致否定主体的"客观主义"。科学理解论认为，如果保留了人性，人便不能进行纯正的抽象思维，其思维结果也就不会具有完全客观性，人也就不能抽象概括出正确的客观规律。所以，人不仅在作为客体时要抛弃自身已有的需要、愿望和意志等，

① 冯契，主编. 哲学大辞典［M］. 上海：上海辞书出版社，2001：1411.

而且在作为主体时也需要克服，甚至净化掉所有这些人性因素。这样，科学理解论就把主体和客体抽象化、把主客关系绝对化。把主客关系绝对化的突出表现是对主体间关系的排斥。其实，主体间关系肯定了主体的相对性、局限性与个别性，并使主体的感情、意志变得清晰可见，所以，如果把主体间关系考虑进来，主客体关系就不具有一般模式的作用，相反，而会因各种主体因素的介入而充满具体性和偶然性，以其为关系框架的知识也便由此暴露出其相对性。

二、人文理解论

人文理解论是以解读人文文本进而解读人性为己任，坚持"共识性"理解标准的理论。对人文文本的理解主要依靠人文理解论。人文理解论认为理解既是人的生存方式，也是人的本质特征。自此，理解不仅仅具有单一的工具意义，而且开始扮演工具和目的的双重角色。

对人文文本的理解，既要发挥理解者的主体性，又要发挥主体间性，而主体间性会引导人们自觉遵守基本的社会规范和人们普遍认同的社会标准，在坚持民主原则的社会，"少数服从多数"会成为人们普遍接受和遵循的原则。在此基础上进行的理解行为，是个性与共性的统一。

（一）人文理解论的历史演变

人文理解论经历了一个很长的理论准备期。在理论准备期，无论我国还是西方，都曾对如何理解古代典籍等问题进行过思考。例如西方古代就有一门关于理解、翻译和解释的学科——诠释学（Hermeneutics）。"诠释学的工作就总是这样从一个世界到另一个世界的转换，从神的世界转换到人的世界，从一个陌生的语言世界转换到另一个自己的语言世界"①。古代对于典籍的理解，都侧重把握其本来的意义，不关注人本身，所以不能看作人文理解论的起源，而往往看作人文理解论的理论准备期。意大利思想家维柯（G. Vico）首先突破科学理性的禁锢，举起用人文主义精神反对科学主义专制的旗帜，提出建立一门从自然转向人，以人为中心的"新科学"。这被看作人文理解论理论准备期的终结。

在施莱尔马赫（F. D. Schleiermacher）、狄尔泰、德罗伊生（J. G. Droysen）等人的努力下，真正的人文理解论开始萌芽。施莱尔马赫不仅揭示了理解历史文本过程中的一些矛盾，比如整体与部分之间的矛盾等，而且还提出了理解历史文本意义的"语法解释规则"和"心理学解释规则"，使解释学从特殊解释学发展成为普遍解释学。德罗伊生主张发挥历史学家的主观性理解历史。当然，这并不

---

① 洪汉鼎，主编. 理解与解释——诠释学经典文选［M］. 北京：东方出版社，2001：2.

意味着把历史学家局限在了个人的特殊性之中，相反，历史学家要在创造性的研究中理解历史活动的"普遍自我"和"精神逻辑"。狄尔泰则认为理解历史文本就如同理解作者，因为历史文本是作者意愿和追求的表达，这就将德罗伊生的历史理解观极大地向前推进了一步。

除了施莱尔马赫、狄尔泰、德罗伊生等人之外，杜威（J. Dewey）、卡西尔（E. Cassier）、维特根斯坦（L. Wittgenstein）等人通过直接或间接阐发自己关于理解的思想，也为人文理解论的创立做出了贡献。维特根斯坦的努力促进了人工哲学向日常语言哲学的转向，从而使语言理解成为成为人与人之间的理解，成为人对生活和环境的理解，其实质是人的自我理解。杜威则认为思维是同情境、行为和生活空间连为一体的，并否定了以绝对合逻辑性为标志的科学理解或学科理性，"任何理智命题的逻辑价值，……依赖于实践上的思考，最后依赖于道德的思考"①。卡西尔认为人类的生存活动就是通过各种符号形式表现出来的，不同的符号形成了人类的生活形式，亦即不同的文化形式。

海德格尔（M. Heidegger）是人文理解论的真正开创者。他认为，其他事物都不能理解存在的意义，只有人才能理解存在的意义。因此，理解是人的本质。"理解是此在本身本已能在的生存论意义上的存在"②，即"存在于世上"是人的存在的基本生存状态，是人对世界和自我进行反思的根本基础，换言之，对人的理解就是对人的生存状态的理解和对人的生存可能性的不断筹划。理解是人类基本的生存经验，世界的存在意义正是通过理解得以展开的。理解是人的存在方式，是人的存在意义的组成部分，本身构成存在的意义，而不是存在意义的表现形式。海德格尔的这种观点其实就是伽达默尔所谓的"理解是属于被理解东西的存在"③。显然，海德格尔并不是像前人那样从非人的事物或者虽与人有关但不完全关涉人的现象的角度阐述理解，而是从人的角度阐述理解的。因此，他的理解论就成为名副其实的人文理解论。但令人遗憾的是，海德格尔并没有对人文理解论的一些主要问题进行系统阐述，因而，他并没有建立起人文理解论完整的理论体系。建立起人文理解论完整理论体系的是伽达默尔。

伽达默尔在其1960年出版的《真理与方法》一书中，对人类理解活动的本质、结构与功能，对各种文化层面的理解与冲突，以及理解与语言、文本、意义等一系列人文理解论的基本问题做了系统阐述，构建起了人文理解论较为完整的理论体系。具体来说，他对人文理解论的贡献主要体现在四个方面：把人文理解

---

① 【美】杜威，著. 人的问题［M］. 上海：上海人民出版社，1965：186.

② 洪汉鼎，主编. 理解与解释——诠释学经典文选［M］. 北京：东方出版社，2001：112.

③ Hans‐Geoorg Gadamer（1999），translated by G. Barden et al. , Truth and Method（Foreword to the Second Edition），China Social Sciences Publishing House，p. xix.

与科学理解区别开来、阐明了人文理解论的历史原则、揭示了人文原理，明确了人文精神在人文理解论中的根本地位、证明了经过语言研究理解问题是人文理解论的展开形式。

当然，还有不少学者对人文理解论的形成做出了很大贡献，哈贝马斯（J. Habermas）是其中贡献较大的一位。他提出了"交往理论"，其实质是人文理解论的具体化。他所说的"交往"，其意思几乎等同于理解。"我把以达到理解为目的的活动看作最根本的东西"，"而其他形式的社会活动——冲突、竞争、通常意义上的战略活动——统统是以达到理解为目标的活动的衍生物"①。

（二）人文理解论的合理性和局限性

人文理解论在理解人性和人文文本方面具有较大的合理性，其合理性主要表现在二个方面：第一，人文理解论结束了把理解局限于工具范畴的历史，使它成为了人的目的，把理解看作人的存在方式和人对自身生命可能性或生产可能性的筹划。第二，人文理解论所揭示的视域融合、时间间距等原理，为人们阅读和理解人文作品提供了一把钥匙。第三，人文理解论提出的效果历史观，能够帮助理解者在理解历史的过程中更好地处理主观与客观的关系。

人文理解论的局限性主要在于其从个体经验论或个体存在论出发，把自然世界丢弃在理论视野之外，因而难以理解自然世界。以主体间关系消解主客关系，把一切事物均置于主体间关系的视野去理解，使主体间关系绝对化，最终演变为以追求主体性为唯一目的的"主体主义"。在对人的理解方面，人文理解论也存有缺憾。抛弃主体概念，简单地用一个"人"字或"我"字代替存在或理解，最终导致理解的主体与客体"同归于尽"，剩下的只有自我理解和人的自我体验，这是荒谬的。其实，主体和客体间是密不可分、相互依存的。主体的各种本性和功能只有在客体身上才能得到规定和实现，离开了客体，主体的各种本性和功能便难以发挥，主体自然也就不复存在，因此，主体只有在面对客体是才能成其为主体。人文理解论以否认主客二元关系为前提的主体间性等概念是站不住脚的。

人文理解论的局限性有其知识论和实践论根源。就知识论根源而言，人文理解论所关注的是历史、语言、文学、艺术等人文学科，自然现象被淡忘。就实践论根源而言，人文理解论建立于后工业社会，在这一时期，交往实践取代了生产实践，而交往实践尽管也有主客关系，但其主要特征和主要内容我人际关系或主体间关系。这就使人文理解论在交往实践中面对人际理解活动时，关注的仅仅是人际关系或主体间关系，而主客关系自然被淹没在主体间关系之中。

---

① 刘少杰，著. 理解的追寻——实践理解论引论［M］. 长春：吉林大学出版社，1994：45.

三、实践理解论

人际文本的理解主要靠实践理解论。实践理解论既有伽达默尔实践哲学阐发的，也有马克思为代表创立的，前者主要揭示实践中的道德关系，并以"接纳性"作为理解标准，而后者则主要揭示社会实践的理解原理，并以"实践性"作为理解标准。当然，因完整的实践活动总是涉及物质和精神两个方面，而两种实践理解论似乎将完整的实践活动人为割裂开来，这是不恰当的。另外，以马克思为代表创立的实践理解论主要立足于物质生产活动，这在一定程度上影响了实践意义的全面性，形成了理解道德现象时的某些局限。相反，由伽达默尔实践哲学阐发的实践理解论则主要立足于社会生活中的道德现象，忽视了人类实践的完整性。所以，只有将两种实践理解论结合起来，相互补充，才会形成更加完美的实践理解论，更好地理解实践理解现象。当以"接纳性"为标准的实践理解论与以"实践性"为标准的实践理解论结合以后，理解的标准就变成了"实践接纳性"。

（一）人文理解论的历史演变

不同的实践理解论起源于对实践的不同理解，因此，要厘清实践理解论的历史演变，首先必须明确实践的含义。Praxis（实践）一词在古希腊时代是指一切有生命的东西的行为方式。亚里士多德又赋予实践"反思人类行为"的含义。他认为实践有两种形式，一种是为了外在目的的实践，例如建筑和学习等，属于"做"、"生产"，因而称为"活动"；另一种是本身就是目的的实践，例如生活、幸福、深思等，是真正哲学意义上的实践，因而称为"实现"。基于这种认识，亚里士多德从实践哲学的角度，认为实践是人的一切追求知识、能力和选择的势力都趋向善的行为，主要是指与他人和社会福祉相关的人的伦理道德行为与政治行为。而且在他眼里，人的实践行为一定包含着伦理之知或善恶之知，否则就不算是人的行为①。

马克思所说的实践则侧重于人类的物质生产活动，同时，也不排斥精神活动，因而超越了亚里士多德实践的范畴。马克思认为，"社会生活在本质上是实践的"②。实践创造了社会生活条件和社会生活方式，并展开了社会生活，社会生活中的种种问题以及对社会问题产生的这种理论误解，"都能在人的实践中以

① 张能为，著.理解的实践——伽达默尔实践哲学研究［M］.北京：人民出版社，2002：94－95.
② 马克思，恩格斯，著.马克思恩格斯选集（第1卷）［M］.北京：人民出版社，1995：56.

及对这个实践的理解中得到合理的解决"①。总之,马克思主张把事物、现实、感性……均当作实践来理解。这句话包含三层含义:一是实践是人类有目的、能动地创造世界的感性活动,是精神活动和物质活动的辩证统一过程,不仅在精神和物质、主观和客观等多种矛盾关系展开着自己,而且也把这些矛盾关系对象化到现实世界之中。把事物、感性和现实等当作实践来理解,就意味着既不能只从客体的或直观的形式来理解,也不能仅从主观方面来理解,而应在精神与物质、主体与客体的辩证统一中来把握实践及其创造的世界。二是现实世界的各种方面以及全部过程,都是实践的创造结果和展开形式。所以,应从实践出发,把事物、现实和感性当作实践去理解,进而把握问题的根本,达到对现实世界真实而具体的把握。三是实践本身具有"革命的"和"批判的"意义,因而,实践是对事物和现实给予批判的理解,实践既能使世界二重化,把自然分化为属人世界和自然世界,也能使世界双向转化,即自然世界的客体性不断内化到属人世界中,而属人世界的主体性则不断对象化到自然世界中,最终,世界便在实践中实现动态统一。

马克思的实践理解论揭示了人类理解活动的最重要特征——实践性。所谓实践性包含两方面的意思:一方面,理解与实践不可分离。绝大部分理解活动发生于实践活动之中,即使那些从表面看似乎与实践无关的"自我体验"、"自我内察"等理解现象,也可以在实践活动中找到它们的根源。所以,理解离不开实践,实践一定要有理解。只有那些发生在实践中的理解才是人类真正的生命形式;另一方面,理解活动对物质活动具有引导作用,反过来,在实践中的物质活动会对理解活动产生一定的制约。物质条件会制约人的理解能力和理解范围,在一定的历史条件下,人只能借助特定的物质条件进行理解。当然,这并不是说人的理解完全受制于物质条件,其实,人往往会依靠其主动性冲破物质条件的限制,实现自身的解放,设计并实施新的物质活动。

毋庸置疑,真正的实践理解具有整体性特征。所谓整体性,有两层含义:一是实践过程中的一切要素、一切关系、一切矛盾、一切冲突等都要进入到理解活动之中,都在这样那样影响着理解活动的进行。二是理解活动是认知、评价和审美等各种意识形态的整体统一性,而非仅指科学理解论所关注的科学认识活动,或者人文理解论所关注的感情体验、价值评价和审美意识。

自第二次世界大战以后,由于"对人的自我理解、人的意识发展研究进入了一个新的阶段。从马克思主义到存在哲学,从解释学到现象学,都在致力于说明和揭示人的意识的发展"②,使人们开始重新审视亚里士多德的第二种实践——

---

① 马克思,恩格斯,著. 马克思恩格斯选集(第1卷)[M]. 北京:人民出版社,1995:56.
② 薛华,著. 哈贝马斯的商谈伦理学[M]. 沈阳:辽宁教育出版社,1998:75.

"实现"。在众多学者在，当属伽达默尔的观点最为引人瞩目。他说："依我看来在科学方法论方面所产生混乱的最后根据是实践概念的衰亡。实践概念在科学时代以及科学确定性理想的时代失却了它的合法性。因为自从科学把它的目标放在对自然和历史事件的因果因素进行抽象分析以来，它就把实践仅仅当作科学的实用。但这乃是一种根本不需要解释才能的'实践'。于是，技术概念就取代了实践概念，换句话说：专家的判断能力就取代了政治的理性"①。

从自己的实践观出发，伽达默尔进一步指出："人的实践行为最根本的是一种理解行为，获得对他人、对一切文本意义的理解，……理解本身就是实践的，其最根本目的就是要告诉人们，行为实践是一个意义理解、意义创造的过程，人的行为意义是自由的、开放的、相对的，是理解中的创造"②。

概言之，伽达默尔实践理解论的核心就是：生活世界中的人们，通过"理解中的对话"，相互理解、认同，最终建立起一种以善为目的的人类共同体③。

（二）实践理解论的合理性和局限性

以马克思为代表的实践理解论，因其直面发生在实践中的人类理解活动，既有利于把握理解活动的整体性，也有利于把握其真实性和具体性。而且因理解过程具有综合性，理解活动必然以各种意识形式统一地领悟和表达主体在实践中的各种接触与感受，所以，马克思的实践理解论对社会生活也就具有普遍的适用性。

马克思的实践理解论坚持"实践性"的理解标准，也就意味着这种理解理论要求必须用辩证性和历史性的观点理解实践活动。历史性是指在理解事物和现实时，必须把它们看作无限变化的历史过程。辩证性不仅要求揭示理解活动中的符号、语言、交往、共识等表层理解现象之间的普遍联系，还要求揭示这些表层理解现象与信念、理想、利益、意义等深层理解现象之间的内在联系。辩证性中还含有批判性。只有对事物进行批判地理解，才能深化人们对实践的理解，实现对实践的深层透视，同时，深化对理解的理解。所以，批判性不仅是理解自我的工具，也是理解现实的有力武器。

马克思的实践理解论坚持"实践性"的理解标准，还意味着从最终意义上来说理解都是发生在实践之中，因而，无论对人的理解还是对事物的理解，都应该用"实践性"标准进行评判，这样，就使实践理解论从根本与科学理解论和人文理解论区别开来。科学理解论和人文理解论最大的缺陷就是忽视了实践性，

---

① 张能为，著. 理解的实践——伽达默尔实践哲学研究［M］. 北京：人民出版社，2002：95.

② 张能为，著. 理解的实践——伽达默尔实践哲学研究［M］. 北京：人民出版社，2002：111.

③ 张能为，著. 理解的实践——伽达默尔实践哲学研究［M］. 北京：人民出版社，2002：201.

所以，虽然两种理解论也在总体性、辩证性、历史性等方面提出了一些重要见解，但在解决社会生活中实际存在的理解问题时仍然显得无能为力。

伽达默尔的实践理解论尤其关注了实践中的道德问题，对于如何从道德方面理解人的实践活动具有重要价值，另外，它对马克思的实践理解论做了很好的补充，总体上使实践理解论变得更加丰满。

马克思的实践理解论有许多方面亟待完善和发展：首先，需要更全面地回答实践理解的特殊性和它与其它理解论之间的关系问题。其次，需要加强概念和范畴等的研究，在此基础上建立起自身严格意义上的理论体系。另外，马克思的实践理解论因主要立足于物质生产活动，在一定程度上影响了实践意义的全面性，因而在理解道德现象时往往存在某些局限。同样，伽达默尔的实践理解论又因主要关注社会生活中的道德现象，忽视了人类实践的完整性，所以，也不是全面的实践理解论。因此，两种理解论只有相互补充，才能够更好地理解发生在实践中的理解现象。

第三节 教师教材理解标准的构建

对于教师教材理解而言，应以什么为标准，还应考虑学科性质和教师教材理解活动的性质等。

我国普通高中当前开设的主要科目有语文、数学、外语、物理、化学、生物、思想政治、历史、地理等，这些学科的性质各不相同。其中，语文、历史、思想政治等学科属于人文学科，物理、化学、生物属于自然学科，数学是研究空间形式和数量关系的科学，是自然科学、技术科学等科学的基础，地理作为研究地理环境以及人类活动与地理环境相互关系的科学，兼具自然科学和人文科学的双重性质，甚至钱学森等科学家认为地理学应成为一门独立的科学——地理科学①。不同性质的学科，对其教材的理解标准也应有所不同。对于语文、历史、思想政治等学科教材的理解，应以"共识性"作为理解的主要标准，而对于物理、化学、生物等学科教材的理解，应以"正确性"作为理解的主要标准，而地理学科兼具自然科学和人文科学的性质，自然地理学和人文地理学是其两大重要分支学科，对于偏重自然地理学的教材（例如新课标高中地理必修1）和偏重人文地理学的教材（例如新课标高中地理必修2）还应有不同的理解标准。

教师教材理解是一种既具有科学性，又具有人文性和实践性，科学性、人文性与实践性相互融合的活动。教师的教材理解活动既不是一种单一理解自然文

---

① 钱学森在第二届全国天地生相互关系学术讨论会上的发言"发展地理科学的建议"中，首次采用了"地理科学"这一名词。

本、仅专注科学认识的活动，也不是一种单一理解人文文本、仅关注情感体验、价值评价和审美意识的活动，而是一种既关注科学认识，也关注情感体验、价值评价和审美意识的活动。以马克思为代表创立的实践理解论直面发生在实践中的理解活动，既有利于把握教师教材理解活动的真实性和具体性，也有利于把握教师教材理解活动的完整性和整体性。而且，从马克思的实践理解论出发，教师的教材理解活动总是发生在实践中。

教师教材理解是教材意义生成的必要条件，是教师进行有效课堂教学的重要前提，教师教材理解必须视教育目标的达成为己任，只有有助于教育目标达成的教师教材理解才是有效的教师教材理解。从这个意义上说，泰勒原理，特别是关于确定教育目标的三个来源，对教师教材理解标准的确定有一定的启发。

被称为"现代课程理论之父"的泰勒在其1949年出版的《课程与教学的基本原理》一书中开宗明义地指出：开发任何课程和教学计划都必须回答四个基本问题①，这四个问题涵盖教育目标的确定、教育经验的选择、教育经验的组织、教育计划的评价。

关于学校应该试图达到什么教育目标，即如何确定教育目标的问题，泰勒认为主要依据三个来源：对学习者自身的研究、对校外当代生活的研究以及学科专家的建议。

因到目前为止，国内尚没有教师教材理解的评价指标体系，在对理解理论和"泰勒原理"进行研究的基础上，我们尝试从学科课程标准和学生的需要两个方面确立教师教材理解的评价指标体系。

适切性是指某事物与其所处的环境中诸要素之间的相关程度，一般用适合需要、适当、恰当等方面的特征来描述。为了评价教师的教材理解是否"基于标准"和"学生的需要"进行，我们提出了"教师教材理解适切性"这一概念。所谓"教师教材理解的适切性"，是指教师的教材理解与学科课程标准所要求的基本理念、课程目标、内容要求以及学生的认知能力、生活经验、已有知识基础、未来职业发展的匹配情况。需要说明的是，教师教材理解的适切性是一个模糊的概念，具有"亦此亦彼"是特征，换句话说，对教师教材理解的评价不可能有明确的标准，我们也不应追求明确的标准，只要教师教材理解适切性评价能够较为客观地反映教师的教材理解与学科课程标准所要求的基本理念、课程目标、内容要求以及学生的认知能力、生活经验、已有知识基础、未来职业发展的匹配情况，我们进行评价的基本目的也就达到了。当然，教师教材理解适切性评价不是结果性评价，而是一种发展性评价，不仅要对教师教材理解做出事实判断

---

① Tyler, R. (1949), Basic Principles of Curriculum and Instruction, Chicago, IL: The University of Chicago Press.

和价值判断，还要指出教师教材理解存在的缺点和不足，提出教师教材理解的改进建议和发展方向。

"教师教材理解的适切性"又可分为教师教材理解与课程标准的适切性和教师教材理解与学生需要的适切性。

一、教师教材理解与课程标准的适切性

《基础教育课程改革纲要（试行）》指出："国家课程标准是教材编写、教学、评估和考试命题的依据，是国家管理和评价课程的基础。应体现国家对不同学段的学生在知识与技能、过程与方法、情感态度与价值观等方面的基本要求，规定各门课程的性质、目标、内容框架，提出教学和评价建议①"。显然，课程标准不仅是教材编写的基本依据，也是教学、评价和考试命题的基本依据，课程标准还明确规定了各门学科的课程性质、课程目标和内容要求等，对教学和评价提出了建议。课程标准规定了不同阶段学生在知识与技能、过程与方法、情感态度与价值观等方面所应达到的基本要求，这些要求是国家对某一学段学生学习内容和学习结果的期待和规定。无论教材编写、教师教学、教学评价还是教师的教材理解，都要以这些要求作为出发点和落脚点。泰勒关于确定教育目标的三个来源中，第三个来源是学科专家的意见，而课程标准是由各学科领域内最顶尖的专家制定的，所以，课程标准实际上就代表了学科专家的意见。因此，教师的教材理解应围绕学科课程标准展开。

因"基本理念"、"课程目标"、"内容标准"是各学科课程标准的核心内容，所以，教师教材理解与课程标准的适切性可以从教师教材理解与学科课程改革基本理念的适切性、与学科课程目标的适切性和与学科内容要求的适切性三个方面进行评价。

（一）教师教材理解与学科课程改革基本理念的适切性

各学科课程标准"前言"部分都提出了本学科课程改革的基本理念，例如，《普通高中地理课程标准（实验）》提出了"培养现代公民必备的地理素养"、"满足不同学生的地理学习需要"、"重视对地理问题的探究"、"强调信息技术在地理学习中的应用"、"注重学习过程评价和学习结果评价的结合"五个方面的基本理念。

教师教材理解与学科基本理念的适切性可从以下几方面考虑：（1）目的性。即教师教材理解应有利于体现学科课程改革基本理念；（2）过程性。即教师教材理解应有体现学科课程改革基本理念的过程；（3）目标达成性。即教师教材

---

① 中华人民共和国教育部. 基础教育课程改革纲要（试行），文件教基［2001］17 号，2001.

理解能够达成学科课程改革的基本理念。

（二）教师教材理解与学科课程目标的适切性

加强课程的目标意识，是各国课程改革的共同趋势。新课程改革以促进学生发展为宗旨，从"知识与技能"、"过程与方法"、"情感态度与价值观"三个维度确立了课程目标，其中"过程与方法"目标是新课程标准的突出特点，意味着课程标准更加看重未来社会对国民素质的要求，其目的是培养未来的建设者。特别是21世纪以来，科学技术的突飞猛进以及经济全球化对人的素质提出了新的要求，在这种背景下，课程目标作为国家对不同学段的学生在知识与技能、过程与方法、情感态度与价值观几方面的基本素质要求，理应成为课程标准的核心部分，教师教材理解的目的就是为了更好地达成这些基本素质要求。

对教师教材理解与学科课程目标的适切性的评价应包括以下几方面：（1）目的性。即教师教材理解要以达成学科课程标准所要求的"知识与技能"、"过程与方法"、"情感态度与价值观"为目标。（2）目标达成性。即教师教材理解要达成学科课程目标。（3）发展性。学科课程目标规定的只是学生在知识与技能、过程与方法、情感态度与价值观各方面所应达到的最基本要求，虽然不提倡过度拔高要求，但教师教材理解应满足不同层次学生的发展需求。（4）应用性。学科课程目标的提出是为了让学生能够更好地适应新的形式的需要，教师教材理解应体现所培养的学生在具体情境中的表现。例如就高中地理学科而言，教师教材理解应体现学生是否能够独立或合作开展地理观测等知识与技能目标、是否初步学会通过多种途径、运用多种手段收集地理信息等过程与方法目标、是否关注我国环境与发展的现状和趋势等情感态度与价值观目标。

（三）教师教材理解与学科内容要求的适切性

如果说"基本理念"、"课程目标"、"内容标准"是各学科课程标准的核心内容，那么"内容标准"就是核心中的核心。因此，教师教材理解与学科内容要求的适切性评价应成为教师教材理解与课程标准的适切性评价中最关键的部分。学科课程标准中的"内容标准"部分是按照主题或学习领域组织的。例如，高中地理学科的"内容标准"由"必修课程"和"选修课程"两部分组成，必修课程又分为"地理1"、"地理2"、"地理3"三个模块，选修课程又分为"宇宙与环境"、"海洋地理"等七个模块。每个模块都从知识与技能、过程与方法、情感态度与价值观三个方面用行为目标方式表述，例如，"阐述太阳对地球的影响"、"说出地球的圈层结构，概括各圈层的主要特点"等。

教师教材理解的最终目的是为了更好地达成学科课程标准所提出的内容要求，因为只有达成内容要求，才能实现课程标准提出的课程目标。可以说，内容要求既是课程目标的重要组成部分，也是达成课程目标的重要手段。所以，就内容要求而言，教师教材理解首先应以达成内容要求为目的，而内容要求只有经过一定的过程才能达成。当然，学科课程标准中所提出的内容要求只是该学段学生所应达到的最基本要求，因此，教师教材理解要为学生的进一步发展预留充足的空间。基于以上考虑，我们认为教师教材理解与学科内容要求的适切性评价应包括目的性、过程性、目标达成性、发展性四个方面。

案例：

教师教材理解与课程标准的适切性
——以湘教版新课标高中地理必修 3 第二章第 2 节为例

课程标准要求
●以某区域为例，分析该区域存在的环境与发展问题，诸如水土流失、荒漠化等发生的原因，森林、湿地等开发利用存在的问题，了解其危害和综合治理保护措施。
湘教版教材的表述
2.2 湿地资源的开发与保护——以洞庭湖区为例 湿地（Wetland）是水位经常接近地表或为浅水覆盖的土地。湿地既包括沼泽、滩涂、低潮时水深不超过 6 米的浅海区，也包括河流、湖泊、水库、稻田等。这些地方共同的特点是，地表常年或经常有水，属于陆地与水体之间的过渡带。湿地广泛分布于世界各地。我国湿地类型多样，从寒温带到热带，从沿海到内陆，从平原到高山，都有较为广泛的分布。 **ACTIVITY 活动** 中国于 1992 年加入《国际湿地公约》，现有国际重要湿地 30 处，面积 343 万公顷。读图 2-7，说一说我国湿地在空间分布上有什么特点。 一、"地球之肾" 湿地是自然界中具有较高的生产力和丰富的生物多样性的生态系统。在提供水资源、调节气候、涵养水源、调蓄洪水、美化环境、净化水中污染物质、保护生物多样性等方面，湿地都发挥着重要作用。因此，湿地常被人们称为"地球之肾"、"生命的摇篮"和"鸟类的乐园"。 二、湿地资源问题 随着人类对于资源、环境的过度开发利用，天然湿地的数量在不断减少，质量在逐渐下降，湿地生态系统的功能和效益得不到有效发挥，抵御自然灾害的能力也明显降低。 ……

课程标准虽然是教材编写的主要依据，只有能够很好地达成课程标准各方面要求的教材才能称得上是一本合格的教材。可问题是，在教材编写专家将课程标准转化为教材的过程中，难免会出现失真的情况，还有，如果不认真研究课程标准，那么教师就可能不能领会教材编写的真实意图，教师的教材理解也就可能会偏离正确的方向，新课程改革的基本精神也可能得不到落实。要解决这些问题，教师需要认真研究课程标准，并以此为标准来评价教材的编写是否很好地达成了课程标准的要求；通过课程标准与教材的比较，领会教材编写专家在教材编写的过程中是如何达成课程标准的要求的，最终理解教材编写的真实意图；将课程标准作为教材理解的标准，防止教材理解出现偏差。

一、教材对课程标准的达成度（教材失真情况）分析

课程标准对该部分内容的要求是"以某区域为例，分析该区域存在的环境与发展问题，诸如水土流失、荒漠化等发生的原因，森林、湿地等开发利用存在的问题，了解其危害和综合治理保护措施"，显然，教材选取洞庭湖湿地，分析洞庭湖湿地在开发利用当中存在的问题、危害和综合治理措施，问题、危害和综合治理措施是课程标准强调的重点，只要教材能够很好地说明了这三个问题，就可以说教材达成了课程标准的要求。从比较来看，只能说教材基本上达成了课程标准的要求，但达成度不是很高。理由有二，其一，洞庭湖湿地存在的问题主要有三个，即面积萎缩、滥捕滥猎野生动植物及污染严重，教材通过阅读"萎缩的洞庭湖"较好地说明了洞庭湖面积萎缩的问题，但仅用图2－10"掠夺性捕鱼"和图2－11"捕杀珍惜鸟类"两幅图说明滥捕滥猎野生动植物的问题，而对污染严重只字未提，所以，教材对洞庭湖存在问题的表述不全面。其二，对于洞庭湖综合治理的措施，应主要针对存在的问题对症下药，而教材通过阅读"洞庭湖'变'大了"来说明解决洞庭湖面积萎缩问题的措施，而对解决滥捕滥猎野生动植物及污染严重问题的措施只字未提，所以，对综合治理措施的表述也是不全面的。因此，综合考虑，教材对课程标准的达成度不是很高。有待教师在理解教材时加以弥补。

二、教师如何领会教材编写的真实意图

通过对课程标准的研究，不难发现本节教材编写的意图就是以洞庭湖湿地为例，说明湿地在开发利用当中存在的问题、危害和综合治理措施，教材理解的重点当然也应放在存在的问题、危害和综合治理措施三个方面，当然，在说明这三个问题之前，教材介绍了湿地的概念、类型及我国湿地的分布情况和湿地的功能等，这些内容显然是为了更好地说明存在的问题、危害和综合治理措施三个问题而做的铺垫。教材中的2－10"掠夺性捕鱼"和2－11"捕杀珍惜鸟类"两幅图则承担着说明洞庭湖湿地在开发利用中出现的滥捕滥猎野生动植物这一问题的重任，如果不认真研究课程标准，教师可能就不能领会教材编写者选择这两幅图的

意图，在理解教材时就可能会忽视了这两幅图的作用。而安排在最后的活动1及图2-13"洞庭湖区水产养殖场"则是为了说明洞庭湖退田还湖后的发展方向，是对课程标准要求的拓展和延伸，这种拓展和延伸是很有价值的。

三、教师教材理解应基于课程标准

根据课程标准的要求，只要以某个湿地为例，说明湿地在开发利用当中存在的问题、危害和综合治理措施即可，湘教版教材选取洞庭湖为例，教师在理解教材时，完全可以用其他湿地尤其是学校周边典型的湿地取代洞庭湖。当然，教师的教材理解一定要在课程标准的要求之内进行。例如，有教师在讲授本节内容时，完全抛开教材，也没有认真研究课程标准，课前搜集了这个最美十大湿地的资料，课堂上，利用小组合作学习的方式，让学生进行我国十大湿地的选美，这节课下来，学生们只是大致了解了我国的十大最美湿地，而没有达成课程标准的要求，这种教材理解明显偏离了方向，根本无法实现预定的教学目标。所以，教师的教材理解一定要基于课程标准进行，忽视课程标准的作用，无视课程的基本理念和课程设计思路等，很可能会造成对具体课程的断章取义，从而使教师对教材产生片面甚至错误的理解和做法。

二、教师教材理解与学生需要的适切性

教育是什么？这个问题看似简单，实际上却十分复杂。因为这是一个涉及教育本质的问题，属于教育哲学的基本范畴。而教育的本质问题，又是一个自教育科学诞生以来一直争论不休，至今仍没有定论的问题，甚至有学者称其为"哥德巴赫猜想"[1]。教育的概念众说纷纭，莫衷一是，黄济教授曾说："教育的概念，可否概括为：教育就是造就人的社会活动"[2]。由此可见，归根结底，教育一定是一种与人（受教育者或学生）有关的活动，没有人就没有教育，教育的目的也是为了人。

《国家中长期教育改革和发展规划纲要（2012~2020年)》明确指出："尊重教育规律和学生身心发展规律，为每个学生提供适合的教育"[3]。这种"以人为本"的教育理念，乍看起来，是因材施教思想的一种新的表达，实际上，却是人本主义教育价值观的突出体现，也是时代对教育发展的呼唤。

显然，泰勒将"对学习者的研究"作为确定教育目标的来源之一，即使对

---

① 卢国良. 人的全面发展与教育本质 [J]. 当代教育论坛, 2010 (1)：17.

② 黄济. 对教育本质的再认识 [J]. 中国教育学刊, 2008 (9)：4.

③ 中共中央、国务院. 国家中长期教育改革和发展规划纲要（2012~2010年) [N]. 中国教育报. 2010-07-30.

于今天的教育也具有十分重要的意义。泰勒认为："教育是一种改变人的行为模式的过程，这里的行为是从广泛的意义上理解的，包括思维、情感和外显的行动。当这样看待教育的时候，教育目标很显然就表征着教育机构试图在学生身上所引起的行为变化的种类。对学习者自身的研究就是要确认教育机构力图产生的、学生行为模式中所需要的变化"①。简单地说，泰勒认为教育目标就是使学生的行为模式产生所需要的变化，只有研究学生，才能明确这种变化的前提。

从课程理论中对课程本质的探讨来看，关于课程的本质观主要有三种观点：课程即知识，课程即经验，课程即活动。斯宾塞"什么知识最有价值，一致的答案就是科学"的观点是课程即知识本质观的典型代表。如果我们认为课程即知识，那么教师就不需要理解教材，只需要教教材就行了。随着课程即知识的课程本质观给教学带来越来越多的问题，课程即知识的本质观逐渐被课程即经验、课程即活动的本质观所取代，而且已成为新课程改革的主调。这是人们对课程本质观认识的一种进步，这种全新的课程本质观也给教师使用教材提出了更高的要求。

课程即经验本质观的代表人物当属杜威。杜威认为，只有学习者亲身的经历才能称作真正意义上的学习，只有经历，才能让外在的知识转化为学习者自身的经验，从而使学习者自身发生变化。

课程即活动本质观的持有者则认为，课程是学习者各种自主性活动的总和。学习者正是通过与这些自主性活动的互动而使自身发生变化的。

与课程即知识本质观将学习者看作学习的主要接受者不同，无论是课程即经验本质观，还是课程即活动本质观，都不约而同地将学习者看作课程的主体，都重视学习者的兴趣、需要、能力、现有学习水平等对学习的影响，强调从学习者的角度出发设计和实施课程。

从现代教学论角度看，教材有三个主要功能：第一，为学习者选择和传递知识与信息的功能；第二，帮助学习者梳理知识自身的结构，使知识结构化的功能；第三，对学习者学习方法的指导功能。对教材功能的这种认识，与对教材传统功能认识的最大不同，就是看重教材对学习者学习的帮助和学习方法的指导。从现代教学论角度看，一本好的教材，一定是对学习者的学习方法有很好的指导，能够很好地帮助学习者学习，能够很好地促进学生发展的教材。当然，要实现教材功能的这种转变，关键是要"基于学生的需要"，"学生的需要"是教材功能转变的前提，是教师教材理解必须考虑的方面。

从世界范围看，教材的功能都在由"教材"向"学材"转变，教材既是教师教学的重要资源和依据，更是学生学习的重要资源和依据。我国的新课标教材

① Tyler, R. (1949), Basic Principles of Curriculum and Instruction, pp. 5 - 6.

也在教材编写理念、编写过程、编写方法以及教材内容的选择等方面，充分考虑了学生的兴趣、能力和需要等。但是，由于不同地域、不同学校的学生存在一定的差异，甚至同一学校的学生也千差万别，这就使新课标教材仍然不能满足学生多样化学习的需要。因此，教师应成为教材与学生之间的中介，将学生的需要作为教材理解的出发点和归宿，基于学生的需要对教材进行理解，努力将"教材"转化为"学材"，将预设的教材转化为生成的教材。

与"学生的需要"相近的表述是"孩子的需要"，但两者具有不同的含义。"学生"这一概念是特指一个人在教育体系中的角色，所以"学生的需要"是一种在学校环境中较为正式和严肃的表达。而由于"孩子"这一概念是成人对年轻一代的称呼，所以"孩子的需要"主要是在家庭这样的环境中较为随意的表达。米兰·昆德拉曾说："缺乏经验（inexperience）——最早为《不能承受的生命之轻》所构思的题目是"缺乏经验的世界"。我把缺乏经验看作人类生存处境的性质之一。人生下来就这么一次，人永远无法带着前世生活的经验重新开始另一种生活，人走出儿童时代时，不知青年时代是什么样子，结婚时不知结了婚是什么样子，甚至步入老年时，也还不知道往哪里走：老人是对老年一无所知的孩子。从这个意义上说，人的大地是缺乏经验的世界"①。可见，人类的存在具有无经验性。正是这种无经验性，使得学生在成长的过程中不能清楚地意识到自己的需要。所以，"学生的需要"是一种由社会各界的力量，尤其是教师等共同参与建构的过程，而不仅是学生自发的"我想要"。但是，由于对学生需要的建构要受到经济、政治、教育等因素的影响，对学生需要的建构往往会违背学生身心发展的特点和规律，甚至在不同时代会走向相反的方向。例如，在中国文化强调集体和社会的背景下，对学生需要的建构可能会忽视学生自发的"我想要"。而在当前新课程改革的背景下，由于以学生为本的人本主义话语占据了主导地位，对学生需要的建构又可能会出现过度重视学生的"我想要"的情况。因此，"当我们在根据社会的要求建构学生的需要的时候，应该在遵循儿童身心发展特点的基础上，兼顾到孩子自发的'我想要'和整个社会的需要，将儿童身心的成熟和发展合理地纳入到社会需要的轨道"②。

有学者认为学生的需要应该主要包括三个方面："个人的需要、学习的需要和未来职业发展的需要。其中个人的需要包括：年龄、性别、文化背景、兴趣和教育背景；学习的需要包含：学习风格、先前的学习经验、目标知识水平和现有知识水平间的差距、目标能力水平和现有能力水平间的差距、学习目标和期望；

---

① ［捷克］米兰·昆德拉. 董强，译. 小说的艺术 ［M］. 上海：上海译文出版社，2004：173.
② 谭斌. 再论学生的需要——兼作对现阶段合理对待学生需要的建议 ［J］. 教育学报，2006（3）：13.

未来职业的需要包括未来从事的职业对知识、能力方面的要求"①。

斯皮尔曼（Spearman）认为，所有心理活动都包括一般因素（g因素）和特殊因素（s因素）两种因素，其中，特殊因素反映的是智力活动的个体差异性，而一般因素则反映的是智力活动的共性，是体现不同个体智力水平高低的主要因素。

基于以上认识，我们认为教师教材理解与学生需要的适切性应包括一般因素和特殊因素两个角度和教师教材理解与学生认知能力的适切性、教师教材理解与学生生活经验的适切性、教师教材理解与学生已有知识水平的适切性三个维度。

（一）教师教材理解与学生认知能力的适切性

教师教材理解与学生认知能力的适切性应考虑以下几方面：（1）基础性。瑞士心理学家皮亚杰（J. Piaget）认为，儿童从出生到成人的认知发展不是一个数量不断增加的简单累积过程，而是同伴同化性的认知结构的不断再构，使认知发展形成几个按不变顺序相继出现的时期或阶段。经过一系列的研究与演变，他将从婴儿到青春期的认知发展分为感知运动阶段、前运算阶段、具体运算阶段和形式运算阶段②。大量的研究也表明，皮亚杰所揭示的这种思维发展的阶段性是普遍存在的。基础性即教师教材理解要遵循学生认知能力发展的一般规律，符合大多数学生认知发展的水平。（2）差异性。学生的认知能力发展虽然有一定的规律可循，但不同学生个体的认知能力在发展水平、表现时间早晚、能力结构等方面存在一定的差异也是不争的事实，而且思维越是发展到高级水平，儿童之间的个别差异越大③。所以，教师教材理解不仅要符合大多数学生认知发展的水平，同时还要考虑到不同个体之间的差异性，满足不同层次学生的发展需要，追求"让每一个孩子成功"的教育。（3）发展性。维果茨基（Vygotsky）的最近发展区理论是其社会文化理论的精髓。"最近发展区"指的是"实际发展水平与潜在发展水平之间的距离"④，教学不能被动适应实际发展水平，而应超越实际发展水平，走在学生发展的前面。

（二）教师教材理解与学生生活经验的适切性

《基础教育课程改革纲要（试行）》中明确要求教材要联系学生生活经验，

①　沈健美，林正范. 教师基于课程标准和学生需要的"教材二次开发" [J]. 课程·教材·教法，2012（9）：12.

②　皮连生主编. 学与教的心理学 [M]. 上海：华东师范大学出版社，1997：41 – 45.

③　皮连生主编. 学与教的心理学 [M]. 上海：华东师范大学出版社，1997：46.

④　Vygotsky, l. s. Mind in Society：The Development of Higher Psychological Processes. Cambridge, Massachusetts：Harvard University Press，1978，p. 86.

各学科课程标准也强调要从学生现实生活的经历和体验出发，所以，学生的生活经验应成为教师教材理解的出发点。

教师教材理解活动离不开对教材中的素材、案例的增减、替换，教师教材理解与学生生活经验的适切性主要强调教师所增减、替换的素材和案例与学生经验的适合性质和程度。由于教师对教材中素材和案例的增减、替换需遵循目的性、真实性、时代性、丰富性和公平性等原则，教师教材理解与学生生活经验的适切性也应包括这几个方面：（1）目的性。即教师所增减、替换的案例与素材必须与学习内容相关。（2）真实性。即案例或素材所创设的情境要真实，而且尽可能与学生的生活经验相结合。（3）时代性。泰勒原理要求教育目标的设定要考虑对当代生活的研究，学科专家在制定课程标准和编写教材时虽然已经充分考虑了时代性这一要求，但由于当代生活瞬息万变，而课程标准和教材的更新较慢，这就要求教师在教材理解过程中密切关注当代社会生活的变化，将自己对当代生活的研究融入教材理解的过程中。（4）丰富性。即教师所增减和替换的素材与案例要包括不同角度、不同情境，以符合学生生活经验的多样性特点。（5）公平性。即教师所增减、替换的案例要照顾到不同的学生群体，而不能明显偏向某一学生群体。

（三）教师教材理解与学生已有知识水平的适切性

奥苏贝尔（Ausubel D P）和诺瓦克（Novak J D）等人曾经指出："影响学习的唯一最重要的因素就是学生已经知道了什么，要探明这一点，并应据此教学"[1]。建构主义学习理论也认为，新知识只能在学生自身经验的基础上，经由学生的分析、理解而接收。学习的过程就是学生自己建构知识的过程，而不是教师简单地将知识传授给学生的过程，学生只能主动建构知识的意义，不能被动地接收信息，而且这种建构别人根本无法代替。所以，教师在理解教材之前必须清楚地知道学生已有的知识基础，并将其当作新知识的生长点，引导学生学习新知识。

借鉴美国"2061 计划"对高中生物教材评价的"'2061 计划'教材评估工具"中"教材是否关注学生已有的观点"这一维度评价指标的确定，我们认为教师教材理解与学生已有知识水平的适切性应包括以下几方面：（1）预见性。即教师教材理解要能较为准确地预见学生已有的知识水平。（2）测查性。即教师教材理解应有助于测查学生已有的知识水平。（3）应对性。即教师教材理解能够提供对学生已有知识的弥补或提升的途径和方法。

概括起来，我们认为教师教材理解的适切性评价应涵盖 2 个领域、6 个维度、22 项指标（见表 7-1）。

① Ausubel D P, Novak J D, Hanesian H. Educational Psychology: A Cognitive View (2nd) [M]. New York: Holt, Rinehart and Winston, 1978.

表 7-1   教师教材理解适切性评价指标体系

领域	维度	指标	含义
教师教材理解与课程标准的适切性	教师教材理解与学科课程改革基本理念的适切性	目的性	教师教材理解应有利于体现学科课程改革的基本理念
		过程性	教师教材理解应有体现学科课程改革基本理念的过程
		目标达成性	教师教材理解能够达成学科课程改革的基本理念
	教师教材理解与学科课程目标的适切性	目的性	教师教材理解要以达成学科课程标准所要求的"知识与技能"、"过程与方法"、"情感态度与价值观"为目标
		目标达成性	教师教材理解要达成学科课程目标
		发展性	教师教材理解应满足不同层次学生的发展需求
		应用性	教师教材理解应体现所培养的学生在具体情境中的表现
	教师教材理解与学科内容要求的适切性	目的性	教师教材理解应以达成内容要求为目的
		过程性	教师教材理解应有达成内容要求的过程
		目标达成性	教师教材理解要达成内容要求
		发展性	教师教材理解要为学生的进一步发展预留充足的空间
教师教材理解与学生需要的适切性	教师教材理解与学生认知能力的适切性	基础性	教师教材理解要遵循学生认知能力发展的一般规律，符合大多数学生认知发展的水平
		差异性	教师教材理解要考虑到不同个体之间的差异性，满足不同层次学生的发展需要
		发展性	教师教材理解应超越学生的实际发展水平，走在学生发展的前面
	教师教材理解与学生生活经验的适切性	目的性	教师所增减、替换的案例与素材必须与学习内容相关
		真实性	教师所增减、替换的案例与素材所创设的情境要真实，而且尽可能与学生的生活经验相结合
		时代性	教师所增减、替换的案例与素材应富有时代气息
		丰富性	教师所增减和替换的素材与案例要包括不同角度、不同情境，以符合学生生活经验的多样性特点
		公平性	教师所增减、替换的案例要照顾到不同的学生群体，而不能明显偏向某一学生群体

续表

领域	维度	指标	含义
教师教材理解与学生需要的适切性	教师教材理解与学生已有知识水平的适切性	预见性	教师教材理解要能较为准确地预见学生已有的知识水平
		测查性	教师教材理解应有助于测查学生已有的知识水平
		应对性	教师教材理解能够提供对学生已有知识的弥补或提升的途径和方法

总之，由于教师教材理解活动是一个动态交互的系统，对教师教材理解的研究，只有跳出简单的"教师—教材"关系视野，从更广阔的课程标准、教材、学生及教师的相互关系进行研究，才能获得相对合理的教师教材理解标准和对教师教材理解整体性的认识（见图7-1）。

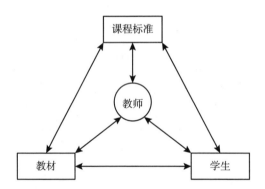

图7-1 课程标准、教材、学生与教师相互关系图

第八章

教师教材理解的现实问题及其反思

通过事件翔实观察法①对浙江省××市23名高中地理教师课堂教学行为的长期观察研究，发现了当前我国教师教材理解存在的一些问题，并进行了原因分析。

为了更加客观地反映当前我国中学教师教材理解的实际情况，首先选取23名中学教师作为观察对象，这些教师既有来自浙江省一级重点中学的，也有来自普通中学的，既有女教师，也有男教师，职称也各不相同（见表8-1）。

表8-1　　　　　　　　　　观察对象基本信息表

所在学校类型		职称				性别	
省一级重点中学	普通中学	中学高级	中学一级	中学二级	未定职称	男	女
10人	13人	6人	10人	4人	3人	12人	11人

由于本次观察的目的是获得有关当前我国中学教师教材理解现状的定性资料，且本人既是一名研究者，也是一名仍在从事教学工作的中学教师，完全有条件与被观察者打成一片，所以，本次观察选取定性观察作为观察类型，采用参与观察作为观察的方法。观察途径视被观察者所在学校而定，对本校教师，选择上课、听课、参加学生各项活动及有意注意等途径进行观察，而对非本校教师，则选择听课、有意组织某些活动、列席教研组会议等途径进行观察。

为了达到观察的目的，我们将观察的重点确定为教师处理和使用教材的行为，例如，教师有没有对教材进行加工，是"教教材"还是"用教材教"？如果教师对教材进行了加工，是不是依据学科课程标准和学生的需要加工的，这种加

---

① 事件翔实观察法属于定性观察法的类型之一。就是在一定时间内对某个事件作较为详尽、细致的观察，并运用多种手段，尽可能地把观察对象的情况记录下来。

工是否合理？等等。

因在运用事件翔实观察法时需对所观察对象进行连续不断的记录，为了尽可能把所观察到的各种材料记录下来，我们设计了事件翔实记录观察卡（见表 8 - 2），此观察卡分为主体信息和背景信息两部分，主体信息主要包括两部分：一是感官所获得的现象，二是对现象所包含意义的解释。背景信息包括观察对象、观察时间、观察地点和观察事件等。

表 8 - 2　　　　　　　　　　　事件翔实记录观察卡

观察对象：　　姓名：　　　性别：　　　年龄：　　　年级：	
观察到的事实的描述：	对事实的解释：

在做好所有观察前的准备工作，并征得教师所在学校教务处主任同意之后，我们与被观察对象进行了交流，并与该教师建立了较为和谐的关系，使其逐渐放弃了戒备心理。与被观察对象共同商议，确定授课内容、观察班级和观察时间之后，观察正式开始。

在对 23 名教师课堂教学长达 6 个月的观察之后，采用定性分析的方法对所获得的资料进行了整理与分析。基本操作程序是：①按照事先确定的观察内容，对原始资料进行分类登录整理；②对在整理过程发现资料不足的内容，进行补充观察；③对所获得的资料进行编码，并建立起资料与所观察内容之间的联系；④对建立联系的资料与观察内容进行反复比较，归纳、总结教师教材理解存在的主要问题。

第一节　教师教材理解的现实问题

通过对观察所获得资料的整理与分析，发现了当前教师教材理解存在的主要问题。

一、意义复原式教师教材理解依然较为普遍

为了了解中学教师教材理解的现状，我们重点从教师对教材内容的处理和对图像、活动、阅读等栏目的处理两个角度进行了课堂观察。

湘教版新课标高中地理教材中有丰富的图像及阅读、活动等栏目，教师对教材中图像及栏目的使用情况也能反映出教师教材理解的状况。对23名教师的课堂观察发现，对教材正文中的活动、图像及阅读栏目的使用"多数使用"和"全部使用"的教师所占比例较大，"少数使用"和"不使用"的教师所占比例较小，而对教材正文后的活动的使用则相反，"少数使用"和"不使用"的教师所占比例反而较大，"多数使用"和"全部使用"的教师所占比例较小，这种情况一方面说明多数教师的教材理解依然属于意义复原式教材理解，另一方面则说明多数教师更加关注学生的考试成绩，有明显的应试主义色彩。因为正文后的活动多以习题的形式出现，而习题能够有效提高学生的考试成绩，但是研究发现，教材中多数正文后的习题无论题型、题量还是习题质量均不能满足应试的需要，所以，多数教师会用自己搜集的、能更有效提高学生考试成绩的题目取代教材中的习题（见图8－1）。

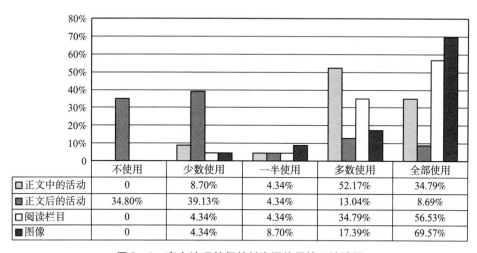

	不使用	少数使用	一半使用	多数使用	全部使用
□正文中的活动	0	8.70%	4.34%	52.17%	34.79%
■正文后的活动	34.80%	39.13%	4.34%	13.04%	8.69%
□阅读栏目	0	4.34%	4.34%	34.79%	56.53%
■图像	0	4.34%	8.70%	17.39%	69.57%

图8－1　高中地理教师教材资源使用情况统计图

在我们所观察的38节课中，就有8节课教师几乎没有对教材内容进行任何处理，完全按照教材进行教学，有20节课教师只对教材内容略微做了处理，表明虽然新课程改革在我国已轰轰烈烈开展了十余年，但传统解释学思想对教师的影响，尤其对教师教材理解的影响至今挥之不去，仍然有少数教师奉教材为"圣

经"，秉持"教教材"的传统教材观，致使学科课程改革的基本理念难以贯彻。

案例：

浙江省××市某高级中学湘教版高中地理必修二第三章
"第一节产业活动的区位条件和地域联系"一堂地理课的翔实观察记录

《普通高中地理课程标准（实验)》对这部分内容的要求：

● 举例说明生产活动中地域联系的重要性和主要方式。

观察对象：浙江省××市×学校××地理老师，教龄 20 年
观察时间：2014 年 1 月 17 日（星期五）8：25～9：05
观察地点：高一年级教学楼 408 教室
观察事件：教师对教材的理解

8：25～8：40 没有导入新课等环节，直接开始本节"一、产业活动的区位条件"的学习。 首先联系日常生活中的购物等行为说明区位选择与我们的关系。 请一名同学朗读课本 P50"区位与我们的生活"。 教师讲解农业、矿业、工业、商业和服务业与地理环境的关系。 指导学生探究课本 P51 活动"深圳——年轻的特区城市"。	没有导入新课等环节，可能是因为本节是本章的起始节，加之上一章所学内容与本章内容无太多联系，这样做也无可厚非。 这一部分内容的教学，教师完全按照课本进行，没有做丝毫加工。而且这部分内容不是本节的重点，而该教师却用了 15 分钟时间，显然不太合理。
8：41～8：51 学习"二、产业活动中的地域联系"。首先以课本 P53 的"汽车生产过程的生产联系"为例，学习生产协作联系，然后按照教材 P55 正文内容大致介绍了商贸联系及物流业，最后指导学生自学课本 P56，了解科技与信息联系。	根据课程标准的要求，这部分内容是本节课的重点，而该教师只用 10 分钟时间教学，显然事先没有认真研究课程标准，对重点的把握不准确。另外，对于××市这样的国际型商贸城市而言，商贸联系十分紧密和活跃，教师应该结合××市本地的实际，利用身边的案例进行这部分内容的学习。可这名教师却没有这么做，背后的原因值得我们深思。
8：52～9：00 教师讲授"三、因地制宜，扬长避短"部分内容。 教师首先按照课本介绍工业地域建设的基本原则：因地制宜，扬长避短。然后学生集体朗读课本 P58 阅读："我国纺织业的'产业集群现象'。"	工业联系是生产协作中的其中一种，工业联系又会导致工业集聚，工业集聚最终可能会形成工业地域，这部分内容是在学习"二、产业活动中的地域联系"之后，进一步简单介绍工业地域，由于课程标准没有对这部分没有做任何要求，所以，只需花少量时间简单了解即可。
9：01～9：05 课堂练习。	该教师并没有让学生直接做课本中的练习，而是做自己设计的试题，试题的题型、难度与高中学业水平考试基本吻合。该教师对课本中练习的处理是值得肯定的。

教师对教科书的解读可分为三个层次："第一层次境界主要关注教科书包含了哪些内容，着眼点在于教科书的表层内容和呈现方式；第二层境界主要思考教科书的重难点；第三层境界主要关注教科书内容的组织与整合，着眼点在教科书的组织顺序与结构上；第四层境界主要关注教科书对教师和学生的作用；第五层境界应进一步挖掘教科书折射出的教育理念"①。该名教师虽然已有 20 年教龄，但就连本节教材的重难点都存在问题，说明其教材理解水平仍处于第一层境界，即其关注点在于教材的表层内容。从教师教材理解的类型看，仍然属于意义复原式教材理解，学科课程改革的基本理念没有得到似乎体现。前文已述及，意义复原式教师教材理解是一种以传统解释学为其理论基础，以追求教材的客观意义为旨趣的教材理解。从传统解释学的角度来看，教材的意义是客观存在且不能随意更改的，教师教材理解的目的就是要获得教材客观存在的意义，而且教师教材客观意义的获得，必须以完全放弃自身的任何前见为前提。传统解释学思想为意义复原式教师教材理解和教师"教教材"的教材观及"教材中心主义"教学观的形成提供了理论基础。

研究结果表明，这种情况在我国中小学十分普遍，"在不少地区，教师备课以及上课时的主要根据都是教科书，教科书提供了教师主要的教学内容，教师为学生布置的作业也几乎源自教科书；就小学数学而言，在多数教学时间里，城乡教师都遵循教材上的内容和结构进行教学"②。可以说，教师中心、教材中心、课堂中心仍是我国中小学教学实践的主要特征，学生的学习活动都是围绕这三个中心展开的。

国内其他学者的研究也得出了相同的结果，例如王世伟于 2007 年采取质性的方法，通过参与式观察、深入访谈与文件分析的方法研究了某发达城市的三种不同类型小学的 17 位老师，结果发现：只有少数四位教师能在使用教科书表现出一定的灵活性。……由此可见，依赖教科书成为了国内外很多教师教学生活的常态，教师教学紧紧围绕教科书进行③。

西方学者的实证研究结果显示："所调查的 11 所学校的美国中学数学教师中，多数使用教科书的频率很高，有超过 60% 的教师至少 75% 的教学日在使用

①　王世伟. 论教师使用教科书的原则：基于教学关系的思考［J］. 课程·教材·教法，2008，28（5）：13－18.

②　马云鹏. 中国城乡数学小学数学课程实施的个案研究［D］. 香港中文大学大学哲学博士学位论文，1999：i.

③　王世伟. 调适教科书：使用教科书的实然与应然取向之间的中庸之道［J］. 教师教育研究，2011（9）：44.

教科书"①；在英国、法国和德国，"数学教师要么经常使用教科书，要么正在变成这幅样子"②；在芬兰讲瑞典语的学校中，"86％的数学教师承认他们经常使用教科书"③。显然，在西方国家，教师把教科书当作"圣经"，完全顺从教科书的观点及其背后的价值观的现象也十分普遍。孔（Kon）归纳了很多西方学者的研究后指出："很多西方教师把教科书当作他们教学的主要来源，认为教科书如同圣经般地具有权威性，因此非常依赖教科书做决定"④。可见，既使西方国家，意义复原式教师教材理解也十分普遍。

二、缺少对教材情感、态度和价值观层面的挖掘与分析

课堂观察发现，多数教师对教材的理解更多地是从方便其教学的角度，基于知识系统性的考虑对部分教材内容进行调整、补充等。

案例：

一位高中地理教师在课前通过对教材的理解，对"水循环"部分内容设计了如下教学目标：

1. 知识和技能目标：（1）能够说出水循环的主要过程及主要环节；（2）能够说明水循环的地理意义；（3）学会从地理图表、地理现象中获取有用的信息；（4）学会分析地理问题并尝试提出解决问题的方法和措施。

2. 过程与方法目标：学会运用水循环示意图说出水循环的过程和主要环节。

3. 情感态度价值观目标：通过水循环部分内容的学习，增强学生的水资源忧患意识，树立科学的资源观，养成节约用水的好习惯。

这位教师通过对教材的理解，挖掘与分析出了隐含在教材中的情感态度和价值观，对教学目标的设计可以说是合理的、全面的。可是，遗憾的是，随后的课堂教学过程中，我们发现该教师最看重的是知识与技能目标，整堂课都在努力达成这一目标，而过程与方法目标和情感态度价值观目标基本上没有进行任何落

① Chavez - Lopez, O. From the textbook to the enacted curriculum: Textbook use in the middle school mathematics classroom [D]. New York, Missouri: University of Missouri - Columbia, 2003: 154.

② Pepin, B., &Haggarty, L. Mathematics textbooks and their use in English, French and German classrooms: A way to understand teaching and learning cultures [J]. Zentralblatt fuer Didaktik der Mathematik, 2001 (5). 158 - 175.

③ Johansson, M. Textbooks in mathematics education: a study of textbooks as the potentially implemented curriculum [D]. Sweden, Lulea: Lulea University of Technology, 2003: 28.

④ Kon, J. H. Teachers curricular decision making in response to a new social studies textbooks [J]. Theory and Research in Social Education, 1995 (2): 121 -146.

实，使这两个目标变成了摆设，形同虚设。

新课程改革明确提出了"知识与技能、过程与方法、情感态度价值观"三维课程目标，而且情感态度价值观目标与知识和技能目标处于同等重要的位置。该名教师对教材的这种理解虽然虽然方便了教师的教学，也有利于学生知识的掌握，但却忽视了过程与方法、情感态度价值观目标。

有学者以人教版必修 1 为例对普通高中地理实验教科书的使用现状进行了调查研究，得出了与本研究相同的结论："由于受以往'双基'目标的影响，知识与技能目标的落实状况相对较好；在以往情意目标基础上扩展和延伸的情感态度与价值观目标的落实状况次之，在新课程改革中作为崭新的维度提出来的过程与方法目标的落实状况相对较差"、"教学经验较丰富的教师达成课程目标的情况好于教学经验相对缺乏的青年教师"[①]。

这一问题在西方国家同样存在，"教师依赖教科书的表现不只如此，他们对教科书的深度依赖在以下方面更充分地表现出来：教学时从表层上零散地、遵照原貌来使用教科书中的图片、知识点与习题等，不思考用哪些与内容匹配的方法来教学，不关注背后的深层的教育教学理念、价值观以及意识形态；把教科书当成教学内容的主要来源，很少补充其他课程资源；对教学内容的解读依赖教科书，把教科书内容当成裁定学生理解的标准答案，持一种绝对真理式的教科书知识观"[②]。

其实，三维目标是一个整体，三者之间存在辩证关系。首先，知识与技能目标是达成过程与方法目标、情感态度与价值观目标的基础，其次，过程与方法是知识与技能以及情感态度与价值观目标的中介，也是实现三维目标的关键，离开了过程与方法，知识与技能就会成为外在于人的、与人毫无关系的死知识，学生就会变成知识的容器，自然也就谈不上情感态度价值观的培养，最终会导致学生的畸形发展。最后，情感态度价值观目标是掌握知识与技能、逐步形成科学的过程与方法的动力，对其他两个目标具有明显的调控作用。

三、忽视课程本身的系统性、层次性，只对教材进行孤立的理解

课程是一个由不同层次的内容所组成的系统，教师对教材的理解属于课程理解的其中一个层次。从符号互动理论的视角看，教师教材理解的过程至少要经历

---

① 李亚萍. 普通高中地理实验教科书的使用现状调查研究——以人教版必修 1 为例 [D]. 上海：华东师范大学，2006：30.

② 王世伟. 调适教科书：使用教科书的实然与应然取向之间的中庸之道 [J]. 教师教育研究，2011 (9)：44.

三次转换：首先，教师通过与课程标准的互动，将社会层次的课程转换为领悟层次的课程；其次，教师通过与教材的互动，将领悟层次的课程转换为教学层次的课程；最后，教师还需要通过与学生的互动，将教学层次的课程转换为体验层次的课程，经过这一系列的转换过程，课程标准文本转换为教材文本、教案文本、课堂文本和教后文本，预设的教学目标变成了现实的教学目标，知识也变成了学生的能力和智慧。教师教材理解的过程告诉我们，教师的教材理解不能孤立地进行，而应该超越教材这一狭小的视野，从整个课程体系的角度对其进行完整的理解。

案例 1：

在对高中地理必修 1 中"洋流"部分内容进行课堂教学观察时发现，在所观察的 3 位教师中，有 2 位教师显然没有对课程标准进行研究。因为《普通高中地理课程标准（实验)》的要求是："运用地图，归纳世界洋流分布规律，说明洋流对地理环境的影响"，这两位教师都不约而同地首先补充了世界洋流之所以形成这种分布规律的原因，然后再总结世界洋流的分布规律，并在课堂花 10 分钟时间带领学生识记洋流的名称，下课之前还要求学生在课后继续进行识记。两位教师所做的这些补充和要求明显超出了课程标准的要求，说明他们在教材理解时忽视了课程标准的作用，没有对课程标准进行研究。

教师理解教材的第一步不是理解教材文本，而是与课程标准的互动，只有这样，教师的教材理解才能站得高、看得远，所谓"不畏浮云遮望眼，只缘身在最高层"。该名教师正因为没有对课程标准进行系统研究，才会对学生做出识记洋流名称的要求。

案例 2：

在对高中地理必修 1 中"大气的水平运动"部分内容进行课堂观察时发现，有 1 位教师对空气运动只受气压梯度力一个力、受气压梯度力与地转偏向力两个力及受气压梯度力、地转偏向力与摩擦力三个力三种情况下空气的受力状况进行了详细分析。实际上，力的合成与分解是物理学研究的内容，对高一物理教材的研究也发现，这部分内容高一学生学习"大气的水平运动"之前刚刚学习过，教师根本没有必要如此详细地讲授力的合成和分解。

以上案例中关于力的合成与分解，教师更应该在整个课程体系视域中进行理解，不能仅局限于一门学科。

上述两个案例的共同点是教师在教材理解时都忽视了课程本身的系统性和层次性，对教材进行孤立的理解。

四、随意增减教学内容、任意拔高教学要求

教师教材理解由意义复原式转向意义创生式是大势所趋、众望所归。与意义复原式教师教材理解相反，意义创生式教师教材理解肯定了教师对于课程的主体地位，肯定了教师是具有自我意识和自我精神的独特个体，肯定了教师自身存在的意义，为教师创造性和想象力的发挥提供了广阔的空间。从意义复原式转向意义创生式教师教材理解，符合时代潮流，也使教师的教材理解跳出狭隘的思维范围，进入了一个更为广阔的领域。

令人欣慰的是，课堂观察发现，虽然意义复原式教师教材理解在中学教师中仍然较为普遍，但是，随着课程改革的深入，越来越多教师的教材理解取向正在发生转变，意义复原式教师教材理解正逐渐被意义创生式教师教材理解所取代，意义创生式教师教材理解日益显示出其强大的生命力。

然而，意义创生式教师教材理解在实践中所表现出来的一些问题也着实让人担忧，这些问题也不得不引起我们的警觉和深思。

案例 1：
浙江省××市某高级中学"土壤"一堂地理课的翔实观察记录

观察对象：浙江省××市×学校×××地理老师，教龄 25 年
观察时间：2014 年 4 月 3 日（星期四）8：25～9：05
观察地点：一号教学楼 304 教室
观察事件：教师在教材理解中将教学大纲中旧的课程内容"拾回"的情况

8：25～8：28
　　教师向学生发放事先印好的有关"土壤"的相关材料，共 4 页。
8：29～8：34
　　教师用幻灯片展示"汉字'土'的含义"图，利用该图介绍了土壤的概念。
8：35～8：43
　　教师边指导学生阅读材料中的"二、土壤的肥力特性及其重要性"，边讲授该部分内容。
8：44～8：54
　　教师利用幻灯片展示的"土壤的形成和发育示意"图及"生物对土壤形成的作用"图，讲授土壤的形成过程，并简要讲述了土壤在地理环境形成中的作用。
8：55～9：05
　　幻灯片展示练习，利用练习让学生巩固本节课所学的知识。

从本节课一开始，我就满腹疑惑，百思不得其解。因为，《普通高中地理课程标准（实验）》对"土壤"并没有做出任何要求，新课标教材中也没有专门讲

述土壤的章节。

随着听课的深入，我发现授课教师所将的内容其实就是人民教育出版社 2003 版《全日制普通高级中学教科书（必修）》（上册）第三单元 "3.7 土壤" 一节的内容，显然，本节内容是授课教师私自补充的。人民教育出版社 2003 版《全日制普通高级中学教科书（必修）》（上册）教材是依据由中华人民共和国教育部制定的《全日制普通高级中学地理教学大纲（试验修订版）》编写的，大纲对这部分内容的要求是："了解土壤的形成及其在陆地环境中的作用"[①]。

案例 2：

湘教版高中地理必修 1 第二章第三节大气环境课堂观察

对大气环境这部分内容，《普通高中地理课程标准（实验)》的要求是：

● 运用图表说明大气受热过程；

● 绘制全球气压带、风带分布示意图，说出气压带、风带的分布、移动规律及其对气候的影响；

● 运用简易天气图，简要分析锋面、低压、高压等天气系统的特点。

本节涉及的知识点众多，难度较大，在学习本节内容之前，有必要首先简单了解大气的垂直分层部分知识，可是，这部分知识课程标准并不要求，所以，课本没有做太多讲述，而是巧妙地在本节课文一开始补充了一副大气垂直分层示意图，利用这幅图设计了三个问题。

2.3　大气环境

包围地球的空气称为大气。大气为地球生命的繁衍和人类的发展提供了必要的条件。我们生活在大气底部，大气的状态和变化，时时刻刻影响着我们。

人们最初认知的是大气层下部的情况。随着科学技术的进步，人们对整个大气层有了深入的了解。

① 中华人民共和国教育部制定. 全日制高级中学地理教学大纲（试验修订版）[M]. 北京：人民教育出版社，2000：8.

续表

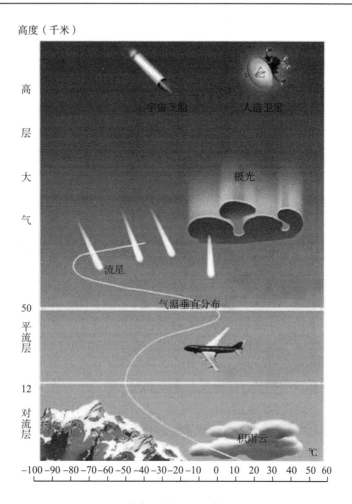

大气垂直分层示意

ACTIVITY 活动

根据上图分析下列问题：

1. 随高度的上升，对流层和平流层的气温分别是怎样变化的？

2. 为什么说对流层与人类的关系最为密切？

3. 为什么平流层适合于飞机飞行？

课本对大气垂直分层做适当的补充是必要的，可是，在所观察的 5 名教师中，有 4 名教师除详细讲授了大气垂直分层部分内容之外，还补充了大气的组成、逆温的定义、逆温的类型、逆温的影响等大量课程标准不做要求、难度超过高一学生理解能力的内容，仅大气垂直分层部分内容竟然用了整整一节课，下课铃声响起时，老师似乎还有些意犹未尽。

该教师对教材的理解这种理解虽然有利于丰富和完善学生的知识体系，但明显忽视了学生的认知基础和认知规律，人为拔高教学要求，增加了学生学习的困难，导致了学生学习的低效，使教师的教材理解偏离了正确的方向。

显而易见，随意增减教材内容、任意拔高教学要求是以上两个案例中的授课教师在教师教材理解方面存在的共同问题。将新课程改革已经删除的部分旧课程内容重新"拾回"，给学生的学习增加了人为的困难，与新课程改革的精神背道而驰。

在一项针对普通高中高考落榜生的研究中，"47.3% 的人认为高中课程内容'太多'；37.1% 的人觉得高中课程内容'太难'，而且越是重点高中落榜生，觉得教材太难的人越多。省重点高中、市重点高中、县重点高中、一般普通高中的高考落榜生中分别有 42.4%、38.5%、37.3%、35.3% 的人认为普通高中教材太难；29.3% 的高考落榜生认为'教学内容陈旧，跟不上时代的需要'是普通高中教育的最大问题"[①]。基于这样的背景，《基础教育课程改革纲要（试行）》明确提出"改变课程内容'繁、难、偏、旧'"是本次新课程改革的六大具体目标之一。为了贯彻课程改革的精神，各学科都在制定学科课程标准时，选择性地删除了部分内容。

在高中地理学科中，自然地理部分的"拾回"情况十分严重。

案例：

《普通高中地理课程标准（实验）》（2003 版）对"改变课程内容
'繁、难、偏、旧'"这一目标的达成策略

就高中地理学科而言，为了实现新课程改革提出的"改变课程内容'繁、难、偏、旧'"的目标，采取了几方面的措施。首先，在课程标准中尝试改变高中地理内容的结构，尤其是自然地理部分内容的结构。以往的地理教学大纲中，是根据地理圈层结构进行内容编排（1986 年版），或者按照不同自然环境进行内容编排（2000 版），这些结构都与大学地理课程中部门地理的结构十分接近，这种内容编排方式，使得高中地理在某种程度上就是大学内容的"下放"，高中地理中的每一章，实际上就是对应大学的一门课，例如，高中地理中的"大气环境"一章对应大学课程中的"气象学与气候学"一门课。这样的编排方式显然

---

① 中国人民大学社会调查所：《普通高中教育质量调查报告》，内部资料。

增加了高中地理的难度。

　　《普通高中地理课程标准（实验)》（2003 版）对自然地理部分内容的编排既没有采用地理圈层结构，也没有采用地理环境结构，而是抽出这两种结构的内核，设计了"宇宙中的地球"、"自然环境中的物质运动和能量交换"、"自然地理环境的差异性和整体性"、"自然环境对人类活动的影响"几个主题，这种内容编排方式利用比较重要的地理循环过程建立内容结构，并突出它们对环境及人类活动的影响，对"改变课程内容'繁、难、偏、旧'"这一目标的实现具有积极意义（见下表）。

高中地理教学大纲与高中地理课程标准自然地理部分相关内容对比①

《普通高中地理课程标准（实验)》（2003 版）	高中地理教学大纲（1986 年版）	高中地理教学大纲（2000 年版）
2. 自然地理环境中的物质运动和能量交换 ·运用示意图说明地壳内部物质循环过程 ·结合实例，分析造成地表形态变化的内、外力因素 ·运用图表说明大气受热过程 ·绘制全球气压带、风带分布示意图，说出气压带、风带的分布、移动规律及其对气候的影响 ·运用简易天气图，简要分析锋面、低压、高压等天气系统的特点 ·运用示意图，说出水循环的过程和主要环节，说明水循环的地理意义 ·运用地图，归纳世界洋流分布规律，说明洋流对地理环境的影响	（二）地球上的大气 1. 大气的组成和垂直分层 2. 大气的热状况 3. 大气的运动 4. 天气与气候 （三）地球上的水 1. 水循环和水量平衡 2. 海洋水 3. 陆地水 4. 水资源的利用 （四）地壳和地壳的变动 1. 地球的内部圈层 2. 地壳的结构和物质组成 3. 地壳运动 4. 全球构造理论——板块构造学说 5. 地球内能的释放——地热、火山、地震 6. 外力作用于地表形态的变化 7. 地壳的演化 （五）地球上的生物圈和自然带 1. 生物与地理环境 2. 生态系统和生态平衡 3. 土壤（选学） 4. 自然带	二、大气环境 （一）大气的组成和垂直分层 1. 大气的组成 2. 大气的垂直分层 （二）大气的热状况和大气的运动 1. 大气的热状况 2. 大气的运动 （三）天气、气候与人类 1. 常见天气系统的特性及活动特点 2. 影响气候的主要因素 3. 大气环境保护 三、海洋环境 （一）海水的性质和运动 1. 海水温度和盐度 2. 海水运动 （二）海洋开发 1. 海洋资源的开发利用 2. 海洋空间的开发利用 （三）海洋环境保护 四、陆地环境 （一）陆地的组成要素 1. 岩石 2. 水 3. 生物 4. 土壤 （二）陆地与其他自然环境的关系 1. 地壳的物质循环 2. 水循环

---

　　① 林培英. 实践困惑与内容重构：对高中地理新课程"反弹"现象的思考 [J]. 教育科学研究，2013（11）：54.

其次，删除部分难度较大的内容。高中地理中难度较大的主要是自然地理部分，在高中学生心目中地理学科难度较大的也是这部分内容。《普通高中地理课程标准（实验)》(2003 版) 对自然地理中部分难度较大的内容做了删除。删除的内容主要有：大气的组成和垂直分层、水量平衡、陆地水、水资源的利用、海水温度和盐度、海洋资源的开发利用、海洋空间的开发利用、海洋环境保护、生态系统和生态平衡、土壤等。

第三，通过降低对部分内容的要求降低高中地理课程的难度。例如，《普通高中地理课程标准（实验)》(2003 版) 中的"运用图表说明大气受热过程"这一要求，教学大纲中的"大气热状况"这种要求相比，复杂程度和难度都有所降低。

课堂观察发现，将新课程改革已经删除的部分旧课程内容重新"拾回"现象在中学教师中十分普遍。在所观察的 38 节课中，有 34 节课或多或少存在这种现象，占所观察课堂总数的 89.5% 。同时，我们还发现，年龄大的老师已经教过好几个版本的教材，由于受惯性思维的影响，加之某些年龄较大的老师观念比较保守，所以教龄越长的教师这种问题越突出。新课程改革中将已经删除的部分旧课程内容重新"拾回"现象已经引起越来越多学者的关注。有学者对包括将新课程改革已经删除的部分旧课程内容重新"拾回"等问题进行了研究，并将这些问题称之为"反弹"现象。该学者根据对高中地理课堂教学的观察和对高中地理教师的访谈及调查，认为"'反弹'现象是指高中地理新课程实验过程中，课堂教学自觉或不自觉地回到旧课程的现象"①。当然，这种"反弹"现象不光在地理学科中存在，在其他学科同样存在。"反弹"现象有三类，第一类叫结构性"反弹"，即将新课程改革已经删除的部分旧课程内容重新"拾回"，像前文的案例中授课教师人为补充"土壤"一节内容即属此类。第二类叫具体标准落实上的"反弹"，这类"反弹"主要是因原有课程强大的"惯性"所导致的，具体表现在人为拔高课程标准的要求。第三类是教学方式的"反弹"，即在初步尝试新课程改革所提倡的"自主学习"、"合作学习"、"探究学习"之后又返回到以讲授法为主的传统教学方式的现象。

总之，尽管新课标教材为教师的创造性教学留下了足够的空间，学术界也大力提倡教师的教材理解，而且意义复原式教师教材理解转向意义创生式教师教材理解似乎是大势所趋，但长期课堂观察的结果显示，不少教师的教材理解又出现了过于轻视教材、随意处理教材的现象。殊不知，"教科书是一种特殊的文本。

---

① 林培英. 实践困惑与内容重构：对高中地理新课程"反弹"现象的思考 [J]. 教育科学研究，2013（11）：53.

几千年的历史发展中，教科书体现国家意志，反映社会文化，成为社会进步、文化启蒙的重要载体。特别是在中国新教育发展的百年历史上，教科书始终与学校教育相伴，成为课程实施的唯一载体。没有哪一种文本比教科书更令人信赖；没有哪一种载体比教科书对个人的影响更为深远；没有哪一种变革比教科书变革更令人关注"[1]。毕竟教材是学科专家花大量精力和心血编写，并经教材审定委员会审定出版的，具有较高的参考价值和普通读物所不具备的特性。例如，与通俗读物相比，教材具有权威性、教育性、基础性、学术性、代表性；与专业学术著作相比，教材具有可接受性和趣味性；与工具书相比，教材具有简洁性、概括性与基础性。所以，使用教材进行教学，可以为教师节省大量宝贵的时间，试想，如果弃教材不用，教师自己编写教材，教师有这么多时间和精力吗？使用教材进行教学，还能保证教育的专业水准。特别是对于我国这样一个地区之间经济、教育资源、教师素质等各方面差异极大的国家而言，使用教材能够保证教育内容的公平，进而保证不同地区、不同学校和不同学生之间的公平，也有助于缩小地区之间的教育差距。正如台湾学者陈木城所言，"教科书虽然只是一种极狭义的课程定义，却提供教师极大的便利，而且也是学生学力自我评鉴的规准。在教师素质不齐的现实下，它能确保教学的基本品质；在社区文化差异，城乡差距事实存在的大环境下，它也保障了不同地区、不同阶层学童教育机会的平等"[2]。显然，教师必须在意义复原式教材理解和意义创生式教材理解之间找到恰当的平衡点，否则，教师教材理解很容易从一个极端走向另一个极端。

第二节 教师教材理解出现问题的原因探析

当前我国教师教材理解之所以出现诸多问题，究其原因主要有：

一、教师教材理解的意识不强

从以下笔者与一名被观察教师在课后的这段对话中不难看出，教师教材理解意识的缺乏是教师教材理解出现问题的原因之一。

笔者：你认为这节课的效果怎么样？

授课教师：应该还可以吧，课本里面的知识点我都讲过了呀（显得有点自

---

① 赵志明. 重新定义教科书——数字教科书研究 [D]. 湖南师范大学博士学位论文，2014：I.

② 陈木城. 台湾地区教科书发展的回顾与前瞻巨 [A]. 教科书往何处去？——教科书制度研讨会论文集 [C]. 台北，2002.

信）。

笔者：你觉得这节课的教学重点是什么？

授课教师：我认为应该就是课本中的三个大标题，也就是产业活动的区位条件、产业活动中的地域联系和工业地域。

笔者：你是怎么确定教学重点的？

授课教师：根据课本啊，从课本的标题看，这节课不就主要讲这么三个问题吗？（很肯定地说）

笔者：你有没有备课时研究课程标准的习惯？

授课教师：那倒没有。（不好意思地笑了一下）

笔者：课程标准是教材编写的依据，也是教师教学的依据，你为什么不研究课程标准呢？

授课教师：只要把课本教好，考试成绩就不会差的，平时考试出题基本上是按照课本出的。

笔者：可是，教材在编写过程中会出现"失真"的情况，教师只有认真研究课程标准，才能真正理解教材的真实意图，并达成课程标准的要求，你这么看这个问题？

授课教师：说实话，这个问题我倒是没怎么想过，一般都是按照课本教就行了。

笔者：我觉得教材中的很多材料对我们学校的学生不一定很适合，还有，教材对课程标准有些要求的达成度不一定很高，我们完全可以在研究课程标准的基础上对课本的有些材料进行替换，对有些内容进行调整、补充。

授课教师：你知道的，像我们这种学科，学校和学生都看成是"副科"，根本就不重视，那么认真干吗？只要成绩过得去，对得起这点工资就行。再说，每天都两三节课，还要批改作业，如果每节课都那么认真去准备，哪儿有那么多时间和精力啊？（显得很无奈）

自中华人民共和国成立到20世纪80年代的整整30多年时间，我国一直实行的是中央集权的课程性质体制，"一纲一本"的教材管理制度，全国中小学采用的教材统一由人民教育出版社编写、出版、发行，人教社课本在教材界可谓一家独大、一统天下，在这一时期，教材甚至可以和教学大纲画上等号，只要教好了教材，教学大纲的要求也即达成。直至20世纪80年代，我国才开始教材建设多样化的探索。其中，九年义务教育阶段的教材自1992年开始实行"一纲多本"和"多纲多本"的教材编写制度，此次课程改革继续提倡教科书的多样化。例如，就地理学科而言，到目前为止经教育部审定出版的新课标义务教育阶段地理教材就有8个版本，新课标高中地理教材有4个版本。"一纲一本"的固定教材管理制度对广大中小学教师教材观的影响是巨大而深远的。在固定教材管理制度的长期影响下，教师形成了"教材神圣观"，不敢，甚至不知道要对教材进行理解，教学中考虑最多的问题是如何教好教材，很少思考"为什么教"的问题。没有教师教材理解的意识，教师教材理解的行为自然也就不会发生。教师不应视教材为"圣经"，而应认识到自己具有理解、加工教材的权力，确立整合的、生成的、实践的教材观。同时，教师还应树立"标准"意识，让自己的教材理解行为始终坚持教材理解的标准，让标准引导和规范自己的教材理解。

除固定教材管理制度之外，教师的敬业精神不强，教学时间紧张，考试命题的导向，尤其是平时的考试命题往往以教材为准而不是以学科课程标准为准等与教师依然秉持意义复原式教师教材理解都有关系。

二、应试教育和功利主义思想的影响

课堂观察发现，"功利主义的应试倾向使教师只关注知识与技能目标，情感态度与价值观目标落实不力"[①]，对情感态度价值观目标的轻视也使课程目标最终难以达成。"在当前高考压力下，一线教师只会在教科书内容基础上加深和拓宽，不少教师把教学内容取为各版本教科书甚至新教科书和旧教科书的并集，这样'以教科书为中心'的教学特征不能满足学生多样化需求，难以激发学生学习兴趣，反而使其学习异化为机械的客观知识接受，思维和价值观受到禁锢"[②]。

案例：

浙江省××市某高级中学高一年级"河流的凹岸和凸岸"一堂地理课的翔实观察记录

观察对象：浙江省××市×学校×××地理老师，教龄15年
观察时间：2014年5月13日（星期二）13：40～14：25
观察地点：高一教学楼204教室
观察事件：教师在教材理解中的价值取向

13：40～13：55
　　教师讲解河流的凹岸和凸岸：
　　在比较河流两两岸的侵蚀程度大小时，我觉得应该分两种情况，区别对待——

---

① 姚林群．课堂中的价值观教学［D］．武汉：华中师范大学，2011：92.
② 王世伟．调适教科书：使用教科书的实然与应然取向之间的中庸之道［J］．教师教育研究，2011（9）：43－49.

续表

1. 在河道比较平直时，一般可以从地转偏向力上来解释。

2. 如果是弯曲的河道，还是应该根据凹岸与凸岸的情形来判断：凹岸侵蚀，凸岸相对受沉积。

河流流经弯道时，水质点作曲线运动产生离心力。在离心力的影响下，表层水流趋向于凹岸，而底部的水流在压力作用下，由凹岸流向凸岸，形成弯道环流，在弯道环流的作用下，凹岸发生侵蚀，凸岸发生堆积（如下图所示）（图略）

13：56～14：25

教师讲解例题：

下图为我国古代聚落区位选址示意图及相关因素图。读图，完成（1）～（2）题。

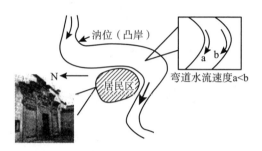

弯道水流速度a<b

（1）古代聚落通常选择在"汭位（凸岸）"布局的原因（　　）。

①凸岸有利于军事防御　②凸岸有利于泥沙沉积、土壤形成　③凸岸有利于取水

④凸岸有利于航运

A. ①②　　　　　　　　　　B. ③④

C. ①②③　　　　　　　　　D. ②③④

（2）我国北方地区房屋坐北朝南的自然原因有（　　）。

①正午太阳位于北方，有利于采光　②正午太阳位于南方，有利于采光　③冬季盛行偏北风，有利于避寒　④夏季盛行偏南风，有利于驱热

A. ①③　　　　B. ②③　　　　C. ①④　　　　D. ②④

……

河流的凹岸、凸岸部分内容主要与湘教版新课标必修一教材第一章第三节"地球的运动"有关，可是，高中地理课程标准的要求是："分析地球运动的地理意义"。由于课程标准的要求非常笼统，教材中也没有涉及这方面的内容，导致在理解教材和实际教学过程中出现了各种处理方法。笔者还听了其他两位老师"地球运动"一节的课，发现3位老师中就有2位老师专门设计了关于凹岸、凸岸的专题课。

笔者查阅了《浙江省学业水平考试说明》（2014版），发现《说明》并没有这部分内容做出要求，甚至为了降低难度，"地球运动"整个一节列为发展要求（即属于高考选择考地理学科的学生学习的内容），显然，两位老师化整整一节课时间学习这部分内容的做法值得商榷。从下面对其中一位教师的访谈中，我们不难发现教师这样做的原因。

笔者：×老师您好，请问"河流凹岸和凸岸"部分内容是哪节教材中的

内容？

授课教师：教材中是没有这部分内容的。

笔者：那么这部分是从哪节教材内容拓展出来的？

授课教师：是对教材第三节"地球的运动"的拓展。

笔者：可是，我发现课程标准中没有做这样的要求啊？（翻开课程标准第7页给他看）

授课教师：课程标准的这种要求太粗略，具体上课讲哪些内容还要靠老师自己把握。

笔者：从现在的高一年级开始，地理就要进行全省学业水平考试了，可是，我发现《浙江省学业水平考试说明》中也没有对这部分做任何要求啊？！况且整个"地球的运动"这一节都属于发展要求啊！（翻开《说明》第27页给他看）您在上课前研究过《说明》吗？

授课教师：那倒没有（不好意思地笑了一下）。

笔者：对于高考不选择地理学科的同学而言，连"地球运动"一节都是不需要学习的，那么我个人认为"凹岸、凸岸"部分内容就更不需要学生掌握了，请问您为什么要专门设计这样一节专题课呢？

授课教师：您也是中学教师，您也应该很清楚，现在学校、家长和学生评价一个老师的好坏还是看他所教班级的考试成绩，如果考试成绩比别人差了，不光学校领导对你会有看法，就连学生和家长都会看不起你，有些家长甚至会打电话给校长告状，要求给自己的孩子换老师，我们也没有办法呀……（显得有点激动）

笔者：我记得凹岸、凸岸这部分内容以前到了高二文科班才学啊？高一的考试是不应该涉及这些内容的。

授课教师：可是，题目不是我出啊，如果别人出题考到这部分怎么办？比如我们学校上次月考和期中全市联考就考到了，如果你没有讲这部分内容，那你教班级的成绩肯定会比别人差。（边说边从办公桌抽屉里翻出期中联考的试卷给我看）

授课教师：现在的课很难上，到底哪些内容该上，哪些内容不该上，课程标准没有明确的要求，完全凭老师个人的感觉。为了确保考试成绩不落后于别人，我只能把所有涉及的东西全部教给学生。

笔者：其实，这也暴露出考试命题当中存在的问题，命题者应该有清晰的"标准"意识，不能跟着感觉走。

从以上对话可以看出，虽然新课程改革已经轰轰烈烈进行了这么多年，但是单纯以分数评价教师和学生的状况并没有改变，导致教师教材理解的目的就是为了提高学生的成绩。这种评价机制不改变，教师教材理解中存在的问题便很难解决。

　　课堂观察发现，像以上这样的案例在日常的教学中十分普遍。王世伟 2007 年对某发达城市三种不同类型小学的 17 位老师研究发现："只有少数四位教师能在使用教科书表现出一定的灵活性。其中两位是品德教师，而他们之所以能做到这一点，与品德没有期末统考有直接关系"①。由此可见，应试教育和功利主义思想是教师教材理解出现问题的重要原因。可以说，绝大多数教师受应试教育和功利主义思想的影响，更加看重知识与技能目标的落实和学生在考试中的成绩以及学生、家长和领导的肯定。在教学设计中之所以包含情感态度价值观目标，只是为了象征性地体现课程改革的精神，应付有关部门的检查，至于真正去不去落实，完全凭教师的感觉。

　　知识是能力形成的基础，但教师如果只关注知识的系统性，不仅不利于学生的全面发展，而且难以发挥教材应有的功能。教师在重视知识系统性的同时，更应该着眼于学生的全面发展，基于学生的认知规律和知识水平，深入挖掘教材中所蕴含的情感、态度和价值观。例如，在对"地壳物质循环"部分内容的课堂观察发现，有一位教师在利用"地壳物质循环略式见图"引导学生了解地壳物质的循环过程时，刻意强调："通过地壳物质的循环过程我们发现，新陈代谢是宇宙万物的规律，世界上所有的物体都有生有灭，太阳也不例外"，对学生进行了很好的辩证唯物主义教育，使学生对地壳物质循环的认识上升到了一个新的高度。

　　由于"科学知识具有信息价值、探究价值、应用价值、认识价值和情意价值等多重价值"②，教师在理解理科教材时，既要看到教材内容的知识价值，也要"从科学史角度分析科学知识形成的背景与过程，从科学哲学角度分析科学知识的观念本质，从社会学角度分析科学知识的实际应用"③。

　　当然，教师之所以功利地以应试为目的进行教材理解，更多的是受到当前大规模外部统考的影响。众所周知，社会大众衡量一所学校办学质量的高低的标准依然是大规模外部统考的成绩，尤其是中、高考成绩。虽然新课程改革提倡教学评价的改革，但是，以大规模外部统考，尤其是中高考成绩评价一所学校的现状没有发生根本性改变，考试命题本身也存在不能很好地体现新课程改革的基本理念、命题不依据课程标准进行，考试范围和要求超出课程标准等问题，使得学校也以考试成绩评价教师的业绩和能力，分数不仅是学生的"命根儿"，同样是教

　　① 王世伟. 调适教科书：使用教科书的实然与应然取向之间的中庸之道 [J]. 教师教育研究，2011（9）：44.

　　②③ 亓英丽，毕华林. 基于知识价值开发的理科教材内容分析 [J]. 课程·教材·教法，2013（6）：68.

师的"命根儿",大规模外部统考更加扭曲了学校教育的本质。所以,要让教师真正做到"基于标准理解教材",而不是功利地以应试为目的理解教材,必须彻底改变当前的评价机制,开展基于标准的学业评价,将课程标准作为学业评价的基本依据,评价内容、目标和方法都应和课程标准保持一致,要改变传统的单一纸笔测验方式,采用多种评价方法,评价结果也要有利于促进学生的发展。

三、教师教材理解的能力不足

教师理解教材的核心条件是教师必须具备一定的教材理解能力。教师在理解教材之前,首先要理解新课程改革的基本理念和目标。《普通高中课程改革方案(实验)》指出:"普通高中教育是在九年义务教育基础上进一步提高国民素质、面向大众的基础教育"。显然,我国的高中教育已不是精英教育,而是大众教育。因此,新课程改革提倡的基本理念之一是"使每一所学校成功,使每一位学生成功"。这一基本理念也意味着教育民主是课程改革追求的基本精神。"把普通高中教育的基本任务定位于培养高中生的健全人格或公民基本素养,这是本次课程改革所追求的又一基本理念"①。

其次,教师还需要领会课程标准的基本思想。课程标准的基本思想蕴含在学科课程标准的"课程性质"、"课程目标"、"内容标准"、"实施建议"之中,应认真研读、领会。忽视课程标准的作用,教师的教材理解便可能断章取义,从而产生对教材片面甚至错误的理解。

在理解新课程改革的基本理念和目标、领会课程标准的基本思想的基础上,教师才能对教材进行更好的理解,这样的教材理解才是对课程改革的真正贯彻。

遗憾的是,由于教师教材理解能力的不足,多数教师还不能超越教材,从整个课程体系的角度完整地理解教材,就好比一个刚刚学会下象棋的人只能照顾到眼前的几步棋局,而不能从整体上把握全局一样。教师教材理解能力是影响教师教材理解的诸多因素中最关键的因素,应以提高教师教材能力为突破口,解决教师教材理解中出现的问题。

四、教师教材理解缺乏相关理论的指导

教师教材理解缺乏相关理论的指导也是当前教师教材理解出现诸多问题的另外一个重要原因。教师教材理解之所以出现诸多问题,除了暴露出教师教材理解

---

① 钟启泉,崔允漷,吴刚平主编.普通高中新课程方案导读 [M].上海:华东师范大学出版社,2003:61.

能力的不足之外，也反映了教师教材理解的盲目性。教师教材理解为什么会出现盲目性？我们认为，主要与教师教材理解相关理论的缺乏有关。迄今为止，我国仍没有一套教师教材理解完整的理论体系，特别是缺少教师教材理解的类型、条件、过程和标准等方面的研究成果。没有相关理论的指导，教师教材理解出现问题也就不足为奇了。

例如，与意义复原式教师教材理解相反，意义创生式教师教材理解在极大地激发了教师的创造性和想象力的同时，又在一定程度上将教师理解教材的权力无限扩大，假如没有教师教材理解的标准，那么教师为了达到提高学生成绩的目的，便可能会无原则、无限度地随意理解教材，甚至可能将教材搁在一边不管，自己另搞一套，从而使教师的教材理解从一个极端走向另一个极端，教师的教材理解有陷入自由化泥淖的危险。殊不知，我们虽然不能奉教材为"圣经"，但也不能忽视教材的作用，毕竟教材是专家花大量的心血依据课程标准编写并经教育部审查通过之后出版的，相比一般的资料具有一定的权威性，所以，应将教材看作教师教学和学生学习最重要的资源。另外，虽然意义创生式教师教材理解的目的是创生教材无尽的意义，但并不是说教师就可以随意理解教材。为了避免教师教材理解陷入自由化泥淖，必须对教师教材理解的标准进行研究。

五、课程标准自身的缺陷和不足

由于影响教师教材理解的因素很多，教师教材理解出现问题的原因也是多方面的，课程标准自身的缺陷和不足便是除上述几方面的原因之外的另一个重要原因。在本研究中，我们提出对于教师教材理解这样一种特殊的理解活动，应主要从"正确性——学科课程标准"和"实践接纳性——学生的需要"两个方面确立其理解标准。可是，假如教师在教材理解时坚持教材理解的标准，是不是就不会出现问题了呢？答案是否定的。因为课程标准自身存在很大缺陷和不足。

课程标准的实施效果直接影响课程标准功能的发挥。对课程标准的具体实施影响最大的是其适切性、清晰性、实用性等特征。"一个强有力的教育标准既要清晰地、严谨地表述学生的基本学力，也要适合当前社会的需要，赢得社会大众的信任和支持"①。我国的各学科课程标准虽然在理念上符合国际教育改革的潮流，在方法上也切中我国基础教育的时弊，但由于是新生事物，缺陷和不足也在所难免。特别是其清晰性与国外发达国家的课程标准相比还有很大差距。"当前，我国新课程标准并没有现成完整的标准体系，课程标准中关于学习结果的要求大

---

① American Federation of Teachers（2003）. Setting Strong Standards［EB/OL］. http：//archive. aft. Org/pubs-reports/downloads/teacherssettingstrong. pdf.［2010 - 5 - 25］.

多也只局限于内容标准，对于学生实现学习结果的具体表现、达成学习目标的学习机会等内容还没有进行深入的研究和探讨。既使是已有的内容标准，其中所采用的教育专业术语也没有进行详细的注释和说明，这为使用者的理解、交流和应用课程标准带来了困难"①。因此，应借鉴国外发达国家先进而成熟的经验，对我国各学科课程标准进行进一步修订和完善。

　　课程标准的完善应主要从内容标准和课程标准实施的方法和策略两方面入手。第一，要在改进现有内容标准的基础上，细化学生学习结果的表现形式，明确实现学习结果的学习条件，建立相应的表现性标准和学习条件标准，逐步完善课程标准体系。比如，美国的课程标准是一个多层级、多类别的标准系统，首先由国家和各州政府部门颁布课程标准，其中包括内容标准、表现标准和学习机会标准等，然后由各学区依据课程标准建立符合本地区需要的学区课程实施指南（curriculum guide），完整的课程标准体系使课程标准清晰、明了，非常易于理解；第二，课程标准反映了国家对学生学习结果的统一要求，是对学生在知识与技能、过程与方法和情感态度与价值观三方面所应达到的学习结果的阐述。为了让师生能够对学习结果有更加明确的理解和把握，可适当增加具有针对性的教学案例，以提高课程标准的实用性；第三，对课程标准中出现的专业术语加以注释，提高课程标准的清晰度，便于标准使用者更好地理解和使用；第四，对课程标准的实施进行跟踪研究，及时发现实施过程中出现的问题，分析出现问题的原因，并以此为依据对课程标准进行修订和完善。

---

① 李锋. 我国课程标准与教学实施一致性的现状、反思及策略 [J]. 课程·教材·教法, 2012 (8)：11.

第九章

教师教材理解能力的提升

　　教师教材理解能力是影响教师教材理解的重要因素，当前，我国教师教材理解出现诸多问题的主要原因，正是教师教材理解能力的不足，所以，解决教师教材理解中出现的问题，应以提高教师教材理解的能力作为突破口。

　　对教师教材理解能力概念和内涵的研究，有助于我们以新的视角和理念重新审视教师教材理解能力，可以拓宽我们对教师教材理解能力的认识，并帮助我们找到恰当的提升教师教材理解能力之策。

　　至于什么是教师的教材理解能力，到目前还没有人下过定义。通过对教师教材理解的研究，我们认为，教师教材理解能力是指教师基于自身知识与技能，依据学科课程标准和学生的需要，有意识地对教材进行理解、分析、反思、处理的能力。其内涵主要体现在以下几方面：

　　第一，教师教材理解能力属于特殊能力范畴。

　　"能力是顺利完成某种活动所需的个性心理特征。有一般能力和特殊能力之分，前者适于多种活动要求，包括各种认识和实践；后者适于某种专业活动要求"①。教师教材理解能力属于特殊能力范畴，它是教师在教学活动这一特殊的专业领域内所应具有的一种专门能力，既不同于记忆力、观察力、想象力等一般能力，也不同于其他专业领域（如医学领域）的专门能力，也区别于人际交往能力等其他能力，具有一定的特殊性。

　　第二，教师的专业知识和教师教材理解的技能是构成教师教材理解能力的核心要素。

　　在布鲁姆的《教育目标分类学》一书中有一个著名的公式："技能或技巧＋知识＝能力"②。大量的研究表明，知识是能力形成的基础，技能可以推动能力

---

　　① 顾明远．教育大辞典［M］．上海：上海教育出版社，1990：145.

　　② 布鲁姆．教育目标分类学：第一分册认知领域［M］．罗黎辉，等，译．上海：华东师范大学出版社，1986：36.

的进一步发展。假如没有知识和技能，能力将无法形成和发展。借鉴布鲁姆的能力公式，我们也可以尝试写出教师教材理解能力公式：

教师教材理解能力 = 教师的专业知识 + 教师教材理解的技能 + △

式中，△代表影响教师教材理解能力的其他因素，例如教师教材理解的意识、教师的职业信念、教师的责任心、教师的工作环境等。

以上公式表明，教师的专业知识和教师教材理解的技能是构成教师教材理解能力的核心要素，只有这两个要素同时具备，并相互协同，才能真正促进教师教材理解能力的提高。当然，假如教师没有理解教材的意识，便不会有理解教材的行为，所以，教师教材理解能力的提升必须首先唤醒教师教材理解的意识。

基于以上认识，结合当前我国教师教材理解出现问题的原因探析，我们认为教师教材理解能力的提升，应从提升教师的自我意识、丰富教师的专业知识、培养教师的反思能力、掌握教材加工的基本策略几方面入手。

第一节　提升教师的自我意识

一、自我意识是教师教材理解的前提

"理解就是在本文（指文本——作者注）面前理解自我，它不是一个把我们有限的理解能力强加给本文的问题，而是一个把我们自己暴露在本文之上并从它那里得到一个放大了的自我，这将是以最合适的方式与意欲的世界相对应的意欲的存在"[①]。就教师教材理解而言，可以说，教师的教材理解既是教师理解教材的过程，也是教师自我理解的过程，教师教材理解不仅仅是为了获得教材的意义，也是为了教师精神自我的成长，教师的教材理解也不仅是课程改革的外在需要，更是教师建构自身的生活意义和精神自我的需要。

教师教材理解具有明显的个人化色彩，如果把教材理解与教师自我完全分开，由别人强制性规定教师必须获得教材意义的一致性解释，那么，这种教材理解一定不是真正意义上的教材理解，所获得的所谓一致性解释也可能是虚假的。只有当教材与教师自我产生实质性联系，从教师自我的角度去获得教材意义的教材理解才是真正的教材理解。可以说，教师要真正理解教材，首先要有清晰的自我意识。

但是，"在科层化管理和官僚主义盛行的学校生活中，教师常以课程执行者和被检者的形象出现。作为个体的人，教师生命自我不断被忽略，被漠视，被遮蔽，其人生意义的领悟、价值情感的体验、生命境界的拓展和生命过程的润泽，

[①] 【法】科利尔著. 解释学与人文科学 [M]. 石家庄：河北人民出版社，1987：147.

与其所从事的职业被无情隔断"①。这也造成一定程度上教师教材理解中的自我缺失。理解与自我不可分离，教师教材理解中自我的缺失，正是造成教师教材理解意识淡漠的原因之一。

教师自我理解的内容十分复杂，就教师教材理解而言，教师教材理解的意识、教师在教材理解活动中的主体精神、教师教材理解的能力、教师的专业知识基础、教师的教学态度等都属于教师自我理解的范畴。

二、提升教师自我意识的方法

提升教师自我意识的方法不胜枚举。总体而言，教师首先是通过他人（包括同事、家长、学生、专家、领导等），即社会对自己的理解而理解自己的。尔后，教师通过实践活动检验自己的能力和生命的存在，从而理解自己。在大多数情况下，这两种理解形式是相互作用的。但是，无论哪种形式，要实现教师真正的自我理解，离不开教师的反思。反思不仅能够不断地肯定或否定教师的言行，并修正未来的行动方案，还能时刻提醒教师保持清醒的头脑，以防产生误解。反思境遇下的教师自我理解，实际上就是现实自我与理想自我之间的对话。在两者对话的过程中，双方可能会相互肯定、相互欣赏，也可能相互否定、相互不满。而且当双方相互肯定、相互欣赏时，教师便会表现出积极的情绪，相反，当双方相互否定、相互不满时，教师便会表现出消极的情绪。当然，在大多数情况下，两者会相互包容、求同存异，最终达成共识，形成教师的自我理解。在自我理解的众多方法中，最常见的有参照法、实践法、反思法三种。

参照法，就是通过社会，即同事、家长、学生、专家、领导等的评价理解自我。当然，这种"镜中自我"式的自我理解还不是真正意义上的自我理解。因为，真正的自我理解包含多重视域的融合，例如现实自我的视域与理想自我的视域的融合、教师对自己的视域与社会对教师的视域的融合等。在多重视域融合的过程中，最重要的是社会对教师的理解和教师对自己的理解是否真正触及教师内心的"真实想法"，如果答案是肯定的，那么社会评价与教师自己的理解就容易达成共识，真正的自我理解也才能形成。否则，只能将社会评价作为一种参照。

实践法，就是一种用实践来证明自我的自我理解方法。实践具有直接现实性、客观真实性、反复性和长期性等特征。这些特征有助于教师持续地施展、检验自己的能力，看到真实的自我。当然，理解的本性决定了教师的自我理解不可能一次完成，而是一个历史过程，教师的生命可能性随着历史的发生、发展而不断展开。教师的自我理解也需要留有一定的空间，这个空间需要借助时间距离来

---

① 孙宽宁. 简论教师在课程理解中的自我存在 [J]. 教育学术月刊，2011（11）：58.

填补。这也说明，完全的"自知之明"是不可能做到的。

反思法，就是教师通过反思自己的思想和言行进行自我理解的自我理解方式。反思法之所以能够帮助教师进行自我理解，原因有三，其一，反思"也是理解本身的一个组成部分，我甚至认为，把反思和实践相分离包含着一种独断的谬误，这也同样适用于'解放性反思'这个概念"[①]；其二，反思具有极强的自我否定性，通过教师的自我反思，可以使教师对自我的视域腾出一定的空间，以便接纳与其他视域的差别之物。否则，不同视域之间的融合就很难发生，教师也就无法达到真正的自我理解；其三，反思能够有效地监控自我理解，把握自我理解的方向。因为，"错误的自我理解对实践过程起反作用，同样，恰当的自我理解也会有反作用，只要这种自我理解从理论方面摧毁了这种起因于理论的实践扭曲"[②]。

第二节 丰富教师的专业知识

一、教师专业知识对教师教材理解的意义

教师对教材的理解首先涉及知识，如果没有相关的知识基础，教师就无法理解教材。例如，人们之所以看不懂少数科学家所写的专业书籍和文章，就是因为我们没有相关领域的知识基础。不仅理科教材需要具备相关的专业知识，文科教材，例如历史、政治教材同样需要具备相关的专业知识，否则，我们便不能进行有效的阅读和理解。

另外，"知识是产生能力的养料，谁要培养自己的能力，谁就得以掌握一定的知识为前提。缺少某方面的知识，便不可能具备这一方面的能力"[③]。以此推之，教师的专业知识是教师教材理解能力形成和发展的前提和基础。

教师教材理解的实质是教师视域与教材视域的视域融合，而"视域"在本质上属于处境概念，处境是由教师自身的前见所规定的，教师的专业知识又是教师前见的重要组成部分，是教师前见的三个存在状态之一，所以，教师的专业知识又会直接影响教师的视域。

二、国内外研究者对教师专业知识的分类研究

不同类型的教师专业知识提升的策略和途径不同，对教师专业知识提升的研究

---

① 洪汉鼎主编. 理解与解释——诠释学经典文选［M］. 北京：东方出版社，2001：402.
② 洪汉鼎主编. 理解与解释——诠释学经典文选［M］. 北京：东方出版社，2001：392.
③ 郑其恭，李冠乾. 教师的能力结构［M］. 广州：广东教育出版社，1993：31.

必须首先厘清教师专业知识的分类及构成。因不同研究者对教师专业知识的认知维度存在差异，不同研究者对教师专业知识的分类方法也不尽相同（见表9-1）。

表9-1   国内外研究者对教师专业知识的分类

研究者		教师专业知识分类
国外	舒尔曼（Shulman）①	（1）学科知识；（2）一般教学知识；（3）课程知识；（4）教学内容知识；（5）学生及其学习特点的知识；（6）教育环境的知识；（7）关于教学的目的和价值及它们的哲学和历史基础的知识
	格罗斯曼（Grossman）②	（1）内容知识；（2）学习者与学习的知识；（3）一般性教学法知识；（4）课程知识；（5）背景知识；（6）自身的知识
	梅纳德·雷诺兹（Maynard Reynolods）等③	（1）有关任教学科的知识；（2）有关教学理念的知识；（3）有关学生和学习的知识；（4）有关教室组织与管理的知识；（5）有关教学的社会、政治、文化背景等知识；（6）有关特殊儿童的知识；（7）有关课程的知识；（8）有关评价的知识；（9）有关各学科特有的教学知识；（10）有关阅读及写作的教学知识；（11）有关数学方面的教学知识；（12）有关人际沟通、协调合作的知识；（13）有关教师的法定权利与义务的知识；（14）有关教学的道德与伦理的知识
	艾尔贝兹（Elbaz）④	（1）学科知识；（2）课程知识；（3）（一般）教学知识；（4）关于自我的知识；（5）关于学校的背景知识
	吉尔伯特（Gilbert）、赫斯特（Hirst）、克拉里（Clary）⑤	第一层次：关于学校作为一种机构的知识；第二层次：关于学生的知识；第三层次：教学的知识；第四层次：实际应用的知识
国内	叶澜⑥	第一层面：基础知识；第二层面：专门性知识；第三层面：教育学科类知识
	林崇德、申继亮、辛涛⑦	（1）本体性知识；（2）条件性知识；（3）实践性知识
	陈向明⑧	（1）理论性知识；（2）实践性知识

① Shulman L S. *Knowledge and Teaching*：*Foundations of the New Reform*. Harvard Educational Review，1987（22）.

② Grossman P L. *Teachers*，*Konwledge*. In T. Husen & T. N. Posttlethwaite.（Eds.）The International Encydopedia of Education，New York：Pergamon，1994：56.

③ Maynard C Reynolds. *Knowing Bases for the Beginning Teacher*. Oxford；New York：Published for the American Association of Colledges for Teacher Education by Pergaman Press，1989：316.

④ Elbaz F. *Teacher Thinking*：*A Study of Practical Knowledge*. London：Croom Helm，1983：216.

⑤ Gilbert W，Hiast L，Clary E. The NCA Workshop，Taxonomy of Professional Knowledge，In：Jones D W（Ed）*Professional Knowledga Base*，*Fortieth Annual Report of the North Central Association Teacher Eduction Workshop*. Flagstaff，AZ：University of North Arizona，1987：38 - 37.

⑥ 叶澜等. 教师角色与教师发展新探 [M]. 北京：教育科学出版社，2001：22 - 23.

⑦ 辛涛，申继亮，林崇德. 从教师的知识结构看师范教育的改革 [J]. 高等师范教育研究，1999（6）：12 - 17.

⑧ 陈向明. 实践性知识：教师专业发展的知识基础 [J]. 北京大学教育评论，2003（1）：104 - 112.

国内外研究者对教师专业知识的分类五花八门，本研究采用林崇德、申继亮和辛涛的分类方法，即教师的专业知识包括本体性知识、条件性知识和实践性知识。

1. 本体性知识。本体性知识是指教师所应具备的本学科知识，例如物理学科知识、地理学科知识等。本体性知识是三类知识中人们最熟悉的一类知识，也是各种教师培训最重视的一类知识，当前绝大部分的教师培训都是为了丰富教师的本体性知识。这类知识是教师教材理解的基础，其数量和组成状况都会直接影响教师的教材理解。教师的本体性知识又主要包括以下四个方面。

第一，学科的基本概念、基本规律、基本原理和基本过程。例如太阳辐射、太阳活动、恒星日、太阳日、角速度、线速度、地方时、区时、国际日期变更线、太阳高度、地质作用、地质构造等属于高中地理学科的基本概念；太阳辐射对地球的影响、地球运动的地理意义、地球的圈层结构、地表形态变化的原因、大气受热过程、天气系统的特点、全球气候变化、自然灾害发生的原因等属于高中地理学科的基本原理；气压带风带的分布和移动规律、洋流的分布规律、地理环境地域分异规律等属于高中地理学科的基本规律；地壳物质循环、大气环流、水循环、大洋环流等属于高中地理学科的基本过程。

第二，具体教材内容。例如新课标湘教版高中《地理》（必修一）教材的内容或北师大版高中地理《城乡规划》（选修四）教材的内容。

第三，具体教材内容在本学科整个学科知识体系中的位置。例如北师大版高中地理必修一侧重自然地理，重点阐明人类赖以生存和发展的自然环境及其对人类活动的影响，是高中地理课程知识和理论的基础；地理必修二从内容的比重来看主要是侧重人文地理。人文地理是系统地理的重要分支之一，与自然地理学关系密切，并列为地理科学的两大支柱。地理必修三在学习了地理必修一、地理必修二，基本了解了地理环境的组成、地理环境对人类活动的影响、人类活动对地理环境的影响及人地环境协调发展等有关知识的基础上，进一步了解如何应用有关的地理原理实现区域的可持续发展。可以说地理必修三是对整个高中地理的总结。

第四，与具体教材内容对应的案例知识。例如新课标湘教版高中地理必修一第三章选取"土壤"这一要素的形成过程，以此说明组成自然地理环境的各要素之间的相互作用及自然地理环境的整体性，土壤的形成过程即属于案例知识。

当然，大量的研究和实践都证明教师所拥有的本体性知识并不和学生的成绩呈正相关。说明教师拥有大量的本体性知识并不代表教师一定具有教高的教材理解能力，本体性知识只是影响教师教材理解能力的其中一个方面。

2. 条件性知识。条件性知识是指教师所应具备的教育学和心理学的知识。这类知识是影响教师的教材理解的重要知识,也是保证教学顺利进行的条件,但也是教师培训和教师自身比较轻视的一类知识。很多师范类在校大学生认为只要学好本学科专业知识就能成为一名好教师,在学习中不太重视这类知识。不少一线教师也对这类知识不屑一顾。林崇德教授认为,条件性知识主要包括三个方面:

第一,学生身心发展的知识。学生身心发展的知识主要包括学生的认知特点、学生的兴趣和需要、学生的知识背景、学生的文化差异、学生的个体差异、学生的前概念等。学生身心发展的知识是教师教材理解的前提。

第二,教与学的知识。主要包括学科教学策略及学习理论相关知识。教师正是借助教与学的知识,将教学层次的课程转换为体验层次的课程。

第三,评价学生的知识。主要是指如何依托测验及其成绩对学生的学习进行评价的知识。这类知识对教师的教材理解具有评价和指导功能。

3. 实践性知识。实践性知识是指教师在教学情境中实施有目的的行动的知识,它存在于"教师过去的经历、现在的头脑与身体以及未来的计划与行动中"[1]。这类知识具有情境性、缄默性、个体性、社会性、理论性和认知性等特点,是教师在长期的教学实践中积累起来的知识,是教师教学智慧的象征和教学水平的体现。实践性知识主要在课堂教学情境中得到体现。教师的实践性知识主要有:在课堂教学中对教学内容的灵活处理、对学生在教材理解中出现的疑惑及误解等的反应、对课堂教学中突发事件的处理等。

总体而言,本体性知识、条件性知识、实践性知识共同构成了教师专业知识体系,三种知识对教师教材理解起着不同的作用,缺少其中一类知识,必将影响教师教材理解的能力,影响教师教材理解。每一类知识又分别包含几个不同的方面(见图9-1),教师教材理解能力的不同可以体现在其中任何一个方面。

三、丰富教师专业知识的途径

林崇德、申继亮、辛涛[2]认为本体性知识、条件性知识、实践性知识共同构成了教师专业知识体系,三种知识对教师教材理解起着不同的作用,缺少其中一

---

① Connelly, F. M., & Clandinin, D. J. Teachers as Curriculum Planners: Narratives of Experience. New York: Teachers' College, 1988, 25.

② 辛涛,申继亮,林崇德. 从教师的知识结构看师范教育的改革 [J]. 高等师范教育研究,1999 (6): 12-17.

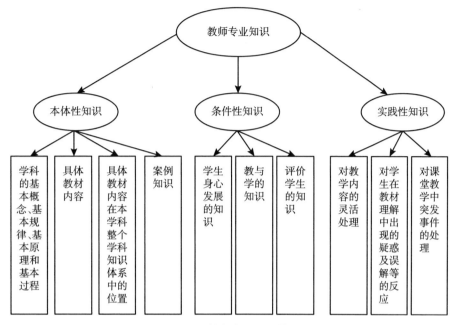

图 9 - 1 教师专业知识体系

类知识，必将影响教师教材理解的能力，影响教师教材理解。不同类型的教师专业知识提升的策略和途径不同。

对教师专业知识来源的探寻可以帮助我们找到发展不同类型教师专业知识的途径。

教师专业知识的来源首先与教师所持的知识观有关，教师知识观不同，其专业知识的来源亦不同。例如，实证主义知识观强调教师专业知识的客观性、普遍性、理论性、外显性、工具性和系统性，教师专业知识外在于教师个体及其认知过程，教师只能被动接受知识，因而，在实证主义知识观视域中，教师专业知识主要来自职前大学课程的学习。诠释主义、批判主义知识观则强调教师知识的个体性、建构性、实践性、情境性、内隐性和价值性，教师专业知识的获得与教师个体及其认知过程密不可分，教师专业知识来源于教师自身的建构和创造，教师正是在具体教学实践过程中，通过自身的感知、体验、理解、运用、反思等方式，不断发展、完善自身的专业知识体系。

关于教师专业知识具体来源的研究，一些学者的研究值得关注。例如，韩继伟、马云鹏等对中学数学教师的专业知识来源做了调查研究，结果显示："自身教学经验与反思和同事的日常交流是最为重要的职后的教师知识来源，而入职后的学历教育是最不重要的教师知识来源。在职前的各种教师知识来源中，教育见习实习、微格教学是职前比较重要的教师知识来源，而数学专业课、教育类课程是最不重要和次重要的教师知识来源。①"周淑卿实证研究的结果也表明，教师专业知识的发展主要依靠教师任教阶段的四个要素：（1）课程设计与研究的参与教育；（2）志同道合伙伴的共同合作与相互激励；（3）实践经验的反思与智慧累积；（4）教育专业理论的持续充实②。

虽然当前关于教师专业知识来源的研究成果众多，但比较一致的看法是：

（一）丰富教师本体性知识的途径

教师的本体性知识主要来源于入职前的学科专业教育。所以，尚未入职的"准教师"应在大学学习期间刻苦学习，打下坚实的知识基础。对于已经入职的教师而言，能够获得继续进修深造机会的教师不多，大多数教师应通过积极参加校本研修不断更新大学时代掌握的本体知识。当然，研究表明③，教师的教学成效与教师的本体性知识之间并不存在正相关关系，在满足教学的基本需要的前提下，教师本体性知识的多少主要影响学生对教师的态度尤其是崇拜，但对教学成效没有显著影响。

从某种意义上说，教学的过程就是对学科专业知识作出教育学的解释，并把学科专业知识"心理学化"，以便学生接受与理解。所以，教师的本体性知识虽然不是搞好教学的充分条件，但至少是必要条件，假如教师没有一定的本体性知识，是一定搞不好教学的。"要给学生一杯水，教师要有一桶水"这句话很通俗地说明了这个道理。然而，越来越多的研究表明，在新课程改革的背景下，各学科中小学教师本体性知识的缺失现象日益显现④。究其原因，一方面是由于大学课程内容及学科素养培养的局限性，另一方面由于伴随教师重建儿童心智的努力使其本体性知识及其思维退化。所以，首先应调整和加强大学课程的内容，改进大学课程的教学方法，另外，要在充分调查研究的基础上，加强职后教师培训的针对性，特别要重视教师所缺失部分内容的培训，以对教师普遍缺失的本体性知识进行弥补。

（二）教师的条件性知识的主要来源

教师的条件性知识主要来源于教育学和心理学相关理论的学习与积累。在我国，师范院校是培养师资的主阵地，然而，当前师范院校课程设置的不尽合理，首先表现在教育学、心理学等课程所占的课时仍然偏少，仅占总课时的4% ~

---

① 韩继伟，马云鹏，等. 中学数学教师的教师知识来源的调查研究［J］. 教师教育研究. 2011，23（3）：66 - 70.

② 周淑卿. 课程发展与教师专业［M］. 北京：高等教育文化事业有限公司，2004：30，42，44.

③ 林崇德. 申继亮. 辛涛. 教师素质的构成及其培养途径［J］. 中国教育学刊，1996（6）：17 - 18.

④ 曹培英. 新课程背景下小学数学教师本体性知识的缺失及其对策研究［J］. 课程·教材·教法，2006（6）：40.

5%。另外，科目设置及内容陈旧，仍然是传统的"老三门"，即心理学、教育学和学科教学论。师范院校课程设置的不合理，加之尚未入职的"准教师"存在重视学科知识，轻视教育学、心理学知识的错误观念，致使我国职前教师条件性知识不足。要丰富职前教师的条件性知识，首先，师范院校要增加教育学、心理学等课程的比重，加强条件性知识的教学。另外，师范院校还应加强教育学、心理学教材的建设。除了教育学、心理学领域的相关专家之外，还要吸收一些优秀的中学教师参与编写，教育学、心理学专家负责规划教材的整体框架，优秀的中学教师可利用自身丰富的教学经验，提供大量真实性案例和材料，这样，才能编写出理论体系新、指导作用强、具有可操作性的教材。

对于已入职的教师而言，教师培训是条件性知识的一个重要来源。近些年，国外的教师培训越来越重视教师的条件性知识，并将其纳入教师继续教育的整体规划。我国的教师培训也应借鉴国外的经验，学校不仅要加强教师培训工作，经常请教育学、心理学方面的专家对教师进行培训，而且还要给予教育学、心理学足够的关注，引导教师重视条件性知识的学习，最终养成重视条件性知识的习惯。另外，学校还可以充分发挥老教师经验丰富的优势，让老教师参与到年轻教师的指导和培训工作中来。为了保证教师学习的效果，可尝试将教师条件性知识评价纳入教师评价系统，使其公开化、具体化。对教师条件性知识的评价，可请有经验的专家采用设计评价量表或实地观察等方法进行，评价结果与教师的考核和薪酬直接挂钩，以此来督促教师条件性知识的学习与提高。

新课程改革推进到现在，调查显示已有91.5%的教师参加了新课改培训，但教师对培训成效表示"很满意"的仅为7.8%[①]。原因是大部分专家在培训时大讲空洞的理念，甚至部分理念本身是不科学的。培训方式落后，在批判讲授法的同时自己却用讲授法"满堂灌"。有教师在网络里写道："培训观念上的滞后性，培训组织上的强制性，培训需求上的缺乏针对性，培训方法上的单一性，培训对象上的无衔接性，培训效果的低效性，是各地新课程培训存在的共性问题"[②]。"强调'自主、合作、探究'教学方法的个别专家，自己却用不好'自主、合作、探究'的教学方法，不知道使用'自主、合作、探究'教学方法的基本条件和应用范围"[③]。因此，教师培训应在认真调查、分析教师需求、教师已有观念和知识水平的基础上，努力转变教师培训方式，才会取得好的效果。

当然，教育理论只有融入教师真实的教学情境中，才能起到指导教育教学的作

①③　查有梁. 十年新课程改革的统计诠释［J］. 教育科学研究，2012（11）：14.
②　佚名. 基础教育课改忧思录［EB/OL］. http：//www. laxjxj. com/blog/article-htm-type-blog-itemid－5545. html.

用，所以，理论的学习必须与教学实践相结合，只有这样，才能收到更好的效果。

（三）发展教师实践性知识的途径

艾尔贝兹（Elbaz，F.）、康奈利和柯兰蒂宁（Connelly，F. M.，& Clandinin，D. J.）等人的研究结果表明，教学实践经验是教师实践性知识最重要的来源。而且教师的实践性知识具有情境性、缄默性和个体性等特点。尚未入职教师的实践性知识往往十分欠缺，这是因为这类知识必须由教师在长期的教学实践中一点一滴积累起来。所以，一般而言，随着教龄的增长，其实践性知识也越来越丰富。从教师主体性角度出发，我们认为应从以下几方面发展教师实践性知识：

第一，要通过开展教育叙事研究发展教师实践性知识。

教师实践性知识中有很多成分是只可意会不可言传的知识，要将教师具有内隐性的实践性知识外显出来，并传递给他人，最好的方法就是开展教师教育叙事研究。教育叙事研究可将教师对某一教育教学问题的探究过程及结果显露出来，使教育回归生活本身，并在生活中领悟教育独特的理论和生命力。

第二，通过教师反思发展教师实践性知识。

波斯纳（G. J. Posner）曾于 1989 年提出了一个教师成长公式：经验 + 反思 = 成长，并指出，没有反思的经验是狭隘的经验，至多只能形成肤浅的知识。如果教师仅仅满足于获得经验而不对经验进行深入思考，那么他的发展将大受限制。[①] 反思，能够帮助教师从经验中学习，使教师的经验变得有意义。

教师可以利用哪些方法反思自己的教学经验呢？布鲁巴赫等人提出了写反思日记、课后备课、观摩与分析、职业发展五种反思方法。通过这些方法，教师可以加强对自身及其教学长处和弱点的认识；并在此基础上提升自己的教育实践，发展自己的实践性知识。因此，教师反思是发展教师实践性知识的一条重要途径，甚至在某种程度上可以说教师实践性知识增长的速度主要取决于教师的反思。

善于对自身教学实践经验进行反思的教师将会逐步发展成为舍恩（Schon，D.）所倡导的"反思性实践者"（re-flective practitioner），成为"反思性实践者"的教师逐渐会形成情境思考、即兴思考、多元思考、语脉思考、框架重建等实践性思维方式[②]。

第三，建立教师学习共同体也是发展教师实践性知识的重要策略。

"共同体"是一个人类社会学范畴的概念。这一概念自 1887 年滕尼斯（Ferdinad Tonnies）出版 *Gemeinschaft und Gesellschaft* 一书起，进入学科领域。"共同体"在社会学家那里，被解释为"为了特定目的而聚合在一起生活的群体、组

---

① 皮连生主编. 学与教的心理学 ［M］. 上海：华东师范大学出版社，1997：20.
② 【日】佐藤学著，钟启泉，译. 课程与教师 ［M］. 北京：教育科学出版社，2003：243－303.

织或团队"，诸如"欧洲共同体"、"东亚共同体"、"经济共同体"等，都是这样的群体、组织或团队。最早将"共同体"这一概念移植到教育领域的是美国教育家博耶尔（Ernest L. Boyer）。博耶尔（Ernest L. Boyer）于1995年发表了题为"基础学校：学习的共同体"的报告，该报告中首次提到了"学习共同体"这一概念，并指出"学校是学习的共同体"①。学校教育最重要的是建立真正意义上的学习共同体。自"共同体"这一概念被引入到教育领域，便迅速成为教育研究中的一个热门词语，"探究共同体"、（communities of inquiry）、"实践共同体"（communities of practice）、"知识建构共同体"（knowledge building communities）、"专业共同体"（professional communi-ties）、"学习共同体"（learning communi-ties）等各种类型的共同体概念不断涌现。

"教师学习共同体是指由具有共同信念、共同目标的教师共同构成的一种学习群体"②。教师学习共同体是共同体众多类型中的其中一种。刘易斯（Louis, K. S.）认为，教师学习共同体具有五个特征：第一，共享的规范和价值观，即共同体成员对于学生、学习、教学等方面持有共同的假设，并且会形成他们作为职业者的行为；第二，反思性对话，指教师之间定期就教学行为和学生发展等问题进行对话，目的旨在鼓励教师讨论如何通过教学实践以及合作来提高教学水平；第三，关注学生学习，共同体的所有行动目的都应该是以促进学生的学习和发展为中心；第四，教师间的互动，教师以公开的方式从事教学，敞开教室，欢迎其他教师观察的行为，彼此分享观点、互相学习、互相帮助；第五，合作，通常发生在教师需要分享教学策略和技巧、作出教学决策以及加强共同体中所有成员的学习的想法时③。

对话关系是教学作为自由实践的精髓。教师学习共同体作为一个复杂系统，具有显著的自组织特征，共同体成员的成长依赖于成员间真诚的教学对话。诚如保罗·弗莱雷（Freire, P.）所说："没有了对话，就没有了交流；没有了交流，也就没有真正的教育"④。教师学习共同体在本质上是一个对话共同体。当然，共同体成员间要实现真正的对话，不仅要创设民主、平等、开放、包容、交互的氛围，每个成员还应具有真正的合作之心。

在信息技术高度发达的今天，教师博客（teacher blog）作为一种教师利用互联网以文字、多媒体等方式，将自己日常的生活感悟、教学心得、教案设计、课堂实录、课件等上传发表，超越传统时空局限（课堂范畴、讲课时间等），促进

---

①　冯锐，金婧. 学习共同体的思想形成与发展 [J]. 电化教育研究，2007，(3)：73.

②　肖正德. 基于教师发展的教师信念 [J]. 教育研究，2013 (6)：89.

③　【美】Sylvia M. Robert 等著，赵丽等译. 学习型学校的专业发展—合作活动和策略 [M]. 北京：中国轻工业出版社，2004：7 – 8.

④　【巴西】保罗·弗莱雷著，顾建新等译. 被压迫者教育学 [M]. 上海：华东师范大学出版社，2001：41.

教师个人隐性知识显性化，并让全社会可以共享知识和思想的新兴的"零壁垒"的博客（Blog）技术①，显然可以为教师学习共同体创建虚拟平台、促使共同体成员个体实践性知识显性化以及实现实践性知识的积累等。

教师学习共同体对促进教师人际关系的互动，对教师实践性知识的发展所产生的重要作用日益受到人们的重视。在新课程改革的背景下，教师之间的合作与交流越来越多，集体备课、校本教研、同伴互助等已成为教师生活的常态。

第四，教师培训也是发展教师实践性知识的重要途径。教师实践性知识的发展不能只依靠一种方法或一条途径，而应多管齐下。教师培训对于教师实践性知识的养成和发展，对教师教育也具有重要意义。当然，针对发展教师实践性知识的教师培训应注重教师培训中的实践策略。首先，教师培训要有针对性。参加教师培训的学员都是成人，他们都是带着自己的预期目标、自己在教育教学实践中所遇到的一些问题和困惑来参加培训的，他们参加培训更加看重培训内容对自己教学水平提升和自身发展的帮助。所以，教师培训应关注参与培训教师的实际需要，以解决参加培训教师的实际需要为出发点，只有这样，才能调动教师参与教师培训的积极性，提高教师培训的实效性，更好地发展教师的实践性知识。另外，开展教学案例研究，也可以使教师的实践经验得到升华，从而丰富教师的实践性知识。由于案例都是对教学实践中真实事件的描述，所以，容易引起教师的思考和兴趣。案例研究最有意义、最有价值的地方，就是案例所提供的情境，在这样的情境中，教师要处理自己所遇到的困惑和问题，必须调动自己的实践性知识，所以教师通过教学案例研究所获得的知识是已经内化了的知识，因而也是自己可以驾驭的知识。教学案例研究的意义还在于优秀教师丰富的经验还可以以案例的形式得到有效保存，并通过案例的形式让其他教师共同分享这些经验，教师的实践性知识也随着案例的积累而不断丰富和发展。

第三节　培养教师的反思能力

一、教材理解本身包含反思因素

"作为解释学的一项任务，理解从一开始就包括了一种反思因素"②，教师教材理解作为一种理解活动当然也不例外。反思也是教师教材理解本身重要的组成部分。教师教材理解的实质是教师视域与教材视域视域融合的过程，而反思是两

① http：//js.blogchina.com/.
② 【德】伽达默尔著．夏镇平，宋建平，译．哲学解释学［M］．上海：上海译文出版社，2004：45.

个不同视域走向融合不可或缺的条件；教师对教材的理解首先涉及知识，如果没有相关的知识基础，教师就无法理解教材，而反思正是增长教师知识，尤其是教师实践性知识的主要途径。

在教材理解的过程中，教师既要反思教师视域与教材视域之间的差异，以寻求两者之间的一致性，更要反思如何让教师自身的视域获得提升和拓展，最终实现对教材更深层次的理解。

对于什么是反思，中西方的理解有所不同。中国古代对反思的理解侧重于对自身思想、行为的反省，如《论语·学而》中的"吾日三省吾身"，《论语·里仁》中的"见贤思齐焉，见不贤而内省也"，都是侧重于"内省"。在西方，最早涉及"反思"这一概念的是洛克（J. Loke）和斯宾诺莎（B. Spinoza）。在《人类理论论》一书中洛克谈到，"反省"是获得观念的心灵的反观自照，在这种反观自照中，心灵获得不同于感觉得来的观念的观念①。洛克的反思把自身心灵作为认识对象，显然是一种对思维的思维，类似于当代所谓的"元认知（metacognition）"。"斯宾诺莎的反思和洛克的反省主要方面是相同的，不同之处在于洛克的反省是把思维活动作为思维对象，而斯宾诺莎的反思是把思维所得的结果作为思维对象；洛克的反省主要着力于人的观念的来源，斯宾诺莎的反思主要着力于既得真观念的理性升华"②。

在洛克和斯宾诺莎之后，真正深入研究反思的是美国著名教育家杜威（J. Dewey）。杜威在其1933年出版的《我们怎样思维》一书中提出了"反省思维"（reflective thinking）。杜威认为："对于任何信念或假设性知识，按照其所依据的基础和进一步导出的结论，去进行主动的、持续的和周密的思考，就形成了反省思维"③。杜威甚至断言反省思维是最好的思维方式。杜威还指出，"反省思维和一般所谓的思想具有显著的不同，反省思维包括：（1）引起思维的怀疑、踌躇、困惑和心智上的困难等状态；（2）寻找、搜索和探究的活动，求得解决疑难、处理困惑的实际办法"④。在杜威眼里，反省思维的出发点是对问题情境的怀疑、困惑，经过分析、假设、推理、判断、检验最终解决问题。反省思维是"最好的思维方式"⑤，只有通过反省思维才能对经验进行改造和重组，只有经过

①　洛克著，关文运，译. 人类理解论 [M]. 北京：商务印书馆，1959：69-71.
②　熊川武著. 反思性教学 [M]. 上海：华东师范大学出版社，1999：48.
③　【美】约翰·杜威著. 姜文闵，译. 我们怎样思维·经验与教育 [M]. 北京：人民教育出版社，2005：16.
④　【美】约翰·杜威著. 姜文闵，译. 我们怎样思维·经验与教育 [M]. 北京：人民教育出版社，2005：18-19.
⑤　【美】约翰·杜威著. 姜文闵，译. 我们怎样思维·经验与教育 [M]. 北京：人民教育出版社，2005：11.

改造和重组的经验才是有意义的经验，相反，没有反省思维的参与，就不会产生有意义的经验。杜威对反省思维的研究对之后的研究产生了重大影响，后来的研究都没有超越他的观点，几乎都是对杜威观点的诠释。

综合学者们的观点，我们认为，反思是一种行为主体有意识、批判性地考察自己的言行的过程。反思是人的思维品质的一种。自20世纪80年代以来，美国、澳大利亚、英国等西方国家开始出现培养教师反思能力的教育思潮，这种思潮之后迅速波及整个世界，各国纷纷把培养反思型教师作为教师教育的重要任务。

二、反思性实践助推教师教材理解能力提升

教师教材理解的每一个环节都离不开反思，教师教材理解能力的提升也离不开实践操作，教师教材理解的每一步操作、每一次实践都应该是反思性实践，因为，只有反思性实践才是解决教师教材理解中出现的理论与实践分割、反思与行动分离最有效、最有力的模式。正如舍恩所言，教师的工作不是"技术性实践"，而是"反思性实践"。未来的教师应当"从基于技术合理性的技术熟练者，走向基于行为省察的反思性实践家"①。

从人们对教师专业能力的认识过程，似乎更容易厘清"反思性实践"和"反思性实践家"理论的发轫。要回答什么是教师专业能力，似乎十分困难。日本学者佐藤学把这个问题称之为"两难问题"。有两种观点比较接近这一"两难问题"。

一种观点认为，教师职业是同医生、律师等一样的专门职业，教师专业能力主要受基于教育学和心理学的科学和技术制约。由此推理，教育实践就是教育学和心理学的原理与技术的合理利用，即技术性实践，教师就是熟悉这些原理和技术的"技术熟练者（technical expert）"。"技术性实践"这一概念源于马克斯·韦伯"技术理性"的概念。"技术理性"亦称为"技术兴趣（technical interest）"，是通过合规律（规则）的行为而对环境加以控制的人类基本兴趣，它指向对环境的控制和管理，其核心是"控制（control）"②。"技术理性"是主导现代科学的基本价值取向，它导致科学主义和技术至上的片面倾向。唯科学教育和唯理性教育是技术理性在教育领域的表现。在技术理性价值取向指导下的教师专业发展，其目的是培养"技术熟练者"，在探究和表达中采用"范型"模式，即"技术熟练者模式"，这种模式的专业实践性认识，"是把复杂的情境与事件抽

---

① 【美】舍恩著，夏林清，译. 反映的实践者—专业工作者如何在行动中思考［M］. 北京：教育科学出版社，2007：7.

② See Grundy, S.（1987），Curriculum: Product or Praxis? London, New York & Philadelphia: The Falmer Press, pp. 11–12.

象、概括成能够尽可能单纯地明示的概念与原理，从而扩大'确定性'。追求客观的严密性与科学性，要求超越了具体情境的普遍性、原理性理解。以'效率性（efficiency）'和'有效性（effectiveness）'的原理为基础。显示出求得教育效果的生产率和学习的效率性、适应相互竞争的产业社会与大众社会的要求、顺应学校的划一化文化与官僚组织的性质"①。技术理性价值取向下的教师专业发展实践出现了理论与实践、官僚机构的束缚与教师专业化之间尖锐的矛盾和教师专业发展受到官僚机构的严重束缚以及过分偏好和重视理论知识而轻视实践等一系列问题。

另一种观点则将教师职业看作是在复杂的语脉中从事复杂问题解决的文化的社会的实践领域。这种观点认为，教师专业能力的提升取决于通过反思性实践获得"实践性学识（practical wisdom）"，教师专业发展的目的就是以对经验的反思为基础培养"反思性实践家（reflective practitioner）"。

1970 年，西方著名教育家弗莱雷（P. Freire）在其出版的《被压迫者教育学》一书中首次阐述了一个基本的观念，就是将教育看作"反思性实践（reflective practical）"。弗莱雷的研究为今后反思性实践的研究奠定了基础。在继弗莱雷之后，美国学者舍恩（D. Schon）分别于 1983 年和 1987 年出版了其著作——《反思性实践者》和《教育反思性实践者》。在这两本著作中，舍恩系统阐述了反思性实践，在学术界引起了很大的反响。舍恩首先对技术理性的价值取向进行了批判。他认为在技术理性的支配下，理论被看作现实的镜子，实践则被看作对理论的应用，理论是经过研究而得出的对客观世界的真实描述，实践必须依附于理论，理论和实践虽然有各自的话语体系，但理论高于实践。正是这种观点导致理论与实践分割，反思与行动分离。在批判技术理性的基础上，舍恩提出了"反思性实践"的理论，即"反思"要和"实践"相结合，既要"反思"，又要"实践"，在"反思"的同时"实践"，在"实践"中"反思"。舍恩试图利用"反思性实践"来弥合理论与实践的分割，反思与行动的分离。

在舍恩"反思性实践"理论的基础上，基龙（Killon）和托顿姆（Todnem）提出了三种不同类型的反思性实践："对行动的反思（reflection-on-practice）"、"在行动中反思（reflection-in-practice）"、"为了行动的反思（reflection-for-practice）"。显然，教师的反思应该贯穿实践的整个过程，既要在实践前反思、也要在实践中反思，更要在实践后反思。教师的反思可以是对一节课、一项活动或一种教育现象的反思，也可以是对教育教学活动中的一个片段、一名学生或一个细节的反思。

"反思性实践"的概念源于"实践理性"这一概念。"实践理性"亦成为"实践兴趣（practical interest）"，是建立在对意义的"一致性解释（consensual

---

① 【日】佐藤学著，钟启泉，译．课程与教师［M］．北京：教育科学出版社，2003：240－241.

interpretation）"的基础上，通过与环境的相互作用而理解环境的人类的基本兴趣。这里的关键概念是"理解"、"相互作用"、"一致性的理念"①。

"实践理性"是对"技术理性"的超越，但是"实践理性"的价值取向也存在缺陷，主要是"实践理性"缺乏"自我反思"的特性，所以，即使经过公开辩论和审议，人们的思想依然容易被蒙蔽。而舍恩的"反思性实践"强调"反思"与"实践"相结合，弥补了"实践理性"的这一缺陷。

在"反思性实践"理论基础上，"反思性实践家模式"的教师形象应运而生。在"反思性实践"价值取向指导下的教师专业发展，其目的是培养"反思性实践家"。"反思性实践家"模式的教师实践性认识以教师的"自律性（autonomy）"与"学识（wisdom）"为基础，采用"叙事样式（narrative mode）"，阐述看似单纯的情境与事件之间内外交织的多义性和复杂性，深入探究"不确定性（uncertainty）"的世界。基于反思性实践的教师专业能力不停留于所规定的科学技术、理论知识、合理技能，而是视为融合这些知识所展开的对于问题情境的"反思（reflection）"，以及适应这种问题情境的判断之基础——"实践性学识（practical wisdom）②。

第四节　掌握教材加工的基本策略

前文已述及，"教材理解"与"教材加工"是一个内在统一的整体，两者相辅相成、不可分割。对教材的加工应建立在对教材理解的基础上，否则，对教材的加工便是盲目、低效的；对教材的理解应指向对教材加工，否则，对教材理解便没有任何意义。本研究中的"教材理解"，实际上包含"理解"和"加工"两个层面的含义，只是此时的加工是在对教材理解基础上的加工，已经内在地包含了对教材的理解。

教师对教材的加工需要一定的策略。关于教材加工策略研究的文献很多，例如McDonough, J. and Shaw, C.（1993）③、Madsen, H. and Bowen, J.（1978）④、Ellis, R.（1986）⑤、Cunningsworth, A.（1995）⑥、Tomlinson, B.（1998）⑦ 等都

---

① Grundy, S.（1987）, Curriculum: Product or Praxis? The Falmer Press, p. 14.

② 【日】佐藤学著，钟启泉，译. 课程与教师［M］. 北京：教育科学出版社，2003：240.

③ McDonough, J. and Shaw, C. 1993. *Materials and Methods in ELT*. Oxford: Blackwell.

④ Madsen, H. and Bowen, J. 1978. *Adaptation in Language Teaching*. Rowley, MA.: Newbury House.

⑤ Ellis, R. 1986. *Activities and procedures for teccher training*, ELT Journal 40. 2: 91 – 9.

⑥ Cunningsworth, A. 1995. Choosing Your Coursebook, Oxford: Heinemann.

⑦ Tomlinson, B. 1998. Materials Development in Language Teaching. Cambridge: Cambridge University Press.

从不同角度进行了研究。借鉴教材加工策略的这些研究成果，我们认为教材加工的基本策略主要有教材的补充策略、教材的删减策略、教材的替换策略、教材的整合策略等。

一、教材的补充策略

就高中地理学科而言，对教材的补充主要有以下几种情况：

（一）补充学习后续内容的准备知识或属于高考考查范围而教材未呈现的知识

有很多内容的学习，学生如果没有一定的知识基础，便会出现学习困难。特别是新课标教材，为了"改变课程内容'繁、难、偏、旧'和偏重书本知识的现状，加强课程内容与学生生活以及现代社会科技发展的联系，关注学生的学习兴趣和经验"，在教材编写时删除了大量"繁、难、偏、旧"，脱离学生的经验和实际生活的内容。虽然这种理念和做法值得肯定，但是，同时也出现了对后续知识的学习必不可少的知识却被"误删"的情况。还有一些内容属于高考考查范围，而教材却没有呈现，所以，需要教师在依据课程标准和学生的需要对教材进行理解以及认真研究高考考试说明的基础上，及时、准确地进行补充。

例：

新课标湘教版高中地理必修一第二章第三节"大气环境"一节的"大气垂直分层"部分内容没有介绍对流层、平流层及高层大气气温随高度变化的原因及发生在对流层中的逆温现象；"大气对太阳辐射的削弱"部分内容没有介绍大气对太阳辐射的吸收、反射及散射三种重要的削弱作用；"大气的水平运动"部分内容没有介绍等压线图中任意一点风向的判断方法；"锋面系统与天气"部分内容没有介绍冷锋、暖锋的表示符号。这些内容都是属于学习后续内容的准备知识或者属于高考考查的范围，教师应给予补充。

（二）补充有助于学生地理学习的图像

图像系统作为组成地理教材的三大系统之一，是教材重要的组成部分，对教材课文系统起着很好的弥补作用，对学生的地理学习也起着十分重要的作用。"图表（视觉符号）和文字（语文符号）呈现内容各有特长。文字的描述较能确切地阐明知识的内涵；但当传达较复杂的知识时，学习者往往无法由文字线性式（linear）的叙述来重新建构非线性式（nonlinear）复杂的知识纲。反之，图表的呈现较为全观，可立即表现非线性式的知识框架"①。然而，在实际教学的过程中，老师们会发现教材的图像系统存在很多不尽如人意的地方，例如有些需要借助图像进行学习的内容，教材中却没有图像，这时候，教师就需要根据实际教学的需要进行补充。

例1：

新课标湘教版高中地理必修一第二章第二节"地球表面形态"一节的"外力作用对地表形态的塑造"部分内容中，风化、侵蚀、搬运、沉积、固结成岩五种外力作用所塑造的地表形态，尤其侵蚀作用和沉积作用所塑造的地表形态十分重要，而多数学生因缺乏生活经验，往往难以区分，所以，如果此处选取这些作用所塑造的典型地貌的图片，学生理解起来就容易多了，遗憾的是教材中只有两幅不是很重要的图片，所以，应补充以下图像：

风力侵蚀地貌

流水侵蚀地貌

流水沉积地貌

风力沉积地貌

① 黄显华，霍秉坤. 寻找课程论和教科书设计的理论基础 [M]. 北京：人民教育出版社，2002：123.

例 2：

新课标湘教版高中地理必修一第二章第三节"大气环境"一节的"气压带、风带季节移动与大气活动中心"部分内容主要应掌握在夏季和冬季北半球出现的六个主要大气活动中心，即北半球夏季出现的亚洲低压、夏威夷高压、亚速尔高压和北半球冬季出现的亚洲高压、阿留申低压、冰岛低压。教材中没有相关的图像，影响了学生对这部分知识的掌握，如果补充 7 月和 1 月海平面等压线分布图，学生的学习便容易多了。

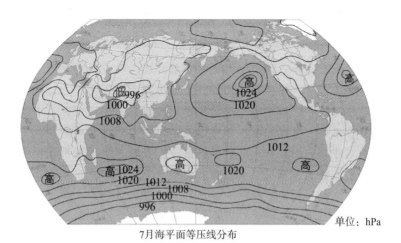

单位：hPa

7月海平面等压线分布

单位：hPa

1月海平面等压线分布

（三）补充地理学习必不可少而教材没有呈现的重要概念

概念（idea；notion；concept）是对事物本质属性的高度概括，是人类的认识从感性认识上升到理性的过程中，将所感知对象的本质属性抽象、概括出来以后形成的。高中地理学科因其综合性强、涉及面广，学习中面对的概念众多，而且这些概念往往具有抽象性、概括性。但是，这些概念既是构建地理学科知识的基石，也是地理教学的基本任务和教学中的重点、难点。在地理教学中必须通过分析、比较、综合、概括使学生正确理解、区分和使用地理概念。如果不能科学准确地理解和掌握这些概念，就会直接影响学生对这些概念的使用，影响地理基础知识的掌握、地理基本技能和地理思维的形成。

纵观新课标高中地理教材，无论哪个版本的教材，都存在有些地理学习必不可少的重要概念没有呈现的问题。因此，需要教师在教材理解时进行补充。

例：

新课标高中地理必修一模块主要侧重自然地理，重点是阐明人类赖以生存和发展的自然环境及其对人类活动的影响，本模块内容既是高中地理课程知识和理论的基础，同时因这部分内容学习难度较大，所以在高中地理课程中占有十分重要的作用。准确理解、把握相关地理概念是学好这部分内容的前提，然而，新课标湘教版高中地理必修一教材中有很多概念没有呈现，需进行补充：

恒星、行星、彗星、卫星、流星体、太阳黑子、耀斑、日珥、太阳风、角速度、线速度、地方时、晨线、昏线、昼夜现象、昼夜更替、太阳直射点、昼夜长短、节气、季节、五带、热量带、温度带、不连续面、冷却凝固作用、固结成岩作用、变质作用、重熔再生作用、生长边界、消亡边界、海岭（大洋中脊）、褶曲、风化作用、侵蚀作用、搬运作用、沉积作用、喀斯特地貌（溶洞、石笋、石柱、钟乳石等）、风蚀地貌（风蚀洼地、戈壁、风蚀蘑菇、风蚀城堡等）、海蚀崖、冰川谷、冰斗、角峰、冰蚀湖、沉积平原、三角洲、冲积扇、新月形沙丘、逆温、吸收作用、反射作用、散射作用、等压线、等压面、风向、山谷风、海陆风、三圈环流、大气环流、季风环流、季风气候、天气、气候、天气系统、准静止锋、江淮准静止锋、梅雨、伏旱、地表径流、寒流、暖流、自然地理环境要素、地质年代、地带性、非地带性、雪线、基带、迎风坡、背风坡、垂直带谱、温带落叶阔叶林带、亚热带常绿阔叶林带、亚热带常绿硬叶林带、温带草原带、温带荒漠带、亚寒带针叶林带、温带季风气候、亚热带季风气候、地中海气候、温带海洋性气候、温带大陆性气候等。

（四）补充案例、地理学的历史、地理故事等

有些地理知识，特别是自然地理知识，由于学生缺乏感性认识，加之教材的表述可能较为抽象，学生理解起来比较可能，如果补充一个相关的案例，有助于学生这部分内容的学习。

例1：

新课标湘教版高中地理必修一第三章"自然地理环境的整体性"一节中，自然地理环境的整体性这一概念是难点，建议增加以下案例，通过这些案例突破难点：

案例1：

以西北地区为例，说明气候、水文、植被、土壤和地貌等要素之间的相互关系，从而说明组成自然地理环境各自然地理要素之间的相互联系、相互作用。

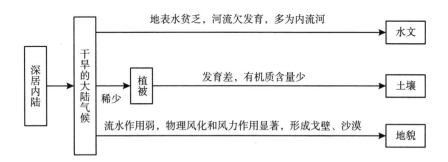

案例2：

以黄土高原植被破坏对整体环境的影响为例，说明自然地理环境某一要素的变化，会导致其他要素甚至整体的改变。

案例3：

以黄土高原植被破坏对下游的影响为例，说明某一要素的变化，不仅会影响当地的整个自然地理环境，还会影响其他地区的自然地理环境。

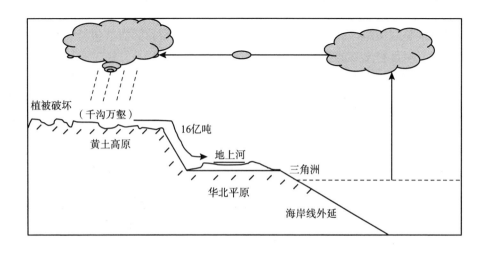

例 2：

从地理学的发展历史以及与地理知识有关的故事中，既可以让学生体会到地理学深刻的思想内涵和地理学独特的思想方法，也可以激发学生探究地理问题的兴趣和动机，养成求真务实的科学态度。所以，地理学的发展历史和与地理知识有关的故事等对新课程改革所提出的三维课程目标中"情感态度价值观"的达成具有独特的作用，而这一目标正是广大教师最容易忽视的。例如，在学习日界线时可补充"日界线趣事"、麦哲伦探险队环球旅行的故事、法国作家儒勒·凡尔纳创作于 1873 年的《八十天环游地球》等；在学习极昼、极夜时，可补充"阿凡提打赌"的故事；在学习气旋、反气旋的时候，可补充"诸葛亮巧借东风"的故事；在学习秦岭淮河这条重要地理界线是可补充"晏子戏楚王"的故事；在学习季风洋流时可补充"郑和下西洋"的故事；在学习环境问题时，可补充 1952年发生在日本的"骨痛病"的故事等；在学习板块构造学说时可介绍海底扩展学说、魏格纳在病床上通过观察地图创立大陆漂移学说等该学说创立的过程；在学习天气预报时可介绍天气预报的来历；在高中地理序言课可介绍地理学说最早在中国和西方的出现；在学习可持续发展时可介绍人地关系思想的演变历史等。

在众多教材理解策略中，补充策略运用最多，但也容易出现很多误区。例如，有的教师为了吸引学生的兴趣，补充大量学生感兴趣的内容，最终却喧宾夺主；有些教师的补充却无意间将新课标教材刻意删除的"繁、难、偏、旧"的内容重新"拾回"，人为加大了学生学习的难度；还有些教师补充了很多对学生的学习和认知毫无意义的内容，浪费了大量宝贵的课堂时间等。

二、教材的删减策略

教材的删减策略是教材的补充策略的对立面。对教材的删减包括文字和内容两个方面，对教材文字的删减主要引起教材数量上的变化，可称为对教材的"缩减"，而对教材内容的删减包括对知识点、图像、练习、活动等的删减，主要引起教材质量上的变化，可称为对教材的"缩略"。从程度上来看，教材的删减可以小到删减几句话、一个知识点、一个案例、一个活动、一道练习，大到删减几个自然段、一个单元的知识点。

（一）删减教材中过多的栏目

"教科书插图、栏目过多会使教材内容纷繁复杂，主题不够突出，会使学生的注意力集中在图画上而不是教学内容上，也不利于教师开展教学活动。当前，新课程教科书就存在图画、游戏量和活动量过多等问题，过于追求时髦，则有舍本逐末的嫌疑"①。

案例：

新课标湘教版高中地理中的活动

——以必修 3 第一章第二节"区域发展阶段"为例

课标要求：以某区域为例，比较不同发展阶段地理环境对人类生产和生活方式的影响。

课时安排：1 课时

高中"地理 3"是在学习了"地理 1"、"地理 2"，基本了解了地理环境的组成、地理环境对人类活动的影响、人类活动对地理环境的影响以及人地环境协调发展等有关知识的基础上，进一步学习如何应用有关的地理原理实现区域可持续发展。显然，从"地理 1"、"地理 2"到"地理 3"是一个理论应用于实践的过程，是培养学生"学以致用"的过程。

"区域"是地理学最常用的基本概念之一，也是地理学的研究对象之一。区域地理学是地理学的重要分支学科之一，其历史与地理学的历史一样久远。初中阶段的地理课程，主要以区域地理为主的。在"区域地理环境与人类活动"这一部分，不是讲述具体的某一区域的地理环境特征，而是从"区域"的含义，区域间自然环境、人类活动的差异，同一区域在不同发展阶段地理环境对人类生产和生活活动方式的影响，产业转移和资源跨区域调配对区域地理环境的影响等方面概括区域地理研究的主要内容及研究方法，作为学生学习第二部分"区域可持续发展"的基础。

湘教版必修 3 第一章第二节"区域发展阶段"中所包含的知识内容、图像、活动、阅读统计如下：

	知识内容	活动	图像	阅读
数量	5 页	3 个活动、12 个问题	1	2
估计至少所需课堂教学时间	25 分钟	40 分钟	3 分钟	7 分钟

假如教师完全按照教材的安排去完成本节教材中所有知识内容、图像、活动、阅读等，那么本节课至少需要 75 分钟，而中小学一课时一般是 40 分钟到 45 分钟，显然，这是无法完成的任务。教材的各栏目中，活动因需要学生参与讨

---

① 和学新，马苏静.我国基础教育课程教材开发与管理的问题检视与改进［J］.教育理论与实践，2013（28）：48.

论，所花的时间往往最多。本节教材虽然共设计了 3 个活动，但其中包含的问题却多达 12 个，这 12 个问题中，大部分问题的答案是十分开放的，要回答这些问题，是需要花很多时间的，既使学生能够较快地得出问题的答案，也至少需要 40 分钟左右，几乎需要整节课时间，而"区域发展阶段"一节仅需要一课时进行教学。显然，教材中的活动、阅读尤其活动太多，必须进行删减。研究发现，几乎所有版本教材的大部分章节都存在同样的问题。

（二）删减教材中既不是课程标准所要求又不是学生需要的内容

例：

新课标湘教版高中地理必修一第三章自然地理环境的差异性一节中"三、主要陆地自然带"部分内容课程标准中没有任何要求，学生也不感兴趣，应删除。

（三）删减教材中对学生的学习作用不大、可做可不做的练习

作业系统也是教材的三大组成系统之一。一般而言，在每一节的最后都会设计一些练习，供学生进行练习。可是，这些练习在一线教师看来往往不太实用，对高中地理课堂的观察发现，几乎所有教师在每节课巩固知识环节都没有采用教材中的练习，而是自己挑选或编制练习。

例：

新课标湘教版高中地理必修一第一章第一节"太阳对地球的影响"教材中的练习是：

ACTIVITY 活动

下面是两位同学的对话。

甲：太阳辐射对地球的影响都是有利的，太阳活动对地球的影响都是不利的。

乙：你的观点比较片面，太阳辐射也有不利的影响，太阳活动也会产生有利的影响。

请围绕两位同学的话题，收集有关资料，并与同学们讨论交流自己的看法。

提示：

① 确定你的观点。系统表达你对上述议题的看法。

② 提供你的论据。将收集到的资料分有利影响与不利影响两大类进行整理，以支持你的观点。

---

③ 反思你的不足。仔细聆听同学们的发言，看哪些说法更有道理。

这道练习一方面由于课堂时间的限制，不可能在课堂完成，所以操作性不强，另一方面，现在的各类考试中这种开放性试题仍然较少，这样的练习对考试的针对性不强。所以，这道题的设计就失去了意义，倒不如删除。

（四）删减教材中离学生的生活世界太远、对学生的学习无太大帮助的阅读、活动、案例或操作性不强的实验等

为了凸显学生的主体性，转变学生的学习方式，新课标教材大多采用活动性课文形态，即在正文、阅读材料等传统意义上的"课文"之外，穿插能够调动学生学习活动的各种栏目，新课标北师大版高中地理教材中的栏目及其丰富，有课题、活动、思考、案例研究、读图练习、探索、阅读等。这些栏目虽然形式上属于作业系统，但由于它们在内容上承担了一部分新知识的教学，已成为教学过程的重要组成部分，因此，它们实际属于课文系统，是课文的重要组成部分。但是，这些栏目中有不少存在离学生的生活世界太远、对学生的学习无太大帮助、操作性不强，无法开展等问题。

例1：

新课标湘教版高中地理必修一第三章自然地理环境的差异性一节中的阅读"纬度地带性分异规律的复杂性"，由于该"阅读"中涉及到气团、变形、扭曲、尖灭等超出高中地理课程标准要求的词语和内容，不仅对学生的学习没有益处，反而增加了学生学习的难度，应删除：

READING 阅读

纬度地带性分异规律的复杂性

地球自转造成地表流体，包括气团、洋流等发生偏转，这增加了纬度地带性格局的复杂性，又由于海、陆组成物质的差异引起了能量收支状况的改变，从而导致纬度地带性规律发生很大的变形或扭曲，致使地球表面某些纬度地带并不呈现连续的带状分布，而往往发生中断和尖灭。因此，仅仅用纬度地带分异规律，还不能全面解释自然地理环境的差异性。

例 2：

新课标地理教材为了增强探究性，设计了很多实验、活动等栏目，但这些栏目相当一部分只是"摆设"，在实际学习中根本无法完成。例如新课标湘教版高中地理必修一第一章第一节"地球的宇宙环境"中"观察月相"这一活动，几乎没有操作性，一线教师几乎没有人指导学生开展。

观察月相

从农历初一开始，观察一个月内月亮的形状和它在天空中位置的变化。活动过程如下：

1. 选择住所附近便于观察的场地。

2. 了解当地每天月亮出没的大致时间（也可由老师提供），在不影响正常作息的前提下，逐日制定观察计划。计划内容主要包括每日观察次数、时间及观察项目和必备用具等。

3. 逐日逐次观察并记录月亮在天空中的方位、地平高度和亮面凸出方向，绘出观察时的月相草图，并记下每次观察的农历日期、时间及其他情况（你可以用伸展手臂、紧握拳头的方法来估测月亮的地平高度，高出地平线一拳为10°，两拳为20°，依此类推）。

4. 将你的观察记录整理成表格形式，向全班同学展示。表格应包括以下项目：①每天月亮出没的大致时间；②一天中所观察到的月相、在天空中的方位、地平高度、亮面凸出方向以及观察时间。

5. 与同学们一起交流在活动中你感到最容易和最困难的地方，以及你的惊奇发现。如果要在另外一个月里观察月相，你的观察方法将作哪些改进？为什么？

（五）删减教材中叙述繁琐的文字

教材内容的呈现方式，即教材内容的表述形态，直接影响教材功能的发挥。任何一本教材都有其表述形态，但在不同时期，因所影响的因素不同，其表述形态也不一样。新课标教材更加关注教材在改变学生学习方式上的作用。教材内容的表述形态逐渐由便于教师教、学生听的单一、静态的表述形态，向动态、互动、多元的表述形态转变。按照表述形态在改变学生学习方式上的作用的不同，教材内容的表述形态可以分为叙述性课文和活动性课文。但是，就新课标高中地理教材而言，无论哪个版本的教材，都存在有些内容的叙述繁琐、不够精炼、表达不够准确等问题。

例：

新课标湘教版高中地理必修二第三章第三节"工业区位因素与工业地域联系"一节"二、工业联系和工业地域"部分内容，其实这部分内容无非包括工业联系和工业地域两部分，工业联系包括生产上的投入——产出联系（即多道工序之间的联系）、共同利用基础设施的联系等，正是这种工业联系导致工业集聚，工业集聚形成了工业区域。但是，教材在这部分讲述了"（一）工业联系、（二）工业转移和工业集聚、（三）开发区和专业化产业区、（四）工业与环境"四部分内容，阅读教材后便会发现，这部分教材内容繁杂、思路混乱、文字叙述繁琐，而像工业联系这样的知识又没有讲清楚，所以，这部分内容应该进行大量删减。

三、教材的替换策略

教材的替换策略不是对教材内地理知识的替换，而是对教材中的案例、素材、练习、图像等的替换。替换的目的是为了让教材发挥更好的功能。

（一）对教材中不够真实或无助于教学或不能服务于教学目标的案例的替换

地理教材中的案例因包含地理学最基本的原理，能很好地反映地理事物的基本规律和地理特征，同时也为学生的学习创设了建构知识的情境，也是教材重要的组成部分。案例的内容广泛，涉及自然、人文、中国、世界、区域、综合、一般、特殊等各个层面，案例的形式多样，既有文字的、图像的，也有数据的、景观的。一般而言，地理教材中的案例应具有真实性、教学性、典型性、时代性、有用性、公平性等特征。学习情境是学生建构知识的宏观背景，很多知识都是学生在真实或接近真实的情境中建构的，而且所创设的学习情境越真实，越有利于学生知识的建构。教材中的案例对学生的学习过程和学习效果都会产生一定的影响。各版本的新课标高中地理教材都选编了很多既有助于教学过程的优化，又有助于教学目标达成的典型案例，例如新课标湘教版高中地理教材中德国鲁尔区、美国田纳西河流域、我国西北地区的荒漠化等，既促进了学生地理思维的发展，又提升了学生的综合素质、提高了学生分析问题、解决问题的能力，实现了教与学的统一。但美中不足的是，各版本教材中依然存在很多不够真实或无助于教学或不能服务于教学目标，或不适应学生的实际情况、不利于实现教育公平等案例，这些案例不仅不能帮助学生建构知识的意义，相反，可能会对学生的学习带来很多不利的影响。例如，教育公平问题是近些年全世界所关注的热点问题，我国《国家中长期教育改革和发展规划纲要（2010～2020年)》中明确指出：要"把促进公平作为国家基本教育政策"，倡导全社会关注、促进教育公平。新课标教材中使用了大量有关城市的案例，而这些案例对农村的学生而言，由于平时接触较少，缺少相关的生活经验，很难引起他们的学习兴趣，或者对他们的学习无法起到应有的支撑作用，不仅直接影响了他们的学习，也不利于教育公平的实现，应予以替换。

例：

新课标湘教版高中地理必修一第四章第四节"中国的洪涝灾害"部分内容有长江和淮河两个案例，实际上，此处只需要有一个案例就能够说明问题，另外一个案例的作用不大，如果用淮河流域的洪涝灾害替换长江流域的洪涝灾害，内容便显得更加紧凑一些。再如，在学习产业转移时，由于当前在我国正进行大规模产业转移，特别是我国东部经济较发达地区，本身就存在明显的产业转移现象，如果用发生在学生身边的这些产业转移的实例替换教材中的案例，效果必然会更好。

（二）对教材中不适应现代社会要求的内容或已过时素材的替换

教材作为促进学生身心发展，实现教育目标，培养合格公民的重要手段和媒介，无论在内容选择还是表达方式都应紧密联系社会发展和社会价值取向，帮助学生更好地适应社会的飞速发展所提出的新的要求。例如，当今的世界，人类面临的资源短缺、环境污染、生态破坏等一系列严重的问题，可持续发展是人类唯一选择。地理教材应利用国家和社会发展中出现的各种问题，帮助学生树立正确的环境观，坚定他们可持续发展的信念。

教材在编写时，会尽量采用能够反映时代气息的最新的资料，但由于教材的出版、更新周期较长，所以教师在使用教材时，很多素材可能已经过时了，这就要求教师在教材理解的过程中，紧密联系国际和国内形势，用富有时代气息的新素材来替换教材中已过时的素材。

例：

新课标湘教版高中地理必修一第四章第三节"全球定位系统及其应用"中关于俄罗斯GLONASS、中国"北斗系统"、欧洲"伽利略计划"，以及印度和日本筹建卫星导航系统的案例，但是，案例中的数据都较老，在提到日本的卫星导航系统时，甚至出现"预计在2008年投入使用"的描述，显然已过时至少6年了，应该用最新的素材进行替换。

（三）对教材中存在问题的图像的替换

教材是学校教学内容的主要载体，是教师教学和学生学习最重要的参考依据。随着时间的推移，时代的变迁，教材的呈现方式也随之发生了变化，出现越来越明显的"视觉化"倾向，作为教材重要组成部分的插图在教材中承担着越来越多的功能，发挥着越来越重要的作用。利瓦伊（W. H. Levie）认为，插图具有吸引注意力功能、情意功能、认知功能和补充功能[1]；邓（Gloria M. Tang）将教科书插图的功能归纳为：点缀、装饰功能，强化、概括、促进文本理解功能，准确传播知识和提供丰富信息功能[2]；莱文（J. R. Levin）等人认为，插图能够使文本更具体、连贯、便于理解[3]。

新课标教材十分重视图像系统的作用，对新课标四套高中地理教材的图像系统比较研究发现，无论图像数量还是类型都大幅度增加，而且视觉表象也更为生动（见表9-2、表9-3）。

表9-2　　　　　　新课标四套高中地理教材图像数量的比较

	人教版	湘教版	北师大版	鲁教版
图幅总数	427	416	547	524
页数	317	332	330	324
每页的图幅数	1.35	1.26	1.66	1.62

从表9-2可以看到，人教版、湘教版、北师大版、鲁教版图像总数分别是427幅、416幅、547幅、524幅，以北师大版图像绝对数量最大。湘教版教材虽然图像数量相对较少，但也有413幅之多，远多于传统教材。四套地理教材平均每页的图幅数量分别是1.35幅、1.26幅、1.66幅、1.62幅，总体平均每页约有1~2幅图像，每页的平均图像数量都在1幅以上，这说明四套教材都比较重视教材中图像的使用。

---

[1] 黄显华，霍秉坤．寻找课程论和教科书设计的理论基础［M］．北京：人民教育出版社，2001：125.

[2] Tang，Gloria M. Textbook illstrations：a cross-cul-tural study and its implications for teachers of language minority students ［J］. The Journal of Educational Issues of Langeuage Minority Students，1994，(13).

[3] 宋振韶．教科书插图的认知心理学研究［J］．北京师范大学学报（社会科学版），2005，(6).

表 9-3　　　　　　　　　新课标四套高中地理教材图像类型的比较

	人教版		湘教版		北师大版		鲁教版	
	数量	比例	数量	比例	数量	比例	数量	比例
地图	75	17.56%	27	6.44%	50	9.14%	59	11.26%
照片与绘画	93	21.54%	164	39.14%	231	41.84%	156	29.77%
示意图	157	36.77%	148	35.32%	148	27.57%	187	35.11%
统计图	77	18.03%	58	13.84%	57	10.42%	95	18.13%
漫画	15	3.52%	4	0.95%	16	2.93%	9	1.72%
遥感图像	7	1.64%	13	3.1%	28	5.12%	6	1.15%
其他图像	3	0.94%	19	1.21%	17	2.96%	15	2.86%
总数	427		419		547		524	

按地理图像最常用的性质划分的方式，图像系统可分为地图、照片与绘画、示意图、统计图、遥感图、漫画等。对比发现，四套教材中图像类型丰富多样，以上各类图像在教材中均有出现。这些图像对建立学生的地理空间概念、增强学生的感性认识、帮助学生理解和掌握地理知识、培养学生的综合思维能力和定量分析能力、增强教材内容表达的丰富程度和学生的阅读兴趣等都起到了很好的作用。

但是，因受图像设计以及技术水平等各种因素的限制，新课标教材中的图像依然存在图像不能准确表达要传递的信息，不能有效表达要说明的问题，图像的印刷质量较差，图像与相关教学内容不匹配甚至误导学生的学习，图像中的重要信息缺失等诸多问题。教师在理解教材时，应选择主题突出，清晰易读，适合学生年龄特点，对学生有吸引力的图像替换这些存在问题的图像。

例：

新课标湘教版高中地理必修一第二章第二节"地壳的物质组成和物质循环"中"地壳物质的循环过程"是本节教材的重点，同时，地壳物质的循环过程由于发生的空间范围巨大，是全球尺度的地理过程，必须借助相关示意图，学生才能够理解。正是考虑到这一点，为了降低难度，《普通高中地理课程标准（实验)》对这部分内容的要求是"运用示意图说明地壳内部物质循环过程"。可是，湘教版教材中虽然有一副示意图，但是这幅图并不能直观、清晰、准确地说明地壳物质的循环过程：

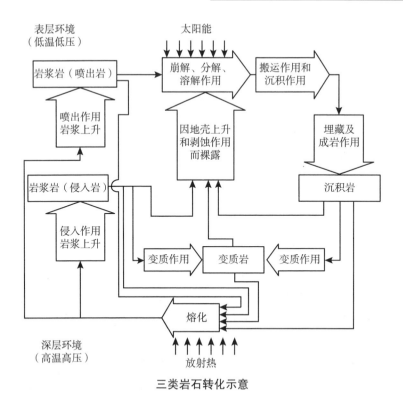

三类岩石转化示意

如果用下面这幅图替换教材中的图，效果就大不一样了：

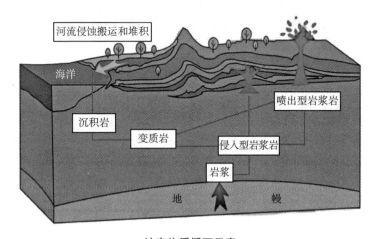

地壳物质循环示意

（四）对教材中针对性不强的作业的替换

教材中的作业系统具有新知识的教育功能、对所学知识的巩固功能、培养技能和创新意识的功能、情感熏陶与价值观引导功能、自主研习与学法指导功能、考试导向功能等多种功能①，现代教材正逐渐由"教材"向"学材"转变，而教材中作业系统的设计直接影响这一功能的转变，作业系统是衡量教材是否具有"学材"功能的重要指标。

然而，就新课标高中地理教材来看，教材中的作业系统仍然存在很多问题，例如作业系统功能占总体功能比重少、功能类型过于单薄等②，直接影响了教材中作业系统甚至整个教材功能的发挥。对于那些不能很好地发挥教材功能的作业应进行替换。

例：

当前，我国高中阶段几乎所有考试一般都采用选择题和综合题两种题型，而对新课标北师大版高中地理教材的研究发现，该版本教材每一节课后的复习题均是问答题形式，其实这种题型在考试中早已淘汰了。例如新课标北师大版高中地理必修二第四章第一节"人类面临的主要环境问题"中的复习题如下：

复习题

1. 分析造成全球性环境问题的原因，并进行总结归纳。
2. 指出本节所介绍的全球性环境问题分别是以哪种类型出现的。
3. 举例说明本地区所面临的环境问题，分析其产生的原因，试提出治理措施。

显然，北师大版教材作业系统仅采用问答题一种题型，既没有兼顾考试，影响了作业系统考试导向功能的发挥，也影响了巩固知识、培养技能等其他功能的发挥。应用下面练习替换：

复习题

1. 读我国某地区地理要素关联图，回答该地区面临的主要环境问题是（　　　）。

　　A. 森林、土地资源枯竭，人均量减少

---

① 朱利青，李家靖. 中美高中自然地理教材作业系统功能比较研究［J］. 中学地理教材参考，2011，（10）：63-64.

② 朱利青，李家靖. 中美高中自然地理教材作业系统功能比较研究［J］. 中学地理教材参考，2011，（10）：64.

B. 粮食问题突出

C. 环境污染严重，生存质量下降

D. 生态破坏，生物多样性减少

　根据下图完成第2、第3题。

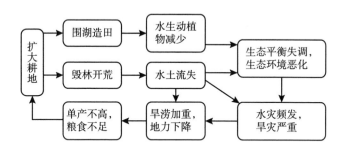

2. 下列对"零排放"理解正确的是（　　）。

A. "零排放"是实现可持续发展的重要举措

B. "零排放"就是排放的废弃物为零

C. "零排放"的目的是加大对废弃物的综合利用

D. "零排放"是转变经济增长方式的唯一途径

3. 在下列行为中，能较好体现"零排放"的是（　　）。

①内蒙古草原牧区载畜量提高

②城市垃圾用于焚烧发电、集中填埋

③珠江三角洲的基塘生产

④消费者多选一次性用品

⑤加强对产品生命周期的环境监管

⑥企业减少对商品外盒的过度包装

A. ①③⑤⑥　　B. ②④⑤⑥　　C. ③④⑤⑥　　D. ②③⑤⑥

四、教材的整合策略

整合就是将零散的东西通过某种方式彼此链接起来，以实现信息资源共享，最终形成一个有价值、高效率的整体。通过整合，可使原本意义不大的事物具有更丰富的意义，可将原本无意义的事物变得有意义。

　　教材的整合策略包括教材的调序和内容的统整两方面的含义。教材的调序就是依据知识点之间的因果关系和内在的逻辑联系，将原本零散的知识点通过调整顺序，理顺它们之间的关系，从而有利于学生的学习。教材内容的统整就是将原本关系混乱、内容前后重复、内容矛盾或说法不一的内容进行整理。教材的整合需借助一定的方法实现。例如，北京市海淀区教师进修学校附属实验学校经过长期实践探索，摸索出了从纵向和横向两个维度进行教材整合的方法。"纵向整合以学科内部纵向整合为主，突出学科思想，用方法统领教与学。横向整合以不同版本教材间的整合及跨学科的教材整合为主。"①

　　例1：

不同版本教材的整合

　　不同版本的教材其编写意图和潜在的意向性也不同，例如《普通高中地理课程标准（实验）》中有"分析不同人口增长模式的主要特点及地区分布"这一要求。对比研究发现，新课标高中地理人教版、湘教版、中图版（北师大版）、鲁教版这四个版本的教材对"人口增长模式"的表述各不相同，这也造成了教师教学的困难。

　　因不同版本教材中的"人口增长模式图"有所不同，为达成高中地理课程标准"分析不同人口增长模式的主要特点及地区分布"这一要求，有教师②尝试首先将各版本教材中的"人口增长模式图"改造成通用的"人口增长模式图"：

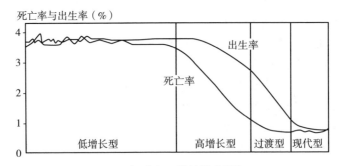

通用版"人口增长模式图"

---

　　①　钟毅. 教材整合如何有效？[J]. 中小学管理，2009，(10)：35 - 36.
　　②　姚秀元. 运用图示法进行"人口增长模式"不同版本教材整合的教学[J]. 中小学管理，2014，(9)：28 - 32.

然后利用通用的"人口增长模式图"进行不同版本教材整合教学，较好地达成了课程标准的要求。

例2：

同一版本教材的整合

新课标湘教版高中地理必修二教材为了达成《普通高中地理课程标准（实验)》中"运用实例，分析城市的空间结构，解释其形成原因。"这一要求，在第二章第一节"城市空间结构"中提到："在交通运输枢纽处，比如两条或多条铁路交会处，铁路干线与公路干线交会处，两条或多条公路干线交会处，也会形成比较大的城市。"课堂观察分析，在实际教学的时候，几乎所有教师都会在此处进行拓展，让学生知道凡是交通便利的地方，包括河运的起点、终点、两河交会处等容易形成城市，还会举例说明，例如江西赣州就是在赣江航运的起点，广州在珠江航运的终点，武汉在长江航运和汉江航运的交会处等。可是，为了达成《普通高中地理课程标准（实验)》中"结合实例，分析交通运输方式和布局的变化对聚落空间形态和商业网点布局的影响。"这一要求，教材第三章第四节"交通运输布局及其对区域发展的影响"又用5页的篇幅，讲述了交通运输与聚落的关系。众所周知，城市是聚落的其中一种类型，所以，第三章第四节中这5页教材所讲的内容绝大部分其实都与第二章第一节中有关交通运输与城市关系的内容重复，这就要求教师在理解教材时，对这两节内容进行整合，以免前后重复，既耽误教学时间，又造成学生思维混乱，影响教学效率。

为了提高教师教材理解的能力，掌握一些教材加工的策略是必要的，但是，由于教师的教材理解能力具有主体性、复杂性、实践性等特点，这就要求教师在学习教材理解基本策略的同时，还要注意以下几点：

第一，仅靠机械操练不能提高教师教材理解能力。因为机械操练是一种以行为主义学习观为导向，以行为的改变或新行为的获得为目的，以死记硬背为学习方式的行为。这种行为由于忽视认知过程和情感因素在教师教材理解能力提升中的作用，其学习结果只能在高度相似的情境中或初始情境中才能发生迁移，因而机械操练一般对于那些机械、简单的动作技能的获得有较好的效果。然而对于教师教材理解能力这种复杂的高级技能，单靠机械操练自然是无法获得的。只有通过教师的感知、记忆、想象、思维、态度、意志、动机等多种认知和情感因素的充分参与，建立起新旧知识之间、技能之间的内在联系，其学习结果才能在初始情境之外的其他情境或与初始情境不相似的情境中发生迁移。

第二，反思性实践是提高教师教材理解能力必不可少的环节。教师教材理解的技能属于心智技能，这种技能的获得离不开真实的实践情境。真实的情境具有复杂性、不确定性、多样性等特点，在这样的情境中，通过大量的实践，教师才能够熟练掌握和运用教师教材理解的技能，提高教师教材理解的能力。

教师教材理解既是一种活动、一种行为，更是一种思想、一种文化。教师教材理解既需要创设整体文化氛围，又需要教师教材理解意识和能力的提高。教师教材理解文化的形成是一个长期而缓慢的过程，教师教材理解意识和能力的提高也需要日积月累、循序渐进。况且，教材本身也是在随着社会和教育的发展而不断变化的，所以，教师教材理解永远不会有终点，我们永远也不能奢望有终点，教师教材理解永远在路上。

参 考 文 献

（一）中文类

著作：

[1]【美】威廉 F. 派纳，威廉 M. 雷诺兹，帕特里克·斯莱特里，彼得 M. 陶伯曼著，张华等译. 理解课程［M］. 北京：教育科学出版社，2003.

[2] 张华. 课程与教学论［M］. 上海：上海教育出版社，2000.

[3] 孙宽宁. 课程理解的理想与现实——一种教师自我关怀的视角［M］. 济南：山东人民出版社，2010

[4] 周险峰. 教育文本理解论［M］. 广州：广东高等教育出版社，2007.

[5] 金生鈜. 理解与教育［M］. 北京：教育科学出版社，1997.

[6]【德】伽达默尔著. 夏镇平，宋建平，译. 哲学解释学［M］上海：上海译文出版社，1994.

[7]【美】肖恩·加拉格尔（Shaun Gallagher）著. 解释学与教育［M］张光陆，译. 上海：华东师范大学出版社，2009.

[8]【美】Ralph W. Tyler 著. 课程与教学的基本原理［M］罗康，张阅，译. 北京：中国轻工业出版社，2008.

[9] 章启群. 意义的本体论——哲学诠释学［M］. 上海：上海译文出版社，2002.

[10]【德】汉斯—格奥尔格·伽达默尔. 真理与方法［M］. 北京：商务印书馆，2010.

[11] 黄显华，霍秉坤. 寻找课程论和教科书设计的理论基础［M］. 北京：人民教育出版社，2002.

[12] 小威廉姆·E. 多尔. 后现代课程观［M］. 王红宇译. 北京：教育科学出版社，2000.

[13] 殷鼎. 理解的命运［M］. 北京：生活·读书·新知三联书店，1988.

[14] 洪汉鼎. 理解与解释——诠释学经典文选［M］. 北京：东方出版社，2001.

[15] 洪汉鼎. 诠释学——它的历史和当代发展［M］. 北京：人民出版社，2001.

[16] 汉斯—格奥尔格·伽达默尔．洪汉鼎译．真理与方法——哲学诠释学的基本特征：上卷 [M]．上海：上海译文出版社，1999．

[17] 洪汉鼎主编．理解与解释——诠释学经典文选 [M]．北京：东方出版社，2001．

[18] 熊川武，江玲．理解教育论 [M]．北京：教育科学出版社，2005．

[19] 钟启泉．现代课程论 [M]．上海：上海教育出版社，1989．

[20] 孔凡哲，教科书质量研究方法的探索——以义务教育数学课程标准实验教科书为例 [M]．北京：人民高等教育出版社，2008．

[21] 【美】D. P. 约翰逊．社会学理论 [M]．北京：国际文化出版公司，1988．

[22] 钱玉干．教师思维论 [M]．哈尔滨：黑龙江科学技术出版社，1994．

[23] 中华人民共和国教育部．全日制义务教育地理课程标准（实验稿）[M]．北京：北京师范大学出版社，2001．

[24] 中华人民共和国教育部．普通高中地理课程标准（实验稿）[M]．北京：人民教育出版社，2003．

[25] 田慧生，李如密．教学论 [M]．石家庄：河北教育出版社，1996．

[26] 【美】约翰·杜威著．我们怎样思维·经验与教育 [M] 姜文闵，译．北京：人民教育出版社，2005．

[27] 华东师范大学教育系，杭州大学教育系．现代西方资产阶级教育思想流派论著选 [M]．北京：人民教育出版社，1980．

[28] 【美】P. 蒂利希著．存在的勇气 [M] 成穷，王作虹，译．陈维政，校译．贵阳：贵州出版集团，贵州人民出版社，1998．

[29] 【美】A. J. 赫舍尔著．人是谁 [M] 隗仁莲，安希孟，译．陈维政，校译．贵阳：贵州出版集团，贵州人民出版社，1994．

[30] 朱仁宝．现代教师素质论 [M]．杭州：浙江大学出版社，2004．

[31] 孙绍荣．教育信息学 [M]．北京：人民教育出版社，2001．

[32] 罗树华，李洪珍．教师能力学 [M]．济南：山东教育出版社，1997．

[33] 刘良华．教育研究方法主题与案例 [M]．上海：华东师范大学出版社，2007．

[34] 裴娣娜．教育研究方法导论 [M]．合肥：安徽教育出版社，2000．

[35] 钟启泉，崔允漷，吴刚平．普通高中新课程方案导读 [M]．上海：华东师范大学出版社，2003．

[36] 张祥龙．现象学导论七讲——从原著阐发原意 [M]．北京：中国人民大学出版社，2011．

[37] 朱旭东．教师专业发展理论研究 [M]．北京：北京师范大学出版集

团，北京师范大学出版社，2011.

［38］【比】弗朗索瓦—玛丽·热拉尔，（比）易克萨维耶·罗日叶. 为了学习的教科书——编写、评估、使用 ［M］. 汪凌，周振平，译. 上海：华东师范大学出版社，2009.

［39］迈克尔·W. 阿普尔等. 教科书政治学 ［M］. 侯定凯，译. 袁振国，审校. 上海：华东师范大学出版社，2005.

［40］教育部师范教育司. 教师专业化的理论与实践 ［M］. 北京：人民教育出版社，2003.

［41］约翰·杜威. 民主主义与教育 ［M］. 王承绪译. 北京：人民教育出版社，2001.

［42］邵瑞珍，皮连生. 教育心理学 ［M］. 台北：五南图书，1989.

［43］【美】乔纳森·H·特纳. 社会学理论的结构 ［M］. 杭州：浙江人民出版社，1987.

［44］操太圣，卢乃桂. 伙伴协作与教师赋权——教师专业发展新视角 ［M］. 北京：教育科学出版社，2007.

［45］何仲娟. 教师专业发展的叙事研究——一位中学教师的亲历亲闻 ［M］. 北京：北京大学出版社，2010.

［46］丁钢主编. 全球化背景下教师专业发展创新计划 ［M］. 北京：北京师范大学出版集团，北京师范大学出版社，2009.

［47］林樟杰主编，夏人青副主编. 教师教育体制机制问题研究 ［M］. 北京：中国人民大学出版社，2009.

［48］周洪宇. 教师教育论 ［M］. 北京：北京师范大学出版集团，北京师范大学出版社，2010.

［49］徐斌艳. 教师专业发展的多元化途径 ［M］. 上海：上海教育出版社，2008.

［50］何菊玲. 教师教育范式研究 ［M］. 北京：教育科学出版社，2009.

［51］赵昌木. 教师专业发展 ［M］. 济南：山东人民出版社，2011.

［52］王健. 教学实践理性及其合理化 ［M］. 南京：南京师范大学出版社，2010.

［53］王能智，曹彦彦. 为师与师承——王能智教师培训实录 ［M］. 北京：北京出版集团公司，北京出版社，2010.

［54］单中惠. 教师专业发展的国际比较 ［M］. 北京：教育科学出版社，2010.

［55］傅健明. 教师专业发展——途径与方法 ［M］. 上海：华东师范大学出版社，2007.

［56］邵光华．教师专业知识发展研究［M］．杭州：浙江大学出版社，2011．

［57］周宏主编．教师素养与能力［M］．北京：中央民族大学出版社，2009．

［58］吴卫东．教师专业发展与培训［M］．杭州：浙江大学出版社，2005．

［59］丁钢主编．中小学教师专业发展状况调查与政策分析报告［M］．上海：华东师范大学出版社，2010．

［60］【日】佐藤学著．课程与教师［M］．钟启泉，译．教育科学出版社，2003．

［61］陈月茹，刘欣．中外中小学教科书制度比较研究［M］．济南：山东友谊出版社，2009．

［62］【法】皮埃尔·布迪厄．实践感［M］．蒋梓骅，译．南京：译林出版社，2009．

［63］陈静静．教师实践性知识论：中日比较研究［M］．上海：华东师范大学出版社，2011．

［64］迈克尔·W.阿普尔．官方知识：保守时代的民主教育（第二版）［M］．曲囡囡，刘明堂，译．上海：华东师范大学出版社，2004．

［65］【法】保罗·利科尔著，陶运华等，译．解释学与人文社会科学［M］．石家庄：河北人民出版社，1987．

［66］钟启泉，崔允漷，吴刚平主编．普通高中新课程方案导读［M］．上海：华东师范大学出版社，2003．

［67］【美】伯格．姚媛，译．柯平，校．通俗文化、媒介和日常生活中的叙事［M］．南京：南京大学出版社，2000．

［68］【捷克】米兰·昆德拉．董强，译．小说的艺术［M］．上海：上海译文出版社，2004．

［69］布鲁姆．教育目标分类学：第一分册 认知领域［M］．罗黎辉，等，译．上海：华东师范大学出版社，1986．

［70］【法】科利尔著．解释学与人文科学［M］．石家庄：河北人民出版社，1987．

［71］郑其恭，李冠乾．教师的能力结构［M］．广州：广东教育出版社，1993．

［72］叶澜等．教师角色与教师发展新探［M］．北京：教育科学出版社，2001．

［73］皮连生主编．学与教的心理学［M］．上海：华东师范大学出版社，1997．

［74］【日】佐藤学著，钟启泉，译．课程与教师［M］．北京：教育科学出

版社，2003.

［75］【美】Sylvia M. Robert 等著，赵丽等译. 学习型学校的专业发展——合作活动和策略［M］. 北京：中国轻工业出版社，2004.

［76］【巴西】保罗·弗莱雷著，顾建新等译. 被压迫者教育学［M］. 上海：华东师范大学出版社，2001.

［77］熊川武著. 反思性教学［M］. 上海：华东师范大学出版社，1999.

［78］【美】舍恩著，夏林清，译. 反映的实践者——专业工作者如何在行动中思考［M］. 北京：教育科学出版社，2007.

［79］雅斯贝尔斯著. 什么是教育［M］. 邹进译. 北京：生活·读书·新知三联书店，1991.

［80］谢立中. 西方社会学名著［M］. 南昌：江西人民出版社，2000.

［81］【美】乔纳森·H. 特纳. 社会学理论的结构［M］. 杭州：浙江人民出版社，1987.

论文：

［1］张华. 走向课程理解：西方课程理论新进展［J］. 全球教育展望，2001（7）.

［2］沈健美，林正范. 教师教育课程标准和学生需要的"教材二次开发"［J］. 课程·教材·教法，2012（9）.

［3］张莉，芦咏莉. 论教师的教材加工能力［J］. 北京师范大学学报（社会科学版），2012（1）.

［4］陈丽华. 教师课程理解：意蕴与转向［J］. 全球教育展望，2012（3）.

［5］钟启泉，一纲多本：教育民主的诉求——我国教科书政策述评［J］. 教育发展研究，2009（4）.

［6］徐继存. 课程理解的意义之维［J］. 教育研究，2012（12）.

［7］钟启泉. "优化教材"——教师专业成长的标尺［J］. 上海教育科研，2008（1）.

［8］董薇薇，李亿江. 教师创造性使用教材存在的问题及分析［J］. 中国数学教育，2011（3）.

［9］孙宽宁. 教师如何理解教材［J］. 当代教育科学，2011（4）.

［10］吴康宁. 意义的生成与变型："课程授受"的社会学释义［J］. 教育发展研究，2001（4）.

［11］【美】沃野. 评两种符号互动主义的方法论［J］. 学术研究，2002（2）.

［12］严家丽，孔凡哲. 国内"教师使用教科书"的研究现状及其反思［J］. 上海教育科研，2013（5）.

［13］刘庆昌. 对"适合学生的教学"的思考［J］. 课程·教材·教法，

2012 (8).

[14] 辛丽春, 郭群. 当代诠释学视角下的教材理解 [J]. 教育导刊, 2009 (1).

[15] 李文跃. 符号、教学符号与教学符号互动的探析——基于符号互动论的视角 [J]. 教育理论与实践, 2013, (10).

[16] 李晴. 高中地理必修实验教材图像系统的比较 [J]. 地理教育, 2007 (5).

[17] 阮伟强. 要舍得在理解教材上下功夫 [J]. 中国数学教育, 2012 (3).

[18] 王婷. 教科书的负面性及对策研究 [J]. 教育科学研究, 2000 (1).

[19] 李健. 课程重构: 教学专长形成的重要路向 [J]. 中国教育学刊, 2012 (11).

[20] 陈桂生. "备课" 引论 [J]. 全球教育展望, 2007 (2).

[21] 龙宝新. 论教师专业成长的实践逻辑 [J]. 教育科学, 2012 (8).

[22] 张建茹, 李刚, 苟双晓. 书籍装帧设计中的版式编排 [J]. 包装工程, 2007 (6).

[23] 李锋. 我国课程标准与教学实施一致性的现状、反思及策略 [J]. 课程·教材·教法, 2012 (8).

[24] 戚万学, 王夫艳. 教师专业实践能力: 内涵与特征 [J]. 教育研究, 2012 (2).

[25] 贾美华. "用教材教" 的实践探索 [J]. 教育科学研究, 2009 (12).

[26] 黄华. 我国知识教学面临的三大挑战与理论回应 [J]. 北京师范大学学报 (社会科学版), 2012 (1).

[27] 陈向明, 赵康. 从杜威的实用主义知识论看教师的实践性知识 [J]. 教育研究, 2012 (4).

[28] 石欧, 石玉. 论教科书的基本特征 [J]. 教育研究, 2012 (4).

[29] 李海东. 初中数学课标教材使用情况调查与研究 [J]. 课程·教材·教法, 2009 (4).

[30] 李小红. 教师课程创生的缘起、涵义与价值 [J]. 教师教育研究, 2005 (7).

[31] 余娟, 郭元祥. 教师的课程创生: 意蕴与条件 [J]. 教育发展研究, 2009 (12).

[32] 郝文武. 科学减负: 合理确定学生学业量度 [J]. 中国教育学刊, 2012 (11).

[33] 吴义昌. 中小学教科研概念重构与规范化——大学教学学术运动的启示 [J]. 中国教育学刊, 2012 (11).

[34] 杜海平. 外促与内生: 教师专业学习范式的辩证 [J]. 教育研究, 2012 (9).

［35］孟庆男．高中思想政治新旧教材的比较研究［J］．课程·教材·教法，2012（8）.

［36］裴淼，谭士驰，刘静．教师教育变革的理念演进及其启示［J］．教师教育研究，2012（6）.

［37］崔允漷，王中男．学习如何发生：情境学习理论的诠释［J］．教育科学研究，2012（7）.

［38］岳欣云，董宏建．创造性智慧：教师专业素养应有之义［J］．中国教育学刊，2013（1）.

［39］周红安，杨汉麟．从历史研究到调查实证——20 世纪初美国教育研究范式的转型及思考［J］．湖南师范大学教育科学学报，2013（2）.

［40］王世伟．论教师使用教科书的原则：基于教学关系的思考［J］．课程·教材·教法，2008（5）.

［41］张光陆．后现代知识范式下的教师解释之研究［J］．课程·教材·教法，2010（5）.

［42］蓝建．亚洲教育中教科书的作用［J］．课程·教材·教法，1986（5）.

［43］李俏，张华．中小学教材修订中的若干思考［J］．课程·教材·教法，2012（8）.

［44］刘冬岩，薛日英．小学语文教科书插图的问题及对策［J］．教育科学研究，2013（3）.

［45］张东辉．美国教育研究方法论的最新进展：混合法研究的兴起与应用［J］．教育研究与实验，2013（4）.

［46］王世伟．论教师使用教科书的原则：基于教学关系的思考［J］．课程·教材·教法，2008（5）.

［47］孔凡哲，史宁中．教师使用教科书的过程分析与水平测定［J］．上海教育科研，2008（3）.

［48］毕华林，芦巍．化学基本观念的内涵及其教学价值［J］．中学化学教学参考，2011（6）.

［49］毕华林，万延岚．学校需要什么样的教科书——基于教师和学生使用化学教科书的调查研究［J］．教育学报，2013（2）.

［50］毕华林，万延岚，卢珊珊．化学课堂教学中教师使用教科书的研究［J］．课程·教材·教法，2013（11）.

［51］亓英丽，毕华林．基于知识价值开发的理科教材内容分析［J］．课程·教材·教法，2013（6）.

［52］和学新，马苏静．我国基础教育课程教材开发与管理的问题检视与改进［J］．教育理论与实践，2013（28）.

[53] 汪永晖，王晋．阿普尔的《官方知识》之要旨解读及启示 [J]．教育科学研究，2013 (11)．

[54] 张天勇．文本理解何以可能——哲学解释学对理解条件的探索 [J]．青海社会科学，2004 (1)．

[55] 李凡．理解何以可能 [J]．社会科学辑刊，2009 (6)．

[56] 汪淑霞．前见：伽达默尔的解释学思想 [J]．山东理工大学学报（社会科学版），2010 (1)．

[57] 肖意贞，曾翠萍．理解何以可能——论"时间距离"的哲学解释学意蕴 [J]．湖南大学学报（社会科学版），2000 (2)．

[58] 洪汉鼎．伽达默尔的前理解学说（上）[J]．河北学刊，2008 (1)．

[59] 洪汉鼎．伽达默尔的前理解学说（下）[J]．河北学刊，2008 (2)．

[60] 魏金玲．略论伽达默尔的前见理论 [J]．中共青岛市委党校 青岛行政学院学报，2009 (11)．

[61] 李松林．论教师学科教材理解的范式转换 [J]．中国教育学刊，2014 (1)．

[62] 吴立宝，曹一鸣．中学数学教材的分析策略 [J]．中国教育学刊，2014 (1)．

[63] 陈海飞．论前见 [J]．扬州大学学报（人文社会科学版），2011 (2)．

[64] 石天玲．"前见"对教师继续教育的影响及策略 [J]．中国教师，2013.7.

[65] 严家丽，孔凡哲．论"课程标准—教科书—教师"关系理解的三境界 [J]．中国教育学刊，2014 (2)．

[66] 何卫平．解释学循环的嬗变及其辩证意义的展开与深化 [J]．武汉大学学报（哲学社会科学版），1999 (6)．

[67] 吉永生．解释循环：哲学解释学美学的哲学基石 [J]．云南行政学院学报，2003 (4)．

[68] 刘莉君．在循环中寻求多样——关于伽达默尔解释学与文本关系之探微 [J]．濮阳师范学院学报，2008 (2)．

[69] 纪光欣．略论解释学循环及其意义 [J]．石油大学学报（社会科学版），1995 (4)．

[70] 陈海飞．理解与循环 [J]．苏州科技学院学报，2005 (2)．

[71] 何卫平．解释学循环与辩证法的"圆圈"[J]．学术界，1997 (6)．

[72] 姚林群．论反思能力及其培养 [J]．教育研究与实验，2014 (1)．

[73] 董树海．行动研究是研究方法吗——基于方法论视角的思考 [J]．教育理论与实践，2014 (1)．

[74]【德】伽达默尔（H. G. Gadamer）．论理解的循环 [J]．现代外国哲学

社会科学文摘, 1992 (4).

[75] 格尔德塞策尔. 解释学的系统、循环与辩证法 [J]. 哲学译丛, 1988 (6): 61.

[76] 施铁如. 课程实施中的文本转换 [J]. 教育导刊, 2003 (1).

[77] 张聪慧. 教学内容、文本内容及教材内容的关系 [J]. 语文建设, 2005 (1).

[78] 钟启泉. 对话与文本: 教学规范的转型 [J]. 教育研究, 2001 (3).

[79] 杨启亮. 教材的功能: 一种超越知识观的解释 [J]. 课程·教材·教法, 2002 (12).

[80] 赵士祥. 高中历史教材二次开发的原理及策略 [J]. 历史教学, 2014 (1) 上.

[81] 宋丽范. 符号互动理论及其对教育的启示 [J]. 扬州大学学报 (高教研究版), 2007 (1).

[82] 唐月芬. 米德符号互动理论述评 [J]. 哈尔滨学院学报, 2003 (7).

[83] 卢国良. 人的全面发展与教育本质 [J]. 当代教育论坛, 2010 (1).

[84] 黄济. 对教育本质的再认识 [J]. 中国教育学刊, 2008 (9).

[85] 丛立新. 知识、经验、活动与课程的本质 [J]. 北京师范人学学报 (社会科学版), 1998 (4).

[86] 林培英. 实践困惑与内容重构: 对高中地理新课程"反弹"现象的思考 [J]. 教育科学研究, 2013 (11).

[87] 谭斌. 再论学生的需要——兼作对现阶段合理对待学生需要的建议 [J]. 教育学报, 2006 (3).

[88] 谭斌. 论学生的需要——兼与张华《我国课程与教学的概念重建》演讲的商榷 [J]. 教育学报, 2005 (5).

[89] 卢国良. 人的全面发展与教育本质 [J]. 当代教育论坛, 2010 (1).

[90] 黄济. 对教育本质的再认识 [J]. 中国教育学刊, 2008 (9).

[91] 辛涛, 申继亮, 林崇德. 从教师的知识结构看师范教育的改革 [J]. 高等师范教育研究, 1999 (6).

[92] 陈向明. 实践性知识: 教师专业发展的知识基础 [J]. 北京大学教育评论, 2003 (1).

[93] 戚业国. 校本研修的制度性困惑与机制创新 [J]. 教师教育研究, 2013 (9).

[94] 曹培英. 新课程背景下小学数学教师本体性知识的缺失及其对策研究 [J]. 课程·教材·教法, 2006 (6).

[95] 林崇德. 申继亮. 辛涛. 教师素质的构成及其培养途径 [J]. 中国教

育学刊 . 1996（6）.

　　[96] 夏惠贤 . 论教师的专业发展 [J]. 外国教育资料，2000（5）.

　　[97] 朱利青，李家靖 . 中美高中自然地理教材作业系统功能比较研究 [J].
中学地理教材参考，2011（10）.

　　[98] 钟毅 . 教材整合如何有效？[J]. 中小学管理，2009（10）.

　　[99] 姚秀元 . 运用图示法进行"人口增长模式"不同版本教材整合的教学
[J]. 中小学管理，2014（9）.

　　[100] 冯锐，金婧 . 学习共同体的思想形成与发展 [J]. 电化教育研究，
2007（3）.

　　[101] 肖正德 . 基于教师发展的教师信念 [J]. 教育研究，2013（6）.

　　[102] 李太平，刘燕楠 . 教育研究的转向：从理论理性到实践理性——兼谈
教育理论与教育实践的关系 [J]. 教育研究，2014（3）.

　　[103] 赵家祥 . 理论观念与实践观念的含义和关系——澄清对列宁两句话的
误解 [J]. 哲学动态，2008（4）.

　　[104] 王炳书 . 实践理性辨析 [J]. 武汉大学学报（人文科学版），2001（3）.

　　[105] 卡尔梅科娃 . 怎样使学生理解教材 [J]. 教育理论与实践，1987（4）.

　　[106] 阮伟强 . 要舍得在理解教材上下功夫 [J]. 中国数学教育，2012（3）.

　　[107] 李冲锋 . 语文教师的教材理解 [J]. 中小学教师培训，2005（7）.

　　[108] 杨璐 . 教师学科教材理解范式的革命——以语文学科教材为例 [J].
赤峰学院学报（自然科学版），2013（15）.

　　[109] 雷友发 . 谈教材理解的整体性 [J]. 成才，2001（6）.

　　[110] 杨乐良 . 创造性地理解和使用教材对教师的要求 [J]. 忻州师范学院
学报，2008（5）.

　　[111] 董玉凤 . 例谈如何把握与理解教材 [J]. 教育实践与研究（小学版），
2008（12）.

　　[112] 王淑玲 . 理解教材，用好教材 [J]. 教育实践与研究（A），2013（1）.

　　[113] 李敏茹 . 要理解并创新使用语文教材 [J]. 教育实践与研究（B），
2013（10）.

　　[114] 陈运保，曹小利，吴慧婷，郭妙花 . 中日新版初中物理教材插图的比
较研究 [J]. 比较教育研究，2014（9）.

　　[115] 闫建璋 . 我国师范大学教育学院教师科研现状调查研究——基于20
所师范大学教育学院调查数据的思考 [J]. 教育研究，2014（7）.

　　[116] 王振林，王松岩 . 米德"符号互动论"解义 [J]. 吉林大学社会科学
学报，2014（5）.

　　[117]【美】沃野 . 评两种符号互动主义的方法论 [J]. 学术研究，2002（2）.

［118］张廷凯. 课程决策与教师专业能力发展［J］. 课程·教材·教法, 2009（2）.

［119］王颖. 维果茨基最近发展区理论及其应用研究［J］. 山东社会科学, 2013（12）.

［120］王晓丽, 芦咏莉, 李斌. 教材适切性评价指标体系的理论及实证研究［J］. 课程·教材·教法, 2014（10）.

［121］邓可, 刘恩山. 美国"2061 计划"高中生物学教材评价的方法与特点［J］. 课程·教材·教法, 2009（3）.

硕博论文:

［1］俞红珍. 论教材的"二次开发"［D］. 上海: 华东师范大学, 2006.

［2］鲍道宏. 教师课程理解初探［D］. 上海: 华东师范大学, 2008.

［3］孙宽宁. 教师课程理解中的自我关怀［D］. 济南: 山东师范大学, 2009.

［4］方婷婷. 教师课程理解的学科差异［D］. 福州: 福建师范大学, 2012.

［5］徐航. 教师课程理解现状访谈研究［D］. 福州: 福建师范大学, 2012.

［6］教师课程理解现状调查研究［D］. 福州: 福建师范大学, 2012.

［7］江美菊. 教师课程理解比较研究［D］. 福州: 福建师范大学, 2012.

［8］王文. 教师课程理解的层次和结构［D］. 福州: 福建师范大学, 2012.

［9］毕苑. 中国近代教科书研究［D］. 北京师范大学, 2004.

［10］穆建亚. 课程实施中文本转换之研究［D］. 西南大学优秀硕士学位论文, 2004.

［11］姚林群. 课堂中的价值观教学［D］. 武汉: 华中师范大学, 2011.

［12］李碧蓉. 地理教材二次开发的理论与实践——以人教版高中地理必修教材为例［D］. 长春: 东北师范大学, 2013.

［13］沈健美. 关于教师"教材二次开发"的研究——以小学科学教材为例［D］. 杭州: 杭州师范大学, 2011.

［14］杨晓红. 教材"二次开发"的原理及实施策略［D］. 长沙: 湖南师范大学, 2009.

［15］张贺华. 3~6 年级科学教科书插图的研究［D］. 华东师范大学, 2010.

（二）英文类

［1］Ben – Peretz, Miriam（1990）. The Teacher – Curriculum Encounter: Freeing Teachers from the Tyranny of Texts. New York: State university of New York Press.

［2］Adbus Sattar Chaudhry, Christopher S G Khoo. Enhancing the Quality of LIS Education in Asia – Organizing Teaching Materials for Sharing and Reuse［J］. New Library World, 2008.

[3] J. Bleicher. Contemporary Hermeneutics: Hermeneutics as method, philosophy, and critique [M]. London: Methuen, 1982.

[4] See Pinar, W. F. , Reynolds, W. M. , Slattery, P. , Taubman, P. M. (1995). Understanding Curriculum. Peter Lang Punlishing, New York.

[5] D. C. Greetham. Theory of the text [M]. London: Oxford Univ. Press, 1999.

[6] Jorge J. E. Gracia. Text: ontological status, identity, author, audience [M]. New York: State Univ. of New York Press, 1996.

[7] J. J. Mcgann. The text condition [M]. Princeton: Princeton Univ. Press, 1991.

[8] Stanley Fish. Is there a text in this class? the authority of interpretive communities [M]. C – Ambridge: Harvard University Press, 1980.

[9] Clarke P. Learning Schools, Learning Systems [M]. London: Continuum, 2000.

[10] Fullan M, Pomfret A. Research on Curriculum Inquiry, 1989, 19 (2).

[11] Thayer, H. Meaning and Action: A Critical History of Pragmatism [M]. Bobbs – Merrill: Indianapolis. 1968.

[12] Merriam Webster's 11th Collegiate Dictionary [Z]. 2003.

[13] Allwright, D. 1981. "What do we want teaching materials for?" ELT Journal 36.

[14] Ariew, R. 1982. The Textbook as Curriculum. In T. Higgs (ed.), Curriculun, compentence and the Foreign Language Teacher. Lincolnwood, IL: National Textbook Co.

[15] Grundy, S. (1987), Curriculum: Pruduct or Praxis? The Falmer Press.

[16] Fuller, F. F. (1969). Concerns of teachers: A developmental conceptualization. America Educational Research Journal.

[17] Burden, P. R. (1990). Teacher development, in: W. R. Houston, M. Haberman & J. Sikula (Eds). Handbook of Reaearch on Teacher Education. New York: Mcmillan.

[18] Fessler, R. & Judith, C. C. (1992) The teacher career cycle: Understanding and guiding the Professional development of teachers. New York: Simon & Schuster Inc.

[19] Franke, M. L. (1998). Understanding teacher's self-ststaining, generative change in the context of professional development, Teaching and Teacher Education. Vol. 14, No. 1.

[20] Connelly, F. M. , D. J. Clandinin & M. He. (1997). Teacher's personal practical knowledge on the professional knowledge landscape. Teaching and Teacher Education. 13 (7).

[21] Hargreaves, A. & M. Fullan. (1992) . Understanding teacher develop-

ment. Cassel Educational Limited.

[22] Connellr, F. M. , & Clandinin, D. J. (1988) . Teacher as Curriculum Planners: Narratives of Experiences. New York: Teachers college Press.

[23] Birgit Penin, Linda Haggarty. Mathematics Textbooks and Their Use in English, French and German Classrooms: A Way to Understand Teaching and Learning Cultures. ZDM, 2001, 33 (5).

[24] Bauman. Legislators: modernity, post-modernity and intellectuals [M]. Ithaca, N. Y. : Cornell University Press, 1987.

[25] Sebastian Rezat. Interactions of Teachers, and Students, Use of Mathematics Textbooks. G Gueudet et al. , Mathematics Teacher Education, 2012 (7).

[26] Taba, H. C. Curriculum development, theory and practice [M] . New York: Harcourt, Brace and World, Inc, 1962.

[27] Shaun Gallagher. Hermeneutics and education [M]. New York: State University of New York Press, 1992.

[28] Veronika Kalmus. Schooltexts in the field of socialization [M]. Tartu: Tartu University Press, 2003.

[29] Sharon F. Rallis, Gretchen B. Rossman, Janet M. Phlegar & Ann Abeille, Drnamic Teachers: Leaders Of Change, Corwin Press, Inc. , A Sage Publications Company, 1995.

[30] Kelly A V. (1989) The Curriculum: Theory and Practice, Fourth Edition, Paul Chapman Publishing Ltd.

[31] Jeanne Moulton. How Do Teachers Use Textbook? A Review of the Research Literature. Technical Paper. 1997, 74 (8).

[32] Johnson, M. The body in the mind : the bodily basis of meaning, imagination and reason [M]. Chicago: University of Chicago Press.

[33] Eco, Umberto. Postscript to the nature of rose [M]. Orlando, Fla. : Harcourt, Brace ang Jovanovich , 1983.

[34] Hans – Georg Gadamer. Wahrheit und Methode, I, J. C. B. [M] . Mohr (Paul Siebeck), Tuebingen, 1986.

[35] Tyler, R. (1949), Basic Principles of Curriculum and Instruction, Chicago, IL : The University of Chicago Press.

[36] Shulman L S. Knowledge and Teaching : Foundations of the New Reform. Harvard Educational Review, 1987.

[37] Grossman P L. Teachers, Konwledge. In T. Husen & T. N. Posttlethwaite. (Eds.) The International Encydopedia of Education, New York: Pergamon, 1994.

[38] Maynard C Reynolds. Knowing Bases for the Beginning Teacher. Oxford; New York: Published for the American Association of Colledges for Teacher Education by Pergaman Press, 1989.

[39] Elbaz F. Teacher Thinking: A Study of Practical Knowledge. London: Croom Helm, 1983.

[40] Gilbert W, Hiast L, Clary E. The NCA Workshop, Taxonomy of Professional Knowledge, In: Jones D W (Ed) Professional Knowledga Base, Fortieth Annual Report of the North Central Association Teacher Eduction Workshop. Flagstaff, AZ: University of North Arizona, 1987.

[41] McDonough, J. and Shaw, C. 1993. Materials and Methods in ELT. Oxford: Blackwell.

[42] Madsen, H. and Bowen, J. 1978. Adaptation in Language Teaching. Rowley, MA.: Newbury House.

[43] Ellis, R. 1986. Activities and procedures for teccher training, ELT Journal 40. 2.

[44] Cunningsworth, A. 1995. Choosing Your Coursebook, Oxford: Heinemann.

[45] Tomlinson, B. 1998. Materials Development in Language Teaching. Cambridge: Cambridge University Press.

[46] See Grundy, S. (1987), Curriculum: Product or Praxis? London, New York & Philadelphia: The Falmer Press, pp.

[47] D. A. Schon. The Reflective Practitioner [M]. New York: Basic Books, 1983.

[48] Husen. T. The international encyclopedia of education, 1985 (1).

[49] Elliot J. Action research for education Chang. Milton Keynes & Philadelphia: Open University Press, 1991.

[50] Vygotsky, l. s. Mind in Society : The Development of Higher Psychological Processes. Cambrige, Massachusetts: Harvard University Press, 1978, P. 86.

[51] Young J, Reigeluth C M. Impvoving the Textbook Selection Process [M]. Bloomington, IN: Phi Delta Kappa Educational Foundation, 1988.

[52] Spearman C. The Theory of Two Factors [J]. Psychology Review, 1914, 21 (2).

[53] Vygotsky L S. Thought and Language [M]. Cambridge, MA: MIT Press, 1962.